An Institutional Approach to the World Economy

制度でわかる
世界の経済

制度的調整の政治経済学

宇仁宏幸・厳 成男・藤田真哉 編
Hiroyuki Uni, Yan Chengnan & Shinya Fujita

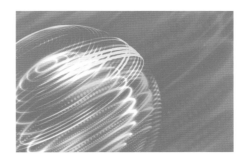

ナカニシヤ出版

まえがき

　わたしは，10年前に刊行した『制度と調整の経済学』（宇仁, 2009）において，表0-1のような経済調整の分析枠組みを提案した。表0-1では，市場による経済調整を市場的調整，制度による経済調整を制度的調整と呼ぶ。さらに制度的調整を，次の2種の区別により四つに分類した。第一の区別は，社会単位[1]の調整か，企業単位の調整かという区別である。第二の区別は，協議・妥協に基づく調整か，権力・命令に基づく調整かという区別である。表0-1において「コーディネーション」[2]と呼ぶ社会単位での協議・妥協に基づく調整が，資本主義の歴史の中で顕著になるのは19世紀末以降である。したがって，主に19世紀前半に体系化された古典派経済学では，コーディネーションの分析はほとんどみられない[3]。また，新古典派経済学では，次のような理論的理由により，市場による調整が特権的地位を占めている。完全な知識と情報，完全な合理性を有し，私的利益の最大化をめざす「経済人」という仮定から出発すると，市場による調整が効率性の点で最も優れた結果をもたらすからである。

　しかし，19世紀末以降，T. ヴェブレンやJ. R. コモンズなどの旧制度学派の経済学者たちは，現実経済の中で次第に大きな役割を果たすようになってきた制度的調整，とくにコーディネーションに着目し，それを経済学の中に理論的に位置づけようとした。「経済人」という非現実的仮定からではなく，制度や慣習から出発して経済理論を構築しようとする彼らの試みは，現代において，レギュラシオン理論，コンヴァンシオン理論，

表 0-1　市場的調整と制度的調整

	市場的調整	制度的調整	
		協議・妥協ベース	権力・命令ベース
社会単位の調整	市場	コーディネーション	規制
企業単位の調整		企業単位コーディネーション	ヒエラルキー

出所：宇仁（2009：6）。

1)「社会単位」の例としては，複数の企業からなる企業グループ単位，産業単位，1国単位，EUのような地域共同体単位などさまざまなものが考えられる。
2) 通常，「コーディネーション」という用語は，調整一般を意味し，市場による調整や権力・命令に基づく調整も「コーディネーション」に含まれる。しかし，本書では，協議・妥協に基づく調整だけを「コーディネーション」と呼ぶ。また正確には「社会単位のコーディネーション」であるが，簡略化して「コーディネーション」と呼ぶ。
3) マルクスは『資本論』において，コーディネーションに関する端緒的な分析を行っている（宇仁, 2011参照）。

新制度派経済学，「資本主義の多様性」理論など，さまざまな制度の経済学に受け継がれている。

　宇仁（2009）の出版から約 10 年が経過した現在，われわれが直面しているのは，グローバリゼーションの諸矛盾の顕在化，保護貿易主義やポピュリズムの台頭，ヨーロッパ統合の危機，米中対立の先鋭化，世界的な経済成長率の低下などである。10 年前と比べて，現在の経済が抱える諸問題の規模と範囲は拡大し，政治的問題化も進んだ。現在進行している上記のような動きは，1929 年の大恐慌後，ファシズムや共産主義の台頭，国際金本位制の崩壊，ブロック経済化，軍事的侵略による経済圏の拡大へと突き進んでいった 1930 年代の世界経済の動きを彷彿させる。このような歴史的大変動の渦中で J. R. コモンズが執筆した『制度経済学』（Commons, 1934）の目的は，大恐慌の防止策も発生後の回復策も提示できなかった古典派や限界学派などの「自動均衡経済学」を批判するとともに，権力・命令ベースの経済調整を唱えてファシズムや共産主義を支えた諸経済学をも批判して，両者に対する理論的オルタナティブを構築することにあった。わたしのみる限り，制度的調整，とくにコーディネーションについて，これまで最も深く考察したのは，コモンズである。彼の考え方の骨子を，ここで簡単に紹介しておこう [4]。現代とかなり類似した歴史的状況に対峙したコモンズが到達した考え方は，現代において制度の経済学を発展させるうえでの道標となると思われるからである。

　コモンズは，制度を「個人の行動をコントロールし，解放し，拡張する集団的行動」と捉える。そして，このような意味での制度とその変化を経済分析の中心に据える点において，私的利益を最大化する合理的個人から出発する主流派経済理論から断絶している。コモンズはさらに，経済的自由と政治的自由を維持するためには，自主的アソシエーション，議会，裁判所という形の集団的行動が不可欠であると考える点において，ファシズムや共産主義の経済学から断絶している。「人々は，集団的行動によって，すなわち自主的アソシエーションあるいは政党によって，自由を自らのために保持しているのである。……共産主義，ファシズム，あるいは銀行家資本主義から，現代のリベラリズムと民主主義を保護するのは，自由な個人の行動に基づく古びた個人主義ではなく，これらの諸アソシエーションである」（Commons, 1934：902–903）。このコモンズの考え方に基づくと，自主的アソシエーションの内部あるいはいくつかのアソシエーションの間で展開される協議・妥協に基づくコーディネーションは，現代社会の市民的自由の基盤として不可欠であるといえるだろう。さらに，「民間の努力と民間の協力に関する自発的意志（willingness）と主導力（initiative）が達成しうるものと比較して，強制的な法

4）コモンズの制度経済学の哲学的な基礎については，宇仁（2019）で説明している。また，『制度経済学』邦訳書の下巻の「あとがき」でも，コモンズの適正価値概念について簡単に説明している。

制定によって達成されうる公共の福祉は，非常に少ない」（Commons, 1934：852）とも
コモンズは述べている。このコモンズの見解に基づくと，権力・命令に基づく調整より
も，利害関係を有するアソシエーションの間の協議・妥協に基づくコーディネーション
の方が，より広範な合意とより多くの公共の福祉を達成できるといえるだろう。コモン
ズが挙げているその根拠は，人々の役人への信頼よりも人々自身が所属する組織の代表
者への信頼の方が高いこと，当事者だけが知る「諸事実」に基づく協調が可能であるこ
と，団体交渉のなかで対立陣営を動かす「動機」について相互に認識できること，など
である。

　本書は，現代資本主義における制度的調整，とくに協議・妥協に基づくコーディネー
ションをさまざまな角度から分析することによって，制度の経済学のさらなる発展に貢
献するために企画された。本書の執筆者たちが共有する問いは次のようなものである。
制度的調整，とくにコーディネーションは，経済調整においてどのような役割を果たし
ているのか。グローバル化，金融化，情報化，規制緩和などにともなって経済制度や企
業組織は変化を遂げているが，それは資本主義の動態にどのような影響を及ぼしている
のか。現代資本主義が抱えている問題点や限界を解決するためには，どのような制度的
改革が必要なのか。

　宇仁（2009）では，表0-1の分析枠組みを使って，日本の賃金，雇用，為替レートな
どの制度的調整を実証的に分析することによって，日本の制度的調整が有する次のよう
な特徴を明らかにした。日本の経済調整は，表0-1に示した五つの調整が組み合わされ
て行われているが，他の先進諸国と比べると企業単位コーディネーションの比重が大き
い。しかしバブル経済崩壊後の金融再生や産業再生に関しては，企業単位コーディネー
ションだけでは限界があり，社会単位のコーディネーションが重要な役割を果たす。そ
して，日本においてこのような限界を乗り越えるためには，社会単位や産業単位での
コーディネーションを拡充することが必要であると主張した。本書の第Ⅰ部「**社会諸領
域における制度的調整**」の各章では，表0-1の分析枠組みを適用する領域をさらに広げ
て，イノベーション，地域金融，社会保障，プラットフォーム労働，環境保護という各
社会領域における制度的調整が果たす役割や特徴を分析している。そのうえで，これら
諸領域における制度的調整は，現在各国においてどのような方向に変化しているのか，
また将来変化するべきかを論じている。

　第1章の徳丸宜穂「ミッション指向型イノベーションとコーディネーション」では，
金融危機以降の経済停滞がとりわけ根深い欧州を中心に，先進諸国が新たに追求し始め
ている「ミッション指向型イノベーション政策」（以下，MOI政策と呼ぶ）を分析する。
この政策は，少子高齢化，エネルギー・環境などの大きな社会的問題を解決するイノ
ベーションを生み出し，社会的問題の解決と持続可能な経済成長との両立を目指してい
る。しかし，この政策はイノベーションを社会的に方向づける内容をもつので，従来の

政策とは異質な諸実践・能力と，それらを支える制度的・組織的文脈が必要となると考えられる。本章は，MOI 政策の代表例の一つである「イノベーションの公共調達」政策を先駆的に実施しているフィンランドの事例の分析に基づき，複数の多様な公的機関・非営利組織による民間企業への深い対話的関与によって MOI 政策が可能になっていることを明らかにする。つまり，民間企業の行動を方向づける「触媒」となる触媒組織・人材が MOI 政策を後押ししている。このことは，宇仁（2009）のいう「コーディネーション」を行う社会的能力が高い北欧諸国は，MOI 政策の実施にとって有利な環境であるという可能性を，また，「企業単位コーディネーション」が強い日本の制度的環境は逆に不利に働く可能性を示唆している。

第 2 章の梁峻豪「アメリカの地域開発金融機関における社会的金融」は，地域開発金融機関（以下，CDFI と呼ぶ）が「国家的調整」のみならず「市民的調整」によっても規定されていることを明らかにしている。地域レベルの「社会的金融」という観点から模範的な事例とされている CDFI は，連邦政府の組織である CDFI ファンドからの政策支援を受けているだけではなく，「地域再投資法」に基づいて保証されている市民の地域金融機関に対するモニタリングを媒介として，地域の商業銀行による CDFI への再投資によっても支えられている。さらにアメリカの CDFI は，それ自体が市民組織であるので，CDFI の経営全般に関する決定への地域市民の参加を制度化している。このように，連邦政府の公的基金支援プログラムを地域において具体化する組織である CDFI が，市民によってガバナンスされる「市民的」組織であり，またその金融ビジネスの全般が市民の合意によって調整され管理されるからこそ，地域のニーズに整合する地域開発金融をタイムリーに実行できているといえる。CDFI の事例は，社会的コーディネーションが主導する地域金融の有効性と可能性を示すものといえよう。

第 3 章の厳成男「中成長を模索する中国における社会保障制度改革」では，現在の中国において進行している輸出主導型から内需主導型への需要レジームの転換と，要素投入依存型から生産性上昇依存型への生産性レジームの転換とが，社会保障制度改革＝制度変化にどのように影響しているかを検討している。第 6 章（山田鋭夫執筆）で提示される制度変化の枠組みに基づいて，中国の社会保障制度改革は，「置換」「重層」「転用」，および「漂流」というさまざまな様態で進行しているが，やはり制度の歴史的経路依存性や制度的補完性の影響により，中国では漸進的な制度変化の様態である「重層」と「転用」が多く観察されていることを説明している。共産党政権および国家主導のコーディネーションの正統性は，従来は「成長果実の分配の拡大」に依拠してきた。しかし，経済成長率が長期的に低下していく今後は，「成長果実の分配の拡大」だけでは正統性の維持はますます困難となるだろう。漸進的な社会保障制度改革を通じて，正統性の根拠を「公正・公平な分配の実現」に移していくことが，正統性をこれからも維持していくための必須条件であることを説明している。

　第 4 章の金峻永「プラットフォーム労働の増加と社会保障の課題」は，プラットフォーム労働という新しい労働形態の特徴を実証的に分析し，それに対応するための賃金・雇用制度と社会保障制度の改革を提示している。デジタル技術の発展によって従来の労働をより小さい単位の課業（tasks）に分割することが可能になるとともに，労働の需要者と供給者とをデジタルプラットフォームによって仲介することが可能になった。その結果，プラットフォーム労働という新しい雇用形態が世界中で増加しているが，ほとんどのプラットフォーム労働者は，最低賃金制度や失業保険制度など，社会保障システムと労働法による労働者保護から除外されている。本章は，韓国を中心にプラットフォーム労働の規模と労働条件の実態を検討する。既存の長期雇用に基礎づけられた社会保険制度（employment based social insurance）は，長期的雇用制度と制度的補完性をもつ。本章は，保険料の納付基準を，賃金ではなく，所得基準に変更することによって，既存の社会保険を，「就業者全体」の社会保険に拡大することが必要であると主張する。

　第 5 章の呂守軍「中国における PM2.5 問題の原因と対策」は，制度的調整の多様性の視点から中国の大気汚染問題を分析している。社会からの巨大な圧力に直面した政府はさまざまな対策を講じ，問題の改善に取り組んでいるが，現時点では，その効果は小さく，問題の解決に至っていない。一般的に国家（政府）の力が大きく，国家的調整が行われていると認識されている中国が，なぜこのような汚染対策の困難に直面するようになったのか。本章では，まず，中央政府が決定する環境規制の大枠の枠内で，地方政府が環境規制の強度を決定するプロセスを説明する理論的モデルを構築する。そのモデルでは，環境規制の強度を説明する要因として，地方政府に対する国民の影響力と，汚染源企業の影響力とが含まれる。次に，2010 年から 2018 年までのデータを用いて，これらの影響力の強さを回帰分析により推定する。その結果，中国における PM 2.5 問題の解決が困難である原因は，現時点では，地方政府に対する国民の影響力が，汚染源企業の影響力と比べて小さい点にあることがわかった。最後に，国民の影響力を高めるためのいくつかの制度改革案を提示している。

　宇仁（2009）では，日本とアメリカの成長レジーム [5]を，制度的変数を組み込んだ需要レジーム関数と生産性レジーム関数とからなる累積的因果連関モデルによって分析した。主にマクロ経済データを使って，これらの関数を推計し，制度変化に伴う成長レジームの時間的変化や，制度の差異に基づく成長レジームの国による違いを考察した。本書の第Ⅱ部「制度の変化と資本主義の動態」の各章は，次の 2 点において，宇仁

5）経済成長や資本蓄積の規則的な進行をもたらす，マクロ経済諸変数間の関係をレギュラシオン理論では成長レジームと呼ぶ（「成長体制」や「蓄積体制」とも呼ばれる）。成長レジームを形作る主要な諸関係は，需要の成長を決定する諸関係を表す需要レジームと労働生産性上昇を決定する諸関係を表す生産性レジームとに集約できる。

(2009) の分析を大きく拡張している。第一は，「新自由主義」や「ポピュリズム」の台頭にともなう諸勢力の政治的連合の再編という政治過程をも明示的に考慮して，成長レジームの転換を考察している点である。第二は，マクロ経済データだけではなく，企業ごとのミクロ・データや，産業別データを活用することによって，グローバル化，金融化，規制緩和の下で，企業レベルや産業レベルの投資の決定や付加価値分配の決定がどのように変化しているのかを，実証的に分析している点である。

第 6 章の山田鋭夫「制度の内部代謝と成長レジームの転換」は，制度変化論を整理・拡張したうえで，フォーディズム的成長レジームから金融が主導する新自由主義のレジームへの転換という戦後の先進諸国がたどった歴史的プロセスを，この制度変化論に基づいて説明する。本章ではまず，制度変化論という領域を事実上切り開いた経路依存論に特徴的な歴史認識が説明される。次に，主として K. セーレンが提起した制度変化の類型論を拡張するかたちで，漸進的変化を，内生的原因に基づく「内部代謝」と外生的原因に基づく「ハイブリッド化」に区別し，さらに，「環境」（制度をとりまくコンテキスト），「制度」（テキストとしての制度），「運用」（アクターによるテキストの解釈・運用）という三相からなる「制度構造」という観点から，制度変化の諸様態を識別する。このような制度変化論に基づくと，新自由主義のレジームは，フォーディズム的成長レジームの内部代謝に基づく新たな「環境」生成の結果であるとともに，新自由主義に好都合な新制度の創設，および既存制度の解釈・運用の帰結でもある。

第 7 章の宇仁宏幸「グローバル化・金融化時代における日本企業の利潤と投資」は，日本の非金融上場企業の 1992–2012 年度の連結決算データを使って，企業規模と利潤率との関係および，資本蓄積率と利潤率との関係を分析している。経営をグローバル化した企業の海外での活動の把握および金融的資産や金融的利潤の把握は，連結決算データによって可能になる。いくつかの新たな発見のうち，最も重要なのは次の投資決定原理の非対称性である。実物的投資の決定は，主に予想された将来の実物的利潤率を参照して行われ，金融的投資の決定は，主に過去の金融的利潤率の実績に基づいて行われていることがわかった。この投資決定原理の非対称性は，次のような知識や情報の限定性や不完全性の差異によって説明できる。つまり実物的投資の対象事業に関しては，その企業は多くの知識や情報をもち，それを将来の予想に使うことができるが，金融的投資の対象事業の将来に関しては，知識や情報は比較的少なく，予想は困難である。制度学派，ケインズ派，ポストケインズ派が重視する不完全な知識や情報，合理性の限界，将来の不確実性などの諸原理の妥当性がミクロ・データの分析によっても実証できることを，この結果は意味する。

第 8 章の薗田竜之介「日本の分配レジームの変化に関する産業別分析」は，需要変動が所得分配に与える影響を示す分配レジームを，産業別に推計し，その特質の差異を解明している。一般的には，需要と所得分配を結びつける構造は産業ごとに異なる可能性

があり，一国内に多様な調整システムが併存することもあり得る。1977–2007 年における日本の製造業とサービス業のデータを用いて，分配レジームを推計した結果，製造業では国際価格競争圧力を反映した価格設定と賃金決定，および労働保蔵効果が分配レジームを規定していることがわかった。他方，サービス業では価格と名目賃金の結びつき方に相違点がみられ，また労働保蔵効果も観察されないため，稼働率に対する賃金シェア変化率の反応が製造業とは逆方向であることが確認できた。さらに期間を区分した推計によって，いずれの産業においても分配レジームの構造変化が生じたことがわかった。その要因としては，製造業では日本的雇用慣行が変容した 1997 年以降に労働保蔵効果が弱体化したことが，また，サービス業では電電公社や国鉄が民営化されていった 1985 年以降において，価格競争の激化と賃金抑制圧力の高まりが生じたことが挙げられる。

第 9 章の嶋野智仁「日本経済の金融化と資本蓄積の様式変化の産業別分析」では，次のような日本における資本蓄積の変化を分析している。1990 年代以降，全産業において利潤率が上昇しながら資本蓄積率は停滞し，資本蓄積率が利潤率に規定されなくなっている。また産業別でみると，同期間に製造業では依然として利潤率と資本蓄積率のトレンドが一致するのに対し，非製造業では利潤率と資本蓄積率のトレンドの乖離がみられる。本章では日本経済の金融化がもたらした利潤分配率の増加に着目しながら，以上のような資本蓄積の様式が出現した要因を，カレツキ派の経済学に基づいた実証分析により解明することを試みる。その分析結果によると 1990 年代以降の利潤分配率の増加は内需（消費＋投資）を抑制し非製造業の資本蓄積を停滞させる一方，輸出を促進し製造業の資本蓄積を促進している。利潤分配率の増加は非製造業では利潤率の上昇と資本蓄積率の停滞をともに生み出しており，より規模の大きい非製造業の傾向が全産業の資本蓄積の様式を規定している。

第 10 章のエムレ・ウナル「トルコにおける成長レジームの転換とポピュリズム」では，トルコにおける経済発展とポピュリズム政治との関係を分析することにより，ポピュリズムがいかにして経済パフォーマンスの障害となりうるかについて論じる。その障害は主に以下のような形で現れる。第一に，有害なポピュリズムによって，歴史的経路依存性が毀損され，制度的補完性が失われる可能性が生じる。第二に，経済ポピュリズムは，経済システムのゆるやかな転換をもたらすこともあるが，それはしばしば，成長力や実体経済の活力を損なう。第三に，最も重要なことだが，ポピュリズムによって生み出されるさまざまな経済規制は，数十年にわたる経済パフォーマンスの停滞を引き起こす可能性がある。そして第四の障害は，主に政治的領域におけるさまざまな勢力の間の対立の中で，政府が政治的リスクを恐れて，新たな制度改革に踏み込めないことから生じる。それに加えてポピュリズムは，（左翼または右翼どちらであれ）政党間に，経済の制度改革を拒む競争を生み出すこともある。ポピュリストは国の利益よりも，彼ら自身の経済

的利益を重視するのである。

宇仁宏幸

【参考文献】

宇仁宏幸（2009）.『制度と調整の経済学』ナカニシヤ出版

宇仁宏幸（2011）.「マルクスにおける制度と調整」八木紀一郎・服部茂幸・江頭　進［編］『進化経済学の諸潮流』日本経済評論社

宇仁宏幸（2019）.「J・R・コモンズの制度経済学の哲学的基礎」『季報唯物論研究』*146*, 34–42.

Commons, J. R.（1934）. *Institutional economics: Its place in political economy.* Macmillan.（コモンズ, J. R.［著］／中原隆幸［訳］（2016）.『制度経済学──政治経済学におけるその位置 上』ナカニシヤ出版；コモンズ, J. R.［著］／宇仁宏幸・坂口明義・高橋真悟・北川亘太［訳］（2019）.『制度経済学──政治経済学におけるその位置 中』ナカニシヤ出版；コモンズ, J. R.［著］／宇仁宏幸・北川亘太［訳］（2019）.『制度経済学──政治経済学におけるその位置 下』ナカニシヤ出版）.

目　　次

第 II 部 　制度の変化と資本主義の動態

第Ⅰ部

社会諸領域における制度的調整

01 イノベーション：ミッション指向型イノベーションとコーディネーション

徳丸宜穂

1 はじめに

　金融危機以降の先進諸国は，濃淡はあるものの基本的には深い経済停滞の中にあり，持続可能な経済成長の契機が模索されている。少子高齢化，都市への急速な人口集中，エネルギー・環境問題などがますます喫緊の社会的問題となっていることも先進諸国に共通する現実である。欧州を中心に「ミッション指向型イノベーション政策（mission-oriented innovation policy）」（以下，MOI 政策）が追求され始めたのは，こうした社会経済危機の文脈においてである。MOI 政策は，上記のような大きな社会的問題を解決するイノベーションを生み出すことを目的とするイノベーション政策である。この政策によって，社会的問題の解決と持続可能な経済成長を両立させることが目指されている（Perez, 2016；Mazzucato, 2018a；Mazzucato, 2018b）[1]。MOI 政策は，EU の新しい研究・イノベーションプログラムである Horizon Europe（2021–27 年）にも正式に採用される予定であり，日本政府でも同様の研究開発政策に関する議論が始められた[2]。

　経済政策を経済学的に正当化する伝統的な議論は「市場の失敗」論であることはいうまでもないが，MOI 政策についても政府の政策介入を正当化する議論がすでにいくつか提起されている。その代表的なものは Mazzucato（2016）などによる「市場の創造」（market creation）論である。彼女によれば，そもそも MOI 政策が創出しようとしている革新的な財・サービスには市場がないのだし，その市場の創出には大きな不確実性が存在する。したがって，「市場の失敗」論は正当化の論理として不適当であり，市場がすで

---

1) Boyer（2004）は，先進諸国の経済成長の原動力は，耐久財の生産・消費から，保健サービスや教育などの対人サービスの生産・消費へとシフトしつつあるとし，出現しつつあるその成長モデルを「人間主導型モデル」（anthropogenic model）と名づけた。MOI 政策はボワイエが析出したこの長期的傾向に沿った政策でもあることに留意が必要であろう。なぜならば，ボワイエの認識が正しいとするならば，イノベーションの主要な源泉は次第に人間が作り出す社会システムそのものになってくると考えられるためである。

に存在してそれを補正するために政策介入を行う場合以上に，市場を創造するために積極的な介入が正当化されるという[3]。Frenken（2017）が論じるように，新しい技術を新しい領域に，新しい方法で応用することを促す政策である以上，MOI 政策はイノベーションの経路依存性（path-dependency）を断ち，新しい経路を創造する（path-creating）政策であらざるを得ない。ところが彼が述べるように，研究開発，教育・訓練，知的財産権の強化などの制度構築や，補助金交付を含むインセンティブ付与を軸とした，ナショナル・イノベーションシステム論（Nelson, 1993）に基づいて行われてきたイノベーション政策は，しばしば経路依存性を強める役割を果たしてきたことも事実であろう。そうであればこそ，既往の政策手段で本当に十分なのか，新しい政策手段や実践を必要とするのではないかという疑問が生じる。さらにいえば，新しい政策手段や実践が必要だとして，それらを助ける制度的基盤を有する国・地域と，そうではない国・地域があると考えられる。こうした疑問に答えることがなければ，上のような「市場の創造」論は現実的基盤を欠いているといわざるを得ないし，「政府の失敗」という伝統的な批判をまぬがれない。以上のような理由から，MOI 政策を比較制度論の文脈に据えて検討する必要があると考えられる。

　いまだ上市されていない革新的な財・サービスを公共部門が調達することによって，社会的な問題を解決するイノベーション創出を促す政策が「イノベーションの公共調達（public procurement of innovation）政策」（以下，PPI 政策）であり，すでに実施されている MOI 政策の典型例だとみることができる（Edquist & Zabala-Iturriagagoitia, 2012）。EUでは 2006 年から，また本章が対象とするフィンランドでも 2008 年から，PPI 政策はイノベーション政策として正式に採用された（徳丸, 2017；Tokumaru, 2018）。そこで本章

2）2019 年 7 月 4 日付で，EU 研究・科学・イノベーション会議は五つのミッションを発表した（ガン，気候変動，海洋，気候中立的な都市，健全な土壌・食料）。この計画が米国のアポロ計画の示唆を受けて立案されたと表明されている通り，ミッションの達成を目指すイノベーション政策自体は必ずしも新しくないが，近年の MOI 政策の新しさは，解決しようとしている問題が入り組んだ社会的問題（wicked problem）であるという点にある（https://ec.europa.eu/info/news/commission-launches-work-major-research-and-innovation-missions-cancer-climate-oceans-and-soil-2019-jul-04_en）。この基本になった欧州委員会文書が Mazzucato（2018b）である。入り組んだ問題に取り組む政策では，政策形成の思考方法も変わらざるを得ないという，進化経済学の観点から行われる議論については，Nelson（1977）を参照のこと。日本政府も 2019 年より，「ムーンショット型研究開発制度」の検討を進めている（https://www.kantei.go.jp/jp/singi/moonshot/）。なお，欧州におけるイノベーション政策の変遷については徳丸（2017）を参照。

3）「市場の失敗」論とは異なる論理によって，MOI 政策における積極的な政府の介入を正当化している他の例としては，例えば Weber & Rohracher（2012），および Foray（2018）を参照。

は，北欧諸国，とりわけフィンランドにおける PPI 政策を事例として，MOI 政策がどのような新たな諸実践を必要とするのかを明らかにしたうえで，「北欧モデル」の一変種であるフィンランド社会経済の制度的諸特徴が MOI 政策の諸実践に対して有する意味を明らかにすることを目的とする。

　フィンランドを対象にする第一の理由は，MOI 政策の代表例である PPI 政策がさかんに実施されているためである[4]。また，北欧諸国は米国とは異なる制度的特徴を有しているが，米国と並んでイノベーション成果が高いことが知られており，比較制度論の観点からその事実を説明しようとする有力な先行研究も存在する（Kristensen & Lilja, 2011；Miettinen, 2013；Ornston, 2012）。これらの先行研究は，北欧諸国の制度的特質である普遍主義的福祉国家やコーポラティズム的合意形成の仕組みが，イノベーション成果を高めるうえで有益だったことを論じている。しかし，MOI 政策は現れつつある新しいイノベーションの領域なので，北欧諸国の組織的・制度的諸特徴が MOI 政策に対してもつ意味を明らかにすることで，以上の諸研究に対して重要な知見を加えうると考えられる。これがフィンランドを対象とするもう一つの理由である。本章の構成は以下の通りである。第 2 節で概念の検討を行ったうえで，第 3 節ではフィンランドにおける PPI 政策を事例として，MOI 政策がどのような実践と組織・人材によって担われているのかを明らかにする。ここまでの分析をふまえて，第 4 節では，フィンランドひいては北欧のいかなる制度的特徴が，MOI 政策に対してどのような意味をもっているのかを考察する。第 5 節では結語を述べる。

2　進化的政策と（社会単位）コーディネーション

　まず，本章で参照する概念についてあらかじめ検討しておこう。

■ 2-1　進化的政策（evolutionary policy）としてのイノベーション政策

　イノベーションは新しい知識と人工物の創出，それら諸変種からの選択よりなる進化的なプロセスであるから，イノベーション政策も進化経済学の観点から最も包括的に理解できると考えられる。Nelson & Winter（1982）の第 15 章と第 16 章は，進化経済学の観点からの経済政策論にあてられているが，それ以降，進化経済学に固有の政策構想は何かという問いが検討されてきた（e.g., Metcalfe, 1997；Witt, 2003；Dopfer & Potts, 2008；Hashimoto & Nishibe, 2017）。これらの論者に共通するのは，進化経済学の観点を

---

4) 例えば，European Commission Directorate-General for Communications Networks, Content & Technology（2019）の調査結果によると，フィンランドは EU 諸国の中でも PPI 政策が最も体系的に実施されている。

とると，政策の規範と政策設計・実施プロセスが変わり，政策者の行動も変わらざるを得ないという主張である。さらに Pelikan & Wegner（2003），Moreau（2004），Dopfer & Potts（2008）や van den Bergh & Kallis（2013）は，多様性を促進し，望ましくない選択を避けることを政策の目的としうると考えている。本章ではそれを目的とする政策を「進化的政策」（evolutionary policy）と呼ぶことにしよう[5]。具体的には Dopfer & Potts（2008）や西部（2010）が明確に論じたように，アウトカムを直接変えようとする政策ではなく，アウトカムを生み出す，主体の内外のルール・ルーティン（例：知識，技術）を変えることを志向する政策を意味する。Metcalfe（1997）が考えるように，およそイノベーション政策は進化的政策であるといえ，当然 MOI 政策も進化的政策の一環であるとみなすことができる。

　進化的政策に関するこれまでの議論の問題点の一つは，政策デザインと実施に必要となる能力や諸実践を分析考察していない点にある。不確実性と合理性の限界を考えれば，試行錯誤は不可避であるから，生起する結果に対する政策者の高い適応能力が必要である（Nelson & Winter, 1982；Okruch, 2003；Witt, 2003；Moreau, 2004）。この論点は MOI 政策を考える場合にきわめて重要な意味をもつ。これまでのイノベーション政策では，補助金交付を含むインセンティブ付与，知的財産権や研究開発・教育機関などの制度整備が「市場の失敗」「システムの失敗」を根拠とする政策の手段だった。しかし，上述の通り，MOI 政策は従来のイノベーション政策とは異なり，経路依存性を断ち切って新しい経路を創出することを目的にせざるを得ないから，より高い不確実性に対処すべく，新しい諸実践と能力が必要となる可能性が高いだろう（Frenken, 2017）。したがって問題は，MOI 政策は，いかなる手段・実践・能力を必要とする進化的政策なのかということである。

■ 2-2　制度的調整と「コーディネーション」[6] の概念

　制度経済学の観点からは，経済調整の仕組みの類型化がさまざまに行われてきたが，宇仁（2009）は，表 1-1 に示すような類型を提出している。この類型の特徴は，第一に，調整が行われる単位を「社会」「企業」に分けている点にあり，第二に，制度による調整を「協議・妥協」によるものと，「権力・命令」に基づくものとに識別している点にある[7]。

　よく知られているように，強い影響力をもった「資本主義の多様性」アプローチ（Hall

5）ただし Witt（2003）を含む論者は，多様性を促進し，望ましくない選択を回避するような政策介入を理論的に正当化することは難しいとしている。進化的政策の概念を理論的に詰めて検討することは，残された重要な課題である。

6）コーディネーションの概念は，制度経済学ではいくつかの異なる意味で使われるが，本章の用語法は宇仁（2009）にしたがっている。他の用語法と区別するために「社会単位コーディネーション」と呼ぶのが適切だろうが，冗長を避けるために本章では単にコーディネーションと呼ぶことにする。

表 1-1　経済調整の諸類型

	市場的調整	制度的調整	
		協議・妥協ベース	権力・命令ベース
社会単位の調整	市場	コーディネーション	規則
企業単位の調整		企業単位コーディネーション	ヒエラルキー

出所：宇仁（2009：6）。

& Soskice, 2001）では，「調整型市場経済（CMEs：coordinated market economies）」と「自由市場経済（LMEs：liberal market economies）」との比較が展開されたが，英米型の自由資本主義への非収斂をクリアに示すという分析目的のために，「社会単位」「企業単位」の区別が曖昧にされたことは否めない。その結果，「コーディネーション」と「企業単位コーディネーション」が混同され，CMEs に含まれると規定された日本，大陸欧州諸国，北欧諸国の特質を的確に識別できない。宇仁による表 1-1 は，比較資本主義のための包括的かつ的確な枠組みを提供している点で卓見である。なお，宇仁の枠組みに即していうならば，政労使をはじめとする利害関係者間での協議によってさまざまな分野の政策的意思決定が行われる，ネオ・コーポラティズムの特徴を有する北欧諸国は，労使関係や産業構造の調整に限らず，コーディネーションによる調整がかなり広い領域で行われる経済だと特徴づけられることはいうまでもない[8]。

3　フィンランドにおける「イノベーションの公共調達」（PPI）政策とその制度的基礎

　フィンランド政府は，2015 年当時のシピラ内閣が発表した「戦略プログラム」で，「革新的な公共調達」が公共調達全体に占める割合を 5％に高めるという目標を発表した[9]。PPI を促進するための中央・地方政府機関向け補助金制度をはじめとする，公的機関による PPI をサポートする諸施策は 2015 年以前からすでに実施されていたが，2017 年 12 月には上記の目標を達成するための具体策を盛り込んだ「アクションプラン」が改めて発表され[10]，それ以降，予算措置や組織再編を含む諸施策が新たに実施されている。そこで本節では，現実にどのように政策が実施されているのかを分析することによって，

7）　なお私見では，宇仁のこの枠組みにも不明な点が残る。その一つは，いわゆる成果主義賃金が典型例であろうが，市場経済におけるのと同様なインセンティブを与える企業内制度をどのように位置づけるかという点である。制度経済学の一部である企業経済学や組織経済学は，企業内制度をおよそインセンティブ付与という観点から分析してきたといっても過言ではないし，インセンティブ付与という仕組みは疑似的ながら市場的調整を組織内部に導入したものともみなしうる。これは表 1-1 の空欄部分が示唆する問題でもある。

PPI 政策の制度的基礎という問題にアプローチする。具体的には，いかなる組織・人材がどのような諸実践によって PPI 政策に関与しているのかに着目することによって，それを可能にする制度的基礎を検討する手掛かりとしたい。

■3-1 「強い」進化的政策としての PPI 政策と触媒組織

　ここでは PPI 政策が実施された二つの異なる事例を検討することによって，政策実施にかかわる組織的特徴を析出したい。いずれも筆者による聞き取り調査と資料収集に基づいている。聞き取り調査にあたっては，事実関係の把握を確実にし，なおかつ，異なる利害関心をもつ諸組織による判断の異同についても知るために，当該プロジェクトに関与したすべての組織に対して，できれば複数回聞き取りを行うという方針で臨んだ。拙稿（徳丸, 2017；Tokumaru, 2018）ではすでに，先行研究（Howells, 2006；Edler & Yeow, 2016）が「中間組織」（intermediary）と呼ぶ諸組織が，調達する財・サービスの売り手（＝企業）と買い手（＝公的機関），ないしはいずれか一方に働きかけ，革新的な財・サービスの創出に重要な役割を果たしていることを明らかにしている。そこで事例の詳細は上記の拙稿に譲り，本章では各々の事例における諸中間組織の役割を析出することに集中したい。

8）本章では Katzenstein（1985）や Ornston（2012）の理解にならって，政労使に限定されない諸利害関係者による，協議に基づく政策的意思決定のシステムとしてネオ・コーポラティズムを捉えている。労働条件に関する集権的交渉がスウェーデンでもフィンランドでも減退している事実をふまえると，利害関係者を政労使に限定して考えることはもはや適切ではないし，労使関係や産業構造の調整だけを対象として考えることも狭すぎるだろう。事実，例えば Miettinen（2013）の第 6 章は，フィンランドにおける特殊教育のシステムが，政府機関，教育機関，大学，教員組合，障害者団体などの協議と対話を通じて形成されたことを明らかにしているが，彼が「多重組織の場」（multiorganizational field）という概念で捉えるこの事例も，ネオ・コーポラティズムの一環として理解することが適当だろう。また，カッツェンスタインらの理解とは異なり，中央レベルのみならず地方レベルでの協議も含むものとして理解している。その意味で本章では，Amin & Thomas（1996）がデンマークの事例から析出した「協議経済」（negotiated economy）と親近的な概念として，ネオ・コーポラティズムを広く理解していることを了解されたい。国民国家内部の協議のみに焦点を当てているこれらの概念で，トランスナショナルな協議の網の目がすでに深く張り巡らされている欧州の現実を正しく了解しうるのか否かというのは，また別問題である。

9）Ratkaisujen Suomi: Pääministeri Juha Sipilän hallituksen strateginen ohjelma（Hallituksen julkaisusarja 10/2015）pp. 26–27 を参照。

10）Valtionhallinnon innovatiivisten julkisten hankintojen vauhdittamisen toimenpidesuunnitelma（Työ- ja elinkeinoministeriö, 2017）

1) 事例1：ナーンタリ市におけるエネルギー節約型公共集合住宅の調達[11]

温室効果ガスの排出削減は欧州全体で枢要な目標となっており，その一環としてエネルギー節約型の建物の建設が政策的に促進されている。フィンランドはそのトレンドを先導する国の一つである。フィンランド南西部の自治体であるナーンタリ市は，冬期の暖房用エネルギーを節約することを目的とした，機密性の高い革新的な集合住宅の公共調達を実施した。初回の入札は2010年11月に行われたが，コストが25％も高かったため失敗した。その後の再設計を経て，2回目の入札は2011年3月に実施され，同年11月に建設が始まった。PPIの準備は2009年6月から始まった。この約2年間で，以下のように，中間組織が重要な役割を果たした。

① Tekes（旧フィンランド技術庁＝現 Business Finland）

Tekes は雇用経済省傘下の政府機関で，革新的な開発プロジェクトに従事する企業，研究機関，公的機関に対して融資・補助金を供与していたが，組織合併により現在では Business Finland へと再編されている。2011年当時すでに PPI の計画フェーズ向けの競争的資金を供与しており，ナーンタリ市はこれに応募したが，以下のように，Tekes は単なるファンディング組織以上の役割を果たした。第一に，ナーンタリ市を含むすべての応募者に対して，Tekes は数名の専任担当者をアサイン（任命）し，応募書類のレベルを上げるために密度の濃い協議を行った。ナーンタリ市に対しては，技術専門家3名，経済専門家1名の計4名がアサインされた。彼らは市と，応募書類提出前に応募内容について協議し，プロポーザルを十分に野心的なものに変えさせた。また第二に，同じく応募書類提出前に，その計画を実現させるために必要な技術的アドバイスを行い，適切な設計者やコンサルタントを紹介した。

② ARA（住宅金融・開発センター）

ARA は，「社会住宅」（中・低所得者向け公共住宅）整備向けに政府融資・補助金を提供する，環境省傘下の機関である。福祉政策の一環として高質で安価な住宅を供給することがその目的である。ARA は2008年より，住宅の計画フェーズ向け補助金事業を開始した。その狙いは，優れた計画を立てさせることで，建設費・維持費を削減し，居住者の経済的負担を軽減することである。融資・補助金給付先の建設計画に関与するために，2008年より建築技術者を新たに雇用した。ナーンタリ市に対しては，計画フェーズ向け補助金と，建設向け融資が与えられた。ARA の融資・補助金は，建設費や品質に関するきびしい条件をクリアした案件のみに与えられるので，例えば「高機能・高品質だが高コスト」という案件は許容されない。その意味で，融資・補助金給付のきびしい条件は，この事例でも，計画および詳細設計への制約条件として有効に作用した。なお，

11）この事例と現地調査の詳細については，徳丸（2017）および Tokumaru（2018）を参照されたい。

ナーンタリ市に入念な建設計画を行わせるために，上述の Tekes のファンディングへの応募を勧めたのも ARA であった。

③ Rakli（建築物所有者連盟）

　建築物を所有する不動産業者を代表する業界団体が Rakli である。建築物の質を向上させ，コストを抑制することは構成員の利益になることから，入札前に利害関係者を一堂に集めて，建設業者との協議を数か月間にわたって行う「クリニック」という手法を開発した。入札前の詳細設計フェーズにおいて，ナーンタリ市はこのクリニックをサービスとして購入・利用し，建設業者 11 社，建築士，エネルギーコンサルタント，プロジェクトコンサルタント，ARA と市が参加した協議プロセス（2010 年 2 月～ 11 月）を Rakli がコーディネートした。ここでは当初計画に対して設計・実装方法の変更提案が多数行われ，安価に高品質の建築を実現する具体策が探求された。利害関係者が一堂に会した場では企業は「手の内」を秘密にしようとするため，並行して市は建設業者と個別に協議を行い，そこでこれらの提案の多くを引き出した。

　2）事例 2：オウル市における保健システムのデジタル化 [12]

　ノキアの研究開発拠点やオウル大学が立地する，フィンランド北部の都市オウルは，世界的にも有数の ICT 産業の集積地である。ノキアの携帯端末事業がスマートフォンへの転換に失敗して不振に陥り，同社は 2012 年に大規模なリストラを実施した。その結果，オウル市でも技術者を中心に 2,500 名が失職したが（『日経産業新聞』2018 年 4 月 24 日），彼らが新たに起業・転職した代表的な分野の一つが，すでに同市でさかんになっていたヘルスケア産業であり，元々の ICT の強さを保健分野に生かした製品・サービスが，同市の産業の一つの核になりつつある。この産業転換とイノベーションには，オウル市の産業政策・保健政策も貢献している。日本と同様にフィンランドでも，少子高齢化と地方の過疎化が進み，医療・保健サービスのコスト増加の抑制が急務となっている。フィンランド政府が進めている問題解決の一つの大きな方向は，ヘルスケア分野にデジタル技術を応用することでコスト削減と質の保証を両立させるという方策であり，

12）この項目は筆者による次の聞き取り調査，および収集した資料に基づいている。Ms. Sinikka Salo（Leader of Change, Ministry of Social Affairs and Health, 2018 年 9 月 6 日），Ms. Kirsti Ylitalo-Katajasto（Director, City of Oulu, 2019 年 11 月 7 日），Ms. Sirkku Pikkujämsä（Leader of Change, City of Oulu, 2019 年 11 月 7 日），Ms. Salla Hirvonen（Business Oulu, 2019 年 2 月 25 日），Mr. Juha Ala-Mursula（Business Oulu, 2019 年 2 月 28 日），Ms. Eila Erkkiä（Oulu City Hospital, 2019 年 2 月 27 日），Mr. Ville Väärlä & Mr. Juha Selkämaa（Fujitsu Finland Oy, 2019 年 9 月 18 日），Ms. Minna Torppa（6Aika and Forum Virium Helsinki, 2019 年 9 月 23 日）。なお，オウル地域産業の長期的な変遷については遠藤（2012）を参照。

オウル市はその先鞭をつけたモデルケースとして評価されている。

　オウル市の取り組みで特筆すべきなのは，「セルフケアシステム」（Oulun Omahoito）という，保健サービスをデジタル化するためのプラットフォームを，2010 年という早い時期に運用し始めたことである。オウル市および周辺自治体の住民がこのシステムを利用するが，目下の所，利用するか否かは住民の自由意思に委ねられている。しかし実際には，オウル市民の半数以上はシステムに登録しており，最も活発な利用者層は 65 歳以上の高齢者である。通院の予約や専門家とのやりとり，健康状態のセルフチェック，検査結果の記録・検索，保健指導の受講などを，インターネット上で行うことができる。また，利用者の通院が必要か否かを看護師が判断し，不必要な通院を抑制することが可能になる。このシステムは，新しいサービスをサブシステムとして順次追加できる柔軟な設計になっており，実際にサービスが拡張されてきた。今後は，国全体の保健情報データ（KanTa）や過去の個人医療データとの接続を行い，一層の効率化を図る計画である。このシステム導入により，例えば，通院をできるだけ在宅での諸措置と予防に置き換え，また電話での応対をできるだけオンラインでの応対に置き換えることで，必要度の高い業務に専門家が集中できるようになると期待された。実際，オウル市の試算によると，このシステム導入の結果，2012 年から 2017 年の 5 年間で，約 270 万ユーロの節約が図られた。

　情報システム自体は地元 IT 企業が開発・所有し，彼らが提供するサービスを市が購入しているのだが，以下にみるように，革新的なサービスを調達しているという意味で，このシステムの開発過程は PPI とみなしうる。開発の沿革は次のようであった。2004 年に当時のオウル市副市長が複数の地元 IT 企業に対して，保健システムのデジタル化の提案を求めた。市には，保健システムの効率化に加えて，新規性のある需要を作り出すことによって産業振興を図るという意図もあった。この求めに対して企業側は，「市民ポータル」というコンセプトを提案した。これを受けてオウル市と複数の地元 IT 企業，オウル大学，オウル応用科学大学，国立保健福祉研究所などからなるチームが，2007 年から 2009 年にかけてシステムの開発とパイロットを行って，システムの基盤を完成させた。これらの地元企業の間には取引関係を含むつながりがなかったが，セルフケアシステムの開発がきっかけでビジネス上の連携が始まり，ヘルスケア産業がオウルで発展する契機になった。というのは，多くのヘルスケア製品・サービスは複数の企業が連携して開発されるためである。この開発は市の保健システム部門によって主導され，デジタル化に批判的だった市の保健専門家（医師，看護師など）への説得や彼らとの協議，また市の産業振興部門との調整も同部門によって行われた。その意味で，市の保健システム部門を中間組織とみなすことができる。

　上述の通り，セルフケアシステムは新しいサービスを付加することができる，拡張可能性をもったプラットフォームである。そこでオウル市は福祉システム開発部門を新た

に作り，新サービスの開発を主導している。ある新サービスに関する具体的な提案を企業に求め，求めに応じた複数の企業にプレゼンテーションをさせる半日程度のセッションを実施し，その中から企業を選抜して企業間連携を組ませ，開発を行わせるというのが，この部門の典型的な役割である。それ以外にも，同部門は年間 100 社程度と意見交換を行っている。つまり，PPI という観点からみるならば，オウル市は，新製品・サービスを付加できるプラットフォームの形成と，個々の新サービスのコンセプト開発，および企業間連携の形成という，三つの重要な局面を主導する役割を果たしているとみることができる。

3）触媒作用と触媒組織

いずれの事例においても，異なる利害と価値を有する組織間の協議・対話が，イノベーションの創出にとって枢要な意味をもっていた。このことは，コーディネーションが PPI を後押しする重要な要因であることを強く示唆している。また，中間組織がコーディネーションを可能にしていることも両方の事例から見て取れる。

事例 1 の場合には，調達者である市の外部に諸中間組織が存在し，それらが関与しているのに対し，事例 2 の場合には，市の内部の保健システム部門と福祉システム開発部門が中間組織として関与したという外形的な相違があるものの，上の二つの事例に共通する特徴は，買い手と売り手，ないしはいずれか一方に働きかける中間組織が関与していることである。さらに英国での PPI を事例とした先行研究と比較すると（Edler & Yeow, 2016），英国の中間組織が，紹介によって当事者間を関係づけたり，情報授受を促したりするという意味で，どちらかといえば「仲介する」（intermediate）役割を果たしているのに過ぎないのに対し，上の二つの事例ではいずれも，中間組織が単なる仲介以上の積極的な役割を果たしている。換言すれば，仲介の概念が示唆するように，紐帯を新たにつくるだけではなく，それ以上に，すでにある紐帯での相互作用を活性化させることを意図した介入も行っていることは明白だろう（Obstfeld, 2017）。その介入内容を事例から析出すれば，以下の通りである[13]。

(1) アクターにより革新的な計画を立てさせる
(2) アクター間を結節する
(3) アクターの努力を方向づける

---

13) Kivimaa（2014）も類似の項目を中間組織の役割として析出しており，本章の分析結果はある程度の一般性をもつといえるだろう。本章と Kivimaa（2014）の違いは，「仲介」概念ではこれらの積極的役割を捉えることはできず，別の概念が必要だと考えている点にある。

（4）アクター間でのインテンシブな協議・対話を促す
（5）技術的なアドバイスを与える
（6）実験的試行のためのエコシステムを創出・維持・発展させる

　（1）から（6）までの行為はすべて，当事者たちに働きかけて，彼らのルール・ルーティンを変容させようとしている点で共通している。触媒物質の存在のおかげで物質間の化学反応が可能になる場合との類例で，本章の事例における中間組織の役割を「触媒作用」と呼ぼう。また本章ではこれ以降，触媒作用を担う組織を「触媒組織」と呼ぶことにしよう。妥協的な問題設定・問題解決に陥ることなくイノベーションの創出につなげるためには，組織間での価値・認識・利害の相違を覆い隠すことなく，インテンシブな協議・対話をする必要があることは，二つの事例も示唆するとおりである [14]。この点にこそ，PPI 政策を含む MOI 政策が触媒作用を必要とする根本的な理由があると考えられる。
　先行研究では，コーディネーションやコーポラティズムがイノベーション創出に対してどのような含意をもっているのかが明確ではなかったし（宇仁, 2009；Ornston, 2012），むしろコーポラティズムはイノベーションを抑制する制度として理解される場合もあった（Phelps, 2013）。つまり，コーディネーションという仕組み自体がイノベーションを促進すると論じることは難しい。しかし上述の検討は，触媒組織・人材の関与によって，社会単位コーディネーションが妥協的なものから革新的なものへと転換されて，イノベーションを生み出し得ることを示している。以上の検討より，触媒組織による触媒作用は，コーディネーションによってイノベーションを生み出すための重要な一要因だと考えることができる。

4）「強い進化的政策」としての PPI 政策

　すでに 2-1 で述べたことをふまえると，上述の PPI 政策の事例は，触媒作用によってアクターのルール・ルーティンを変えることを指向しているとみなせるので，進化的政策に含まれると考えることができる。さらに問うべき問題は，事例の PPI 政策を含む MOI 政策はいかなる進化的政策なのかということである。

14）問題に対する捉え方に当事者の間でばらつきがあるほど，よりよい問題解決策が生み出される。このことを Page（2011）は数理モデルを援用して明晰に論じている。また Stark（2009）は，不協和を含む異なる価値観がメンバーによって持ち込まれることによってイノベーションが生まれやすくなることを，複数のエスノグラフィーに基づいて論じている。このように，二つの事例から得られるこの示唆は，先行研究によっても支持される。

　2-1 で挙げた諸先行研究と同様に，ルール・ルーティンは進化すると考えるならば，進化的政策はこれらの変異（mutation）に対する働きかけと，変異からの選抜（selection）への働きかけからなると考えられる。ところで，上の事例研究から析出された触媒作用が，インセンティブ付与や規制，補助金交付といった伝統的な政策手段と異なるのは，それがコミュニケーションに大きく依拠しているという点であり，その結果，政策を実施する触媒組織は進化プロセスにより深く関与することになる。

　この議論をふまえて，イノベーション政策を類型化したのが表 1-2 である。触媒作用によってルール・ルーティンの変異の数や大きさを促進しようと試みているか否か，および，触媒作用によって変異を特定の方向に焦点化しようとしているか否か，という二つの基準によって，4 通りの進化的政策が考えられる。進化論の概念と対応させれば，前者と後者がそれぞれ変異（mutation）と選択（selection）の促進に他ならない[15]。

　I のカテゴリーに含まれる政策では，触媒作用は変異の数や大きさを増やすことにも，変異の方向づけにも作用している。ルール・ルーティンの進化に関与する度合いが大きいという意味で，このカテゴリーの政策は「強い進化的政策」と呼ぶことができるだろう。上述の二つの事例がそうであったように，PPI 政策を含む MOI 政策は，変異の促進と変異の方向づけとの双方に対して触媒作用が働くという意味で，強い進化的政策となる可能性が高いといえる。また，IV のカテゴリーには，研究開発減税や補助金など，伝

表 1-2　進化的政策としてのイノベーション政策の類型化

		触媒作用による変異の方向づけ	
		あり	なし
触媒作用による変異の促進	あり	I MOI 政策（含 PPI 政策）	II エコシステム形成政策
	なし	III 規制や標準の設定	IV R&D 減税・R&D 補助金

15）ルーティンの選択は，生成された複数の変異の中から選択される場合もあるし，そもそも変異の生成が特定方向に焦点化されていることによって選択が事実上行われる場合もある。塩沢（2006）は前者と後者をそれぞれ「事後選択」「事前選択」と呼んでいる。この表での選択は事前選択を意味することに留意されたい。試行錯誤の結果から選択肢を排除していく事後選択を，進化的政策の概念にどのように位置づけうるかという問題を十分に検討することは，今後の課題としたいが，Siegenthaler（2003）はこうした検討の一例である。

統的な手段による多くの政策が含まれると考えられる。ルール・ルーティンの進化に関与する度合いが小さいので，このカテゴリーの政策は「弱い進化的政策」と呼びうる。これらに対して，II の例と考えられるイノベーション・エコシステム形成政策では，組織間の連携や，実証実験用のテストベッドを整備することによって変異を促進しようとするものの，その方向づけまでは試みられない。また III に記した規制や標準の設定時には，政府と企業・業界団体の協議が公式・非公式に行われるのが普通である。議論の過程で政府は変異を方向づけようと試みるが，変異を促進しようとしているわけではない（Lester & Piore, 2004）。そこで，II と III のカテゴリーに含まれる政策は「中位の進化的政策」と呼べるだろう。

　以上より，政策のプラクティスという観点からすると，MOI 政策は強い進化的政策となる可能性が高い。事例研究をふまえると，伝統的な政策手段による弱い進化的政策の場合とは異なって，強い進化的政策の成否は，革新促進的な社会単位コーディネーションを可能にする触媒組織の能力に大きく依存していると考えられる。個々の触媒組織が有能であることもさることながら，社会全体にいかなる触媒組織がどのように分布しているかという，いわば触媒組織のエコシステムもまた，触媒の社会的能力を考える場合には重要な問題である。そこで次に，エネルギー節約を指向した公共調達の場合に絞って，触媒組織の機能とその分布について検討しておこう。

■ 3-2　触媒組織の分厚い分布 [16)]

　表 1-3 は，エネルギー節約を目的とした革新的な財・サービスの公共調達に焦点を絞り，各組織への聞き取り調査と資料収集に基づいて，触媒組織の分布と役割を示している。○印は当該組織が左記の役割を担っていることを示す。3-1 で触れた旧 Tekes を除く組織の概要は以下の通りである。

(1) Hansel は，中央政府関連の機関や大学・研究機関の公共調達にかかわる，100％政府所有の企業で，財務省の傘下にある。競争入札によって選定された供給業者との間に「枠組合意」（framework agreement）を締結することと，中央政府関連の調達主に代わって入札を行うことが主な業務である。
(2) Syke は環境省傘下の研究機関である。EU の要求以上に速く徹底的に CO_2 排出を削減することを目標とする地方自治体を組織し，環境指向で社会経済的インパクトがあるソリューションを生み出すことを目標とする HINKU プロジェクトを通じて PPI に関与している。
(3) Motiva は，経済全体の資源効率の向上を目的とした 100％政府所有の企業である。

16）各組織と現地調査の詳細については，徳丸（2018）を参照されたい。

表 1-3　エネルギー節約指向の公共調達にかかわる触媒組織の分布と役割

	公的機関			非営利組織		企業	
	Tekes	Hansel	Syke	Motiva	Forum	KL/FCG	Owal
補助金交付・融資	○						
アイデア創出のための ネットワーキング	○		○	○	○	○	○
革新的な公共調達企画 への助言	○		○	○	○	○	○
交渉・入札への助言		○				○	○
契約への法的助言		○				○	○
共同調達のための ネットワーキング						○	
中央政府機関向け	○	○	○	○			○
地方自治体向け	○		○	○	ヘルシン キ市のみ	○	○

注：Forum Virium は "Forum"，Kuntaliitto は "KL" とそれぞれ略。
出所：著者作成。

　　中央政府，地方自治体のみならず，民間企業やその他の組織をもクライアントと
　　している。EU 指令は省エネルギー指向の公共調達を求めており，公共調達をよ
　　り環境指向的なものとすることも Motiva の任務の一つである。
⑷ Forum Virium Helsinki は，ヘルシンキ市と複数企業が出資する非営利組織である。
　　デジタル技術を用いた新しいサービスを開発することと，それにかかわる企業の
　　ネットワーキング，市当局内部のネットワーキング，ビジョンの構築，および実
　　証実験の運営が主要な業務である。
⑸ フィンランド地方自治体協会 Kuntaliitto は，中央政府へのアドボカシーや交渉，
　　協力を通じて，地方自治体の利害を代表する役割を担う。協会傘下のコンサル
　　ティング企業 FCG（Finnish Consulting Group）は，自治体向けのコンサルティング
　　やトレーニングなどの有料サービスを提供するが，この中で PPI を促進している。
⑹ 公的機関と非営利組織に対してコンサルティングを行う Owal Group は，主に官
　　庁や大都市向けに評価や研究の業務を行っているが，公共調達関連の業務は優先
　　事項の一つとなっている。

　　各組織の概要と，表 1-3 の末尾 2 行からわかるように，それぞれの組織はサービス提
供相手の公的機関が完全に重なっているわけではない。また，Syke や Motiva，Forum
Virium の場合がとくにそうであるが，異なる財・サービスに特化している。これらの意
味で，組織間での重複が回避されている。したがって表 1-3 は，各組織が同一対象・
サービスで競合しているという側面以上に，各組織が補完的であるという側面を含み
持っており，触媒組織が多様に分厚く分布している状況を表すと解釈することができる。

■ 3-3 触媒組織のミクロ的基礎としての触媒人材[17]

ところで，著者による触媒組織に対する聞き取り調査では，多様なバックグラウンドの人材が集まっていることの重要性や（Forum Virium Helsinki：2011 年 9 月 7 日），民間企業から旧 Tekes や Sitra（フィンランド国立研究開発基金）などの公的機関に移動する人材が多く，彼らがイノベーション政策のキーパーソンであるとの見解（Ministry of Employment and the Economy：2011 年 3 月 14 日）が繰り返し指摘された。これらの指摘は，部門をまたがる人材の移動が触媒作用のミクロ的基礎として枢要であることを示唆する。触媒作用を実際にもたらす人材という意味で，こうした人材のことを「触媒人材」と呼ぶことができる。そこで第 3 節の最後に，触媒組織への人材移動の実態例を定量的に明らかにしたい。

分析に用いる個人職歴データは，ビジネスに特化したソーシャル・ネットワーク・サービス（SNS）である LinkedIn から取得した。具体的には，各々の組織に現在勤務している登録者全員の個人職歴情報を整理・分析した。表 1-4 は，第 3 節で扱った機関を含む五つについて，それぞれの構成員の職歴情報を整理して示したものである。上から三つの機関は政府系組織，残り二つの機関は非営利組織である。

まず，いずれの組織でも，およそ 50〜65％ の高い割合で民間企業経験者が在籍していることが目を引く。民間企業間での転職は，日本を含むどの社会でもありふれた現象だが，民間企業から政府系組織，非営利組織への転職者の割合が高いことは，少なくとも日本と比べた場合の顕著な特徴であると考えられる[18]。民間企業での職務内容は，技術開発・製品開発の技術系の職務と，マーケティングや経営企画といったマネジメント系

表 1-4　構成員のこれまでの職歴（上段：人数／下段：比率（％））

	民間企業	公的機関	非営利組織	研究機関	官民両方とも経験	当該組織のみ経験	合計
Tekes	140 48.6	82 28.5	35 12.2	51 17.7	44 15.3	96 33.3	288
Motiva	27 54.0	9 18.0	9 18.0	7 14.0	6 12.0	13 26.0	50
Hansel	37 66.1	19 33.9	6 10.7	4 7.1	11 19.6	9 16.1	56
Forum Virium	22 64.7	11 32.4	5 14.7	9 26.5	7 20.6	6 17.6	34
Rakli	10 66.7	2 13.3	3 20.0	1 6.7	1 6.7	3 20.0	15

注：LinkedIn で確認できた者のみを含む。
出所：LinkedIn の個人職歴情報より著者作成（2016 年 10 月に収集）。

17）データと分析の詳細については，徳丸（2018）を参照のこと。

の職務とに大別されるが，法務担当者や財務担当者も少ないながら含まれている。逆に，当該組織でしか職務経験がない人の割合は，就業して間もない構成員がここに含まれていることを割り引く必要はあるものの，いずれの組織でも半数を割っている。各部門で職務経験をもった構成員の比率から考えて，最もバランスよく人材を集めているのはForum Virium である。とくに，研究機関での研究職経験者の多さが顕著であるし，官民両方で職務経験を有する者の比率も最も高い。同組織が自らの強みを「マッチメイキングのスキル」にあるとみており，その背景として「さまざまなコンピテンスの持ち主が集まっていること」を挙げていたことと整合的である（著者による Jarmo Eskelinen 氏（CEO：当時）への聞き取り調査：2011 年 9 月 7 日）。

　以上の分析には，代表的な触媒組織だけを対象にしているという限界がある。しかし，触媒組織の枢要なミクロ的基礎だと考えられる，部門を超えて転職する触媒人材が，フィンランドでは分厚く層をなして存在することを示唆している。

4　考察：MOI 政策の制度的基盤

　第 3 節の分析結果より，フィンランドひいては北欧諸国のいかなる制度的特徴が，MOI 政策に対してどのような意味をもつと考えられるだろうか。

　第一に，すでに述べたように，入り組んだ社会的問題を対象とする以上，MOI 政策の実施プロセスでは，利害と価値を異にする諸組織による，容易ではない協議・対話プロセスが必要になる。そうだとすれば，触媒組織・人材の層が厚く存在するフィンランドのような社会経済的環境は，諸組織による深いコーディネーションを実現し，それによって革新的な成果を得るために有利に作用しうる。MOI 政策に関する先行研究は，たしかに異なる組織間での協働が必要なことを指摘しており，コーディネーションが必要となるということを無視してはいない。しかし，Phelps（2013）が示唆するような，コーディネーションが妥協的な問題設定・解決に陥る可能性に対して無自覚であるようにみえる（e.g., Mazzucato, 2016）。だからこそ，触媒作用をもたらす触媒組織・人材が広く分厚く存在する社会経済的環境が，コーディネーションを革新的なものとするために枢要な役割を果たしうることを，先行研究に対しては強調したい。

18）雇用経済省での聞き取り調査によると，民間企業から官庁への転職は少ないものの，Tekes や国立イノベーション基金 Sitra への転職は，両組織への名声の高さゆえに非常に多い（2011 年 3 月 14 日）。転職の一例を挙げると，Sitra で著者が聞き取りを行ったOssi Kuittinen 氏は元々 IBM に勤務していたが，IT の利益を社会が享受できるようになるためには社会を変える必要があると考えるようになり，Sitra に転職したと述べた（2011 年 3 月 8 日）。

　第二に，以下に述べるように，フィンランドの制度的環境が，豊富な触媒組織・人材の維持・発展を支えていると考えられる。

（1）触媒組織の一半は，環境，保健，安全などの社会的価値を体現する非営利組織によって担われることは，第3節の事例や諸組織の概要からも明らかだろう。非営利組織の定義には国ごとに相違があるため国際比較には困難が伴うが，Salamon et al.（2004）による著名な調査研究によると，組織の規模（capacity），持続性（sustainability），社会的インパクト（impact）の三つの指標の合計において，フィンランドを含む北欧諸国は，アングロサクソン諸国，およびそれ以外の先進諸国を上回っている。フィンランドの場合，公衆スロットマシンや宝くじを運営する国営企業 Veikkaus 社の全収益金が，教育文化省，社会保健省，および農林省を通じて，補助金として非営利組織に分配されており，非営利組織の財源として重要な意味をもっている[19]。つまり，活発だった教会組織や自助組織というアソシエーションの歴史的背景が北欧にはあるにせよ（Harju, 2006），それ以上に非営利組織を財政的に支える制度的条件が存在することに着目する必要があるだろう。

（2）次に，触媒組織として機能する，財政・人事・意思決定面で独立性の高い公的機関が地方・中央に分布していることも，触媒の社会的能力を増強するのに有益だと考えられる。3-2で挙げた Forum Virium は典型例だが，多くの都市は，触媒組織として機能する都市開発会社ないし産業振興会社を所有している。少なくとも著者が調査したヘルシンキ，オウル，ラハティ，ポルヴォーの各都市が所有する会社の場合は，市役所とは独立した人事（とくに採用，報酬，配置）を行っており，有能な触媒人材として専門家を採用することが可能である。加えて，市役所から独立した組織になっているために，より長期的視野でリスクをとることが可能である。また中央で特筆すべき組織である国立イノベーション基金 Sitra は，議会に直属する独立採算の投資基金であり，政権からも独立している。旧 Tekes の場合と同様に，企業や中央・地方政府のプロジェクトに対して投資や補助金供与を行うのと並行して，所属する専門家をプロジェクトに深く関与させる。財政面・意思決定面で政府から独立しているため，リスクを

19）同社の年次報告書によると，2018年の分配実績は，社会問題，福祉，労働問題関連の非営利組織への補助金（社会保健省経由）が4億3610万ユーロ，教育・スポーツ・科学・芸術振興および若者問題関連の非営利組織への補助金（教育文化省経由）5億3750万ユーロ，その他（農林省経由）4060万ユーロであった（Veikkaus Oy., 2019；*Vuosiraportti 2018*）。

含む，より野心的なプロジェクトを戦略的に支援できる。また，公務員の場合とは異なる独自の人事施策をとれるので，やはり有能な専門家を確保することができる。

(3) 大量の労働力移動を後押ししている諸要因については，賃金格差をはじめとする諸要因をくわしく検討する必要があるが，普遍主義的福祉国家の枠組みの中で，教育・訓練，医療，保健，住宅などの生活保障がなされているために，転職による生活不安が緩和され，労働力移動が促されることは事実であろう。これはいわゆる「フレキシキュリティ」論で強調された論点の一つに他ならず，北欧諸国に共通する特質だと考えられる（若森, 2013）。その結果，3-3で検討したような触媒人材層の形成が促進され，触媒組織が触媒人材を集めやすくなっていると考えられる。

　第三に，第3節の二つの事例にみられるように，普遍主義的福祉国家の理念を反映した諸政策，例えば第3節の事例では住宅政策や保健政策が，財・サービスへの要求水準を高めたり，新たな財・サービスへの需要を生み出したりする機会は少なくない。その結果，福祉国家の理念を反映した諸政策が，イノベーションを促進するように作用しうると考えられる。Kristensen & Lilja（2011）や Miettinen（2013）は「可能性拡張型福祉国家」（enabling welfare state）という概念を提示し，福祉国家が労働者の再訓練や労働力移動によってイノベーションを促し得ることを論じたが，上述のことは，彼らが示したのとは別の理屈で，福祉国家がイノベーションを促し得ることを意味している。

　すなわち，フィンランド社会経済の制度的特質は，次のような理屈で MOI 政策にとって有利な環境を提供していると考えられる。第一に，福祉国家の理念に基づく諸政策が，社会的な問題を表面化させて，問題解決を図るイノベーションを促進することによってである。第二には，触媒組織・人材を形成・発展させることで，それらのイノベーション創出に必要となる革新指向的なコーディネーションを可能にすることを通じてである。なお，普遍主義的福祉国家をはじめとするこれらの制度的特質は他の北欧諸国にも相当程度共有されているので，上述の考察は他の北欧諸国にも当てはまると考えられる。他方，緊縮財政により，中央・地方政府の部門縮小が余儀なくされているが，MOI 政策を有利にする上述のような制度的環境に対してどのような影響を及ぼすのかについては未知数である。これらの問題については，別稿での本格的な検討が必要であろう。

5　結びにかえて

　本章は，新しいイノベーション政策である MOI 政策が強い進化的政策という特徴をもつこと，また，その実施には触媒組織・人材の深い関与が必要になる可能性が高いこ

とを明らかにした。そして，触媒組織・人材を形成・発展させ，社会的問題解決を指向するイノベーションを実際に生み出す上で，フィンランド社会経済の制度的特質は親和的であることを示した。イノベーション研究は制度経済学的な分析・考察を必要としているという安孫子（2012）の結論は，MOI 政策に関する先行研究にも当てはまると思われる。本格的な検討にはさらなる研究が必要だが，少なくとも，とくに触媒組織・人材に焦点を当てて，MOI 政策と親和的な制度的特質を明らかにした点に本章の意義があると考えている。また，イノベーションを阻害すると考えられることもある，コーポラティズムないしコーディネーションという制度的仕組みは，触媒組織・人材の深い関与によってイノベーションを促し得ることを明らかにできたことで，本章は制度経済学と北欧政治経済論に対して一つの問題提起をなしえたと考えている。

　残された課題を述べて本章を閉じよう。第一に，コーディネーションが弱い国，加えて，革新指向的なコーディネーションを支える触媒組織・人材を形成・発展させる制度的仕組みが弱い国は，MOI 政策の実施に問題を抱える可能性がある。日本ではコーディネーションが弱いという宇仁（2009）の指摘をふまえると，日本の MOI 政策に関わる組織・人材について，北欧との比較を念頭に分析・考察を行う必要があるだろう。第二に，本章は事例研究に依拠したので，フィンランドにおける PPI 政策の全体的な構図を把握できていない。政策を実施している中央・地方政府への質問紙調査によって，全体的な傾向を把握する必要があると考える。第三に，触媒組織のマネジメントと行動，および，触媒人材の能力形成と転職の実態について解像度の高い分析を行い，実証的な理解を深める必要があるだろう。以上のような分析・考察を行うことで，今後重要になると考えられる，新しいイノベーション政策の制度的基盤について，より深い理解に到達しうるだろうし，また，北欧社会経済への比較制度論的研究を深めることにもなると期待される。

【謝　辞】

本研究は JSPS 科研費 15K03426 の助成を受けた。本章は，SASE Annual Conference 2019（The New School, New York, 2019 年 6 月 27 日〜 29 日），進化経済学会「制度と統治」部会研究会（2019 年 8 月 3 日・京都大学），EAEPE Annual Conference（Warsaw School of Economics, 2019 年 9 月 12 日〜 14 日）で発表され，宇仁宏幸氏（京都大学）をはじめとする参加者から有益なコメントを得た。宇仁氏から大学院在学時以来受けてきた，政治経済学に関するすべての示唆に深く感謝する。また，数度にわたる Aalto University（ヘルシンキ）滞在中には，とくに Kari Lilja, Risto Tainio, Kalevi Euro, Erkki Ormala の各氏から折にふれて有益な示唆を得た。以上のすべての方にお礼申し上げる。

【参考文献】

安孫子誠男（2012）.『イノベーション・システムと制度変容——問題史的省察』（千葉大学経済研究叢書 8）千葉大学法経学部経済学科

宇仁宏幸（2009）.『制度と調整の経済学』ナカニシヤ出版

遠藤　聡（2012）.「地域的制度と発展経路の修正——フィンランド・オウル地域におけるICT 産業の発展過程を事例とした地域経済政策の検討」『エコノミア』63(1), 53–94.

塩沢由典（2006）.「概説」進化経済学会［編］『進化経済学ハンドブック』共立出版

徳丸宜穂（2017）.「EU・フィンランドにおけるイノベーション政策の新展開——「進化プロセス・ガバナンス」型政策の出現とその可能性」八木紀一郎・清水耕一・徳丸宜穂［編］『欧州統合と社会経済イノベーション——地域を基礎にした政策の進化』日本経済評論社

徳丸宜穂（2018）.「フィンランドにおける新たなイノベーション政策とその組織的基礎——分厚い「媒介的組織」とその意味」『北ヨーロッパ研究』14, 13–25.

西部　忠（2010）.「進化経済学と政策」江頭　進・澤邉紀生・橋本　敬・西部　忠・吉田雅明［編］『進化経済学基礎』日本経済評論社

若森章孝（2013）.『新自由主義・国家・フレキシキュリティの最前線——グローバル化時代の政治経済学』晃洋書房

Amin, A., & Thomas, D. (1996). The negotiated economy: State and civic institutions in Denmark. *Economy and Society*, 25(2), 255–281.

Boyer, R. (2004). *The future of economic growth: As new becomes old*. Edward Elgar.

Dopfer, K., & Potts, J. (2008). *The general theory of economic evolution*. Routledge.

Edler, J., & Yeow, J. (2016). Connecting demand and supply: The role of intermediation in public procurement of innovation. *Research Policy*, 45(2), 414–426.

Edquist, C., & Zabala-Iturriagagoitia, J. M. (2012). Public procurement for innovation as mission-oriented innovation policy. *Research Policy*, 41(10), 1757–1769.

European Commission Directorate-General for Communications Networks, Content & Technology (2019). *The strategic use of public procurement for innovation in the digital economy SMART 2016/0040: Comparative analysis of results from benchmarking national policy frameworks for innovation procurement*.

Foray, D. (2018). On sector-non-neutral innovation policy: Towards new design principles. *Journal of Evolutionary Economics*, 29(5), 1379–1397.

Frenken, K. (2017). A complexity-theoretic perspective on innovation policy. *Complexity, Governance and Networks*, 3(1), 35–47.

Hall, D., & Soskice, D. (eds.) (2001). *Varieties of capitalism: The institutional foundations of comparative advantage*. Oxford University Press.

Harju, A. (2006). *Finnish civil society*. Kansanvalistusseura.

Hashimoto, T., & Nishibe, M. (2017). Theoretical model of institutional ecosystems and its economic implications. *Evolutionary and Institutional Economics Review*, 14(1), 1–27.

Howells, J. (2006). Intermediation and the role of intermediaries in innovation. *Research Policy*, 35(5), 715–728.

Katzenstein, P. (1985). *Small states in world markets: Industrial policy in Europe*. Cornell University Press.

Kivimaa, P. (2014). Government-affiliated intermediary organisations as actors in system-level transitions. *Research Policy, 43*(8), 1370–1380.

Kristensen, P. H., & Lilja, K. (eds.) (2011). *Nordic capitalisms and globalization: New forms of economic organization and welfare institutions*. Oxford University Press.

Kuhlmann, S., & Rip, A. (2018). Next-generation innovation policy and grand challenges. *Science and Public Policy, 45*(4), 448–454.

Lester, R. K., & Piore, M. J. (2004). *Innovation: The missing dimension*. Harvard University Press.

Mazzucato, M. (2013). *The entrepreneurial state: Debunking public vs. private sector myths*. Anthem Press.

Mazzucato, M. (2016). From market fixing to market-creating: A new framework for innovation policy. *Industry and Innovation, 23*(2), 140–156.

Mazzucato, M. (2018a). The entrepreneurial state: Socializing both risks and rewards. *Real-World Economics Review, 84*, 201–217.

Mazzucato, M. (2018b). *Mission-oriented research & innovation in the European union: A problem-solving approach to fuel innovation-led growth*. European Commission.

Metcalfe, S. (1997). Technology systems and technology policy in an evolutionary framework. in D. Archibugi, & J. Michie (eds.), *Technology, globalisation and economic performance*. Cambridge University Press.

Miettinen, R. (2013). *Innovation, human capabilities, and democracy: Towards an enabling welfare state*. Oxford University Press.

Moreau, F. (2004). The role of the state in evolutionary economics. *Cambridge Journal of Economics, 28*(6), 847–874.

Nelson, R. R. (1977). *The moon and the ghetto: An essay on public policy analysis*. W. W. Norton.

Nelson, R. R., & Winter, S. G. (1982). *An evolutionary theory of economic change*. The Belknap Press of Harvard University Press.

Nelson, R. R. (ed.) (1993). *National innovation systems: A comparative analysis*. Oxford University Press.

Obstfeld, D. (2017). *Getting new things done: Networks, brokerage, and the assembly of innovative action*. Stanford University Press.

Okruch, S. (2003). Knowledge and economic policy: A plea for political experimentalism. in P. Pelikan, & G. Wegner (eds.) *The evolutionary analysis of economic policy*. Edward Elgar, pp.67–95.

Ornston, D. (2012). *When small states make big leaps: Institutional innovation and high-tech competition in Western Europe*. Cornell University Press.

Page, S. E. (2011). *Diversity and complexity*. Princeton University Press.

Pelikan, P., & Wegner, G. (eds.) (2003). *The evolutionary analysis of economic policy*. Edward Elgar.

Perez, C. (2016). Capitalism, technology and a green global golden age: The role of history in helping to shape the future. in M. Jacobs & M. Mazzucato（eds.）, *Rethinking capitalism: Economics and policy for sustainable and inclusive growth*. Wiley.

Phelps, E.（2013）. *Mass flourishing: How grassroots innovation created jobs, challenge, and change*. Princeton University Press.

Salamon, L. M., Sokolowski, S. W., & Associates（2004）. *Global civil society: Dimensions of the nonprofit sector volume two*. Kumarian Press.

Siegenthaler, H.（2003）. Understanding and the mobilisation of error: Eliminating controls in evolutionary learning. in P. Pelikan, & G. Wegner（eds.）（2003）. *The evolutionary analysis of economic policy*. Edward Elgar.

Stark, D.（2009）. *The sense of dissonance: Accounts of worth in economic life*. Princeton University Press.

Tokumaru, N.（2018）. Transforming the role of public policies for innovation: The role of institutional foundations in Finland as a Nordic State. in R. Boyer et al.（eds.）, *Evolving diversity and interdependence of capitalisms*. Springer, pp.235–258.

van den Bergh, J. C. J. M., & Kallis, G.（2013）. A survey of evolutionary policy: Normative and positive dimensions. *Journal of Bioeconomics*, *15*(3), 281–303.

Weber, K. M., & Rohracher, H.（2012）. Legitimizing research, technology and innovation policies for transformative change: Combining insights from innovation systems and multi-level perspective in a comprehensive 'failures' framework. *Research Policy*, *41*(6), 1037–1047.

Witt, U.（2003）. Economic policy making in evolutionary perspective. *Journal of Evolutionary Economics*, *13*(2), 77–94.

02 金融：アメリカの地域開発金融機関における社会的金融[1]

梁峻豪

1 はじめに

　現在のアメリカが直面しているさまざまな問題のなかで最も深刻なものは，地域経済の衰退とコミュニティの崩壊による都市または地域社会の急速な貧困化現象である。理念的な性向の違いに関わりなく，アメリカの地域・都市に関する研究者たちはこの貧困化現象を，アメリカ地域社会の疲弊化——これは「都市の危機」または「危機の都市」とも表現されている——をもたらしている最も直接的な原因だとみなしている。周知の通り，アメリカの主要都市では，都心部はいうまでもなくその近郊にまで貧困地域が急速に拡がりつつあるが，多くの論者は，このような現象をもたらした大きな要因の一つが，1980年代以降のアメリカにおける都市政策・地域政策の基調がケインズ主義から新自由主義へと転換したことにあると考えている。すなわち，アメリカの都市政策・地域政策に関わる金融支援が，ケインズ主義的な補助金による直接的な支援から新自由主義的な市場を通じての間接的な支援へと代わったことによって都市・地域の所得不平等現象が深刻化するようになったのであり，このことを考慮すると，都市・地域の貧困化と新自由主義的政策との間には強い因果関係があるとみなすべきであろう。

　ところで，この新自由主義的な都市政策・地域政策の帰結として貧困問題が深刻化している各都市の復興のために，アメリカにおいては1990年代以降，「コミュニティ金融（Community Finance）」と呼ばれる「地域開発金融（Community Development Finance）」が積極的に活用されている点は注目する必要がある。この「地域開発金融」は，アメリカの各都市または各コミュニティが直面しているさまざまな社会問題を解決することを目的とする経済諸主体の資金需要に，より積極的に対応するために活用されているという

---

1) 本章は梁峻豪（2018），「アメリカの地域開発金融機関（CDFI）に関する「概括的」考察——地域における市民主導型社会的金融の可能性に焦点を合わせて」『企業研究』33, 121–148 を修正・補完したものである。

点で，「社会的金融（Social Finance）」——社会的企業または協同組合のような社会的問題に直接携わっている経済組織に対する資金支援に特化した金融——の一環とみなすこともできよう。しかしアメリカの「地域開発金融」は，一面では「社会的金融」と同様に，非常に強い地域社会変革への志向性をもつものではあるが，他面ではとくに都市・地域社会の貧困化問題を解決するために，主に地域開発や地域の公共的再生に関わるプロジェクトに焦点を合わせて，その主体に対する金融支援を行うという点にその特徴がある。アメリカではこのような金融支援が民間部門の金融仲介組織である「地域開発金融機関（Community Development Financial Institutions：以下ではその略語である CDFI と呼ぶ）」によって積極的に展開されている[2]。すなわち，地域やコミュニティの社会的・経済的活性化を図る民間の金融仲介組織の総称であるこの CDFI は，アメリカの地域開発金融において非常に重要な役割を果たしているのである。

　そしてここで注目すべき問題は，第一に，このようなアメリカの CDFI——一般の営利商業銀行によって「リスクが高い」という理由で貸出を忌避されてきた NPO や社会的企業，そして社会性が強い協同組合などのいわゆる「第 3 セクター」に属する諸主体による地域社会革新のための活動を支援してきた——が，持続的に貸出を提供し続けることができた，その制度的な背景である。また，第二に，アメリカの CDFI が地域社会の需要に整合的な金融支援を通じて，地域における真の意味での「開発」または「社会革新」に寄与できるようになった，その「ガバナンス的な」背景である。

　以上のことから，本章の課題は，アメリカの地域レベルでの「社会的金融」とみなしうる「地域開発金融」の持続的作用が，地域の貧困問題の解決や地域社会における社会的経済の活性化などに大きな成果を出しているその制度的な背景とガバナンス的要因を

---

2) 本章が「社会的金融」または地域社会の問題を解決するための金融的枠組み構築のための方法論的主体としてアメリカの CDFI に注目する理由は，CDFI のメカニズム自体が一国レベルではなく「地域」レベルで作動している点である。「社会的金融」とは，その概念と実際の内容をみると，グローバル・スケール，ナショナル・スケール，そしてローカル・スケールで展開されうるし，また実際そのように展開されている。しかし，本章では，ローカル・スケールレベルでの「社会的金融」を政策的また実践的に想定しているので，ローカル・レベルの空間領域でその機能を発揮しているアメリカの CDFI に焦点を合わせることにした。ローカル・スケールのレベルでは，いわゆる「金融公共性」などのラジカルな概念を積極的に認識しながら地域金融の活性化に寄与し，「社会的金融」に近い金融商品を提供している営利商業銀行も多数存在していることも否めない事実である。しかし，これらの活動は，営利商業銀行が地域レベルでの市場拡大や利潤極大化のために行う「社会的責任経営」の一環に過ぎないものであって，地域・都市における多様な社会問題と金融排除（Financial Exclusion）現象を解決すること自体を目的としているものではないという点は強調しておきたい。

「概括的に」議論することにある。またとくに，ガバナンスに焦点を合わせた考察に関しては，アメリカの CDFI の実際の事例を中心に議論を進めていく。

2 地域開発金融機関（CDFI）とは

　アメリカの CDFI は，低所得層が多く居住する貧困地域において，貸出を支援することを目的に設立・運営される地域レベルの金融機関であり，それは預金を受け取ることができる銀行および信用協同組合という形態をとるものもあれば，預金とは関わりなく貸出および持分投資などを提供する貸出ファンドまたはベンチャー・キャピタル・ファンドといった形態をとるものもある。つまり，非常に多様な形態の CDFI が地域社会に共存・競争しながら地域の発展または開発を目的とする諸主体の資金需要に積極的に対応している。

　アメリカの CDFI は歴史的にみれば，黒人，ヒスパニックなどの少数人種の地域社会における社会的・経済的な自立を支援するための民権運動と，より活気のある地域共同体を構築するための「下からの」住民運動を金融という側面から支援することを目的に，アメリカ全域に根を下ろした小規模の地域金融機関を起源としている。そして 1994 年以降には，CDFI は未開発地域または貧困地域に対する金融的支援を行う優れた金融機関として，アメリカ連邦政府によって公式に認定され，また国から財政的支援を受けている。

　またアメリカの CDFI は，総資産が 5 万ドルに過ぎない小型金融機関から総資産 10 億ドルを超える大型金融機関に至るまで，非常に多様な規模のものが共存している。数にして約 1,000 の CDFI がアメリカ連邦政府から認定されたいわゆる「認定 CDFI」として活動をしており，これら「認定 CDFI」の総資産規模は 500 億ドルから 1000 億ドルと推定される。

　CDFI は連邦政府，一般の商業銀行，財団，そして個人から政策補助金，寄付，および投資や融資の形で資金を集めて，低所得層のための公営住宅の提供や公的な都市空間の確保などの地域開発事業を支援している。すなわち CDFI は，これらの多様な形で集めた資金を原資として，地域の貧困問題をはじめとするさまざまな社会問題の解決を目的とする公共的な開発事業者，NPO，社会的企業および協同組合などに資金を提供すると同時に，公営住宅に入居を希望する貧困層個人に対しても直接的に金融支援を行っている。この意味では，CDFI は金融仲介組織とみなすこともできる。

　しかし CDFI は民間の非営利組織でありながらも，投資対象の地域住民をはじめとする諸主体に対して説明責任を持続的に果たすと同時に，地域住民の地域開発に関する意見をも積極的に受け入れることができるようなガバナンスを指向している。この意味では CDFI は，「市民代表的」性格をもつ組織でもあるといえる。そして後にアメリカ

CDFI の事例に関する第 5 節でより具体的にみるように，CDFI における投資および融資
に関わる意思決定が地域住民の意見によって大きく規定されているという点は，CDFI
の「市民主導的」性格を如実に示している。

　以上のような性格をもつ CDFI は，商業銀行など一般の金融機関が断念した投資や融
資プロジェクトに対しても金融支援を可能とする方法を開発することによって，低所得
層が居住する住宅の建設や地域の再活性化に寄与する商業施設，コミュニティ施設の建
設，また地域雇用を創出する事業などに対して金融支援を行っている。またこれと同時
に，CDFI は地域レベルで行われる住民の能力開発プログラムや職業訓練プログラムな
ども直接的に実施している。

　ところで先にも述べたように，アメリカの CDFI は非営利団体であり，また税法上の
「内国歳入法（IRC）の 501（c）（3）」の適用対象とされ，非営利組織（NPO）として連邦
政府の優遇措置の対象となっている。そして CDFI がこの優遇措置を受け，またアメリ
カ連邦政府から財政的な支援を受けるためには（すなわち「認定 CDFI」となるために
は），アメリカ連邦政府の機関である「CDFI ファンド（CDFI Fund）」に認定を申請する
段階で，以下のような条件を満たしていなければならない。

・第一に，当該金融機関は提供する金融サービスの内の 60％以上を低所得または中
　所得の地域内で行っていなければならない。
・第二に，当該金融機関は必ず非営利を目的とする市民代表的な「法人」という組
　織形態をとっていなければならない。
・第三に，当該金融機関は，「地域開発」または「地域革新」という地域の社会問題
　を解決することを核心的なミッションとしていることをさまざまな形で明らかに
　しなければならない。
・第四に，当該金融機関は，事業活動を行う地域社会の住民から自らの金融サービ
　ス全般に関する意見を積極的に聞き取ってそれを実際の投資および融資の過程に
　反映させなければならない。
・第五に，当該金融機関は利潤や収益よりも事業活動を行う地域社会の公共的な利
　益を優先しなければならない。
・第六に，当該金融機関は，その金融サービスが主に地域の発展や地域の社会問題
　解決のために提供されていることを立証する責任を果たさなければならない。

　以上のことから，アメリカの CDFI が単なる金融仲介組織ではなく，それが「市民代
表的」性格と「市民主導的」性格を併せもつ組織であることが如実にわかるだろう。

3 アメリカにおける CDFI の類型と現況

　CDFI Data Project（2006）はアメリカの CDFI を次の四つに類型化し区分している。

　第一は，「コミュニティ開発銀行（Community Development Bank）」である。この第一類型の CDFI は，コミュニティ開発またはコミュニティ革新を目的に設立された地域金融機関であり，当該地域の住民および利害関係者のグループから理事を選ぶなど，非常に強い地域代表的・住民代表的な性格をもつ「市民主導型 CDFI」であるといえる。この CDFI は「銀行」の形を保っており，したがって地域住民からの預金を預かるので，アメリカ連邦政府の金融当局による監督を受けている。また金融当局はこの CDFI に対して健全な銀行経営を監督・指導しているので，他の類型の CDFI に比べて融資の基準およびリスク管理がきびしい。したがって，アメリカの各地域におけるこの第一類型の「コミュニティ開発銀行」は，相対的にリスクが低い大型の社会的企業や大型の協同組合など，比較的規模が大きい貸出需要者を対象とする投資や融資を行う傾向がある。

　第二は，「コミュニティ開発信用協同組合（Credit Union for Community Development）」である。この CDFI は，地域における「金融的弱者」，つまり信用および担保上の問題によって一般の金融市場から排除された低所得・低信用等級の貧困者を対象として貸出サービスを提供する非営利組織である。すなわちある特定地域において，いわゆる「金融排除（Financial Exclusion）」と呼ばれる社会問題を，金融支援を媒介として直接解決することを目的とする「社会的金融」の典型である。またこの CDFI は，いま述べた通り一般の金融市場から排除された金融的弱者を対象とする貸出サービスに特化した事業活動を行っているので，アメリカの全国クレジット・ユニオン管理庁（NCUA）から「コミュニティ開発信用協同組合」としての営業許可を得ることができる。この許可が得られると，当該 CDFI は多様な主体から資金を供給してもらうことができる。そしてその資金は主に，金融的弱者の生活費，大学入学金，自動車および住宅の修理などの日常的ではない支出にかかる費用や就業活動，職業訓練，創業などのための費用に焦点を合わせて貸出される。したがってこの CDFI の場合は，個人の資金需要に対する少額融資が一般的である。

　第三は，「コミュニティ開発ローンファンド（Loan Fund for Community Development）」である。この CDFI は，連邦政府，財団，商業銀行，そして地域における多様な社会問題の解決を目指す宗教団体および個人などから出資，寄付，低利融資という形で資金を調達し，その資金を，コミュニティ開発を目的とするプロジェクトに融資する組織である。この第三類型の「コミュニティ開発ローンファンド」は，第二類型で述べた「コミュニティ開発信用協同組合」とは異なり，預金を扱っていない組織であるため，連邦政府の金融当局の監督対象にはなっていない。しかしもちろん，この CDFI も非営利組織であり，また理事会は非常に強い地域代表的・住民代表的な性格をもつことが一般的で，

地域の住民の参加と関与によって資金投資の過程を統制することを目指すところに経営の焦点を合わせている。したがって，このCDFIもまさに「市民主導型」経営をコアとしている。そしてこの「コミュニティ開発ローンファンド」が融資の対象として設定しているのは，地域の零細企業，小企業，貧困層のための賃貸住宅プロジェクト，そしてコミュニティの活性化に寄与する社会的経済組織である。

　第四は，「コミュニティ開発ベンチャーキャピタル・ファンド（Venture Capital for Community Development）」である。上述の第三類型の「コミュニティ開発ローンファンド」が主に融資という形で資金需要のある企業に貸出を提供しているのに対して，この第四類型の「コミュニティ開発ベンチャーキャピタル・ファンド」は資本投資という形で地域における創業直後の新興企業に資金を供給している。このCDFIの場合は，非営利組織の形態をとるものもあれば営利組織の形態をとるものもある。また，他の類型のCDFIのように，地域代表的・住民代表的な性格をもつものもあればそうではないものもある。その意味で，このCDFIは他の三つの類型のCDFIとは若干性格が異なる。すなわち，この「コミュニティ開発ベンチャーキャピタル・ファンド」は典型的なCDFIではなく，かなり変則的なCDFIであるといえよう。ただこのCDFIも，経済発展が遅れている地域の活性化と低所得層の雇用拡大を目的とし，また一般的なベンチャーキャ

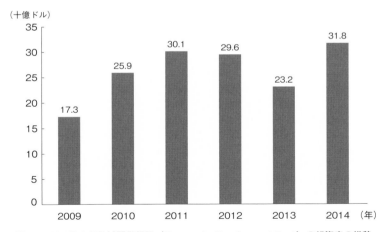

図 2-1　アメリカの地域開発銀行（Community Development Bank）の総資産の推移

注：総資産：$31.8B，最大資産：$2.4B，中間資産：$209.2M，最小資産：$14.6M，平均資産：$292.1M，2013年
　　から2014年までの変化率：35.0%。
出所：アメリカ連邦コミュニティ投資ファンド（http://www.ncif.org/inform/publications-and-research/state-cdfi-
　　banking-industry）。

ピタルが投資を忌避するような小規模の零細企業や，地域発展に寄与すると見込まれる新興企業に焦点を合わせて投資をするという点を考慮すると，かなり高い水準の公共性または社会性を志向している組織であることは間違いない。ただし，この「コミュニティ開発ベンチャーキャピタル・ファンド」はアメリカ全体の CDFI の中でわずか 1 ％を占めているに過ぎない。したがって結局，全体の CDFI の中で 52 ％を占めている「コミュニティ開発ローンファンド」と 28 ％を占める「コミュニティ開発信用協同組合」がアメリカの CDFI の典型であるとみなしてよいだろう。

　次に，アメリカの CDFI の現況を概括的にみてみよう（図 2-1 〜 2-6）。アメリカのCDFI の資産および融資の総額に関する 2007 年以降の時系列統計は公開されていないので，図の作成にあたっては最新のデータベースを唯一公開している地域開発銀行（CDFI Bank）の各種のデータを用いる [3]。

3）アメリカの CDFI に関する統計を提供している地域開発銀行（CDFI Bank）のデータベースがもつ制約のため，本章では 2009 年から 2014 年までの統計を利用する。ただしここで用いた 5 年間の統計は，最近のアメリカにおいて CDFI が量的に，または質的に拡大しつつあることを確認しようとするものであって，けっして CDFI の「社会的金融」機関としての効果や機能を定量的に議論するために用いたものではないという点は強調しておく。アメリカ CDFI の「社会的金融」機関としての肯定的な効果は，地域レベルのさまざまな社会問題の領域で実際にすでにあらわれている。しかしこれを定量的に計測するためには，計量経済学または計量社会学などの方法論を用いて別途の研究テーマを設定しなければならない。第 1 節においても述べたように，本章の目的はアメリカ CDFI の現況およびその作動メカニズムとその制度的・ガバナンス的な背景を概念的に議論することにあるので，ここではアメリカ CDFI の資産，貸出，利潤などの推移を概括的に把握することに留めたい。そして，ここで用いた統計は年次データでありまた 2014 年までのものであるので，最近の CDFI の現況や動向を把握するには妥当なものと考える。
　さらに，2008 年のグローバル金融危機の前後における，アメリカの CDFI の量的・質的変化を把握することは，非常に重要な研究テーマである。そしてこの問題に関して，CDFI や「地域再投資法（Community Reinvestment Act. 略語は CRA）」の効果などに関するアメリカ国内の諸研究は，グローバル金融危機の直接的な原因であったサブプライムモーゲージ貸出商品を過剰供給した小型金融機関の 91 ％が，独立モーゲージ・ローン会社であった点を明らかにしている。また，それらの研究は，グローバル金融危機以降顕著にみられるアメリカ連邦政府レベルの金融政策の基調変化にもかかわらず，CDFI と「地域再投資法（CRA）」に関しては，それを弱化させる方向への政策基調の転換はまったく行われていない点をも明らかにしている。そしてこの事実は，アメリカの CDFI に対して，2008 年のグローバル金融危機が否定的な影響を与えたとする一部の「推測」が棄却されざるを得ないことを意味する点も強調しておきたい。

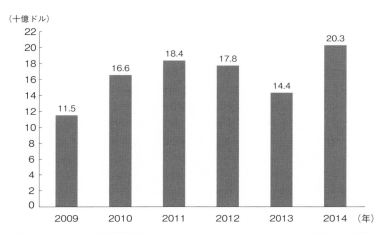

（十億ドル）

図 2-2　アメリカの地域開発銀行（Community Development Bank）の総貸出の推移

注：総貸出：$20.3B，最大貸出ポートフォリオ：$2.4B，中間貸出：$134.2M，最小貸出ポートフォリオ：$2.6M，
　　平均貸出：$185.9M，2013 年から 2014 年までの変化率：36.7％。
出所：アメリカ連邦コミュニティ投資ファンド（http://www.ncif.org/inform/publications-and-research/state-cdfi-
　　banking-industry）。

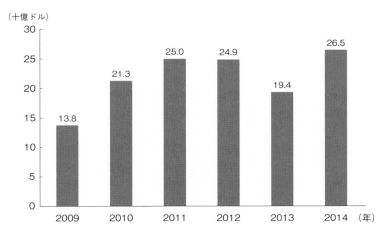

（十億ドル）

図 2-3　アメリカの地域開発銀行（Community Development Bank）の総預金の推移

注：総預金：$26.5B，最大預金ポートフォリオ：$1.9B，中間預金：$150.8M，最小預金ポートフォリオ：$10.8M，
　　平均預金：$242.8M，2013 年から 2014 年までの変化率：34.1％。
出所：アメリカ連邦コミュニティ投資ファンド（http://www.ncif.org/inform/publications-and-research/state-cdfi-
　　banking-industry）。

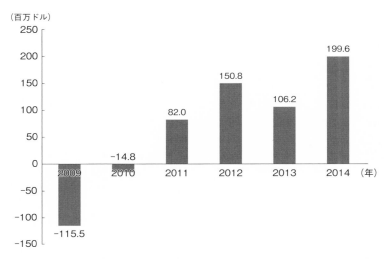

図 2-4　アメリカの地域開発銀行（Community Development Bank）の純利潤の推移

注：総純利潤：$199.6M，最大純利潤：$21.4M，中間純利潤：$1.5M，最小純利潤：−$39.1M，平均純利潤：$1.8M。
出所：アメリカ連邦コミュニティ投資ファンド（http://www.ncif.org/inform/publications-and-research/state-cdfi-banking-industry）。

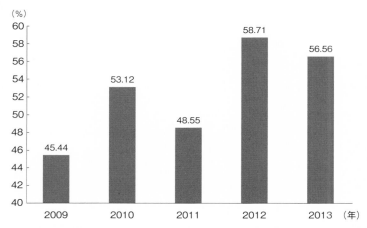

**図 2-5　アメリカの地域開発銀行（Community Development Bank）の地域開発を目的とする融資の
　　　　集中度**

出所：アメリカ連邦コミュニティ投資ファンド（http://www.ncif.org/inform/publications-and-research/state-cdfi-banking-industry）。

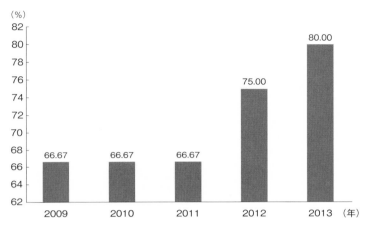

図2-6　アメリカの地域開発銀行（Community Development Bank）の地域開発を目的とする預金の
集中度

出所：アメリカ連邦コミュニティ投資ファンド（http://www.ncif.org/inform/publications-and-research/state-cdfi-
banking-industry）。

4 アメリカ CDFI を支える制度的要因：「CDFI ファンド」による 国家レベルの支援体制を中心に

　アメリカの CDFI の活動を支えている最も重要な制度的要因としては，連邦政府組織
である「CDFI ファンド（CDFI Fund）」によるさまざまな政策支援を挙げることができ
る。1994 年のアメリカ議会において民主党と共和党の両党は，多様な形態の地域密着型
金融機関によって行われていた未開発地域や貧困地域に対する戦略的な貸出と投資が，
その地域のコミュニティの持続可能性とその地域で暮らす住民の生活の質を高めること
に大いに寄与したという点に注目し，未開発地域や貧困地域で事業活動を行う金融機関
を支援・育成するための「地域開発金融機関法（Community Development Banking and
Financial Institutions Act. of 1994）」を制定した。そしてこの法律に基づいて，アメリカ連
邦政府の組織として「地域開発金融機関ファンド（Community Development Financial
Institutions Fund：以下では CDFI ファンド）」を設置した。この CDFI ファンドは 1996
年から 2016 年までに，アメリカ各地の「認定 CDFI」に対して合計 22 億ドルを彼らの活
動資金として支援してきた。「認定 CDFI」はこのような連邦政府からの政策支援金を
シード・マネーとして，同じ地域で事業活動を行っている一般の商業銀行や民間企業か
ら追加的に資金を集めることができた。すなわち地域の金融機関や企業は，連邦政府の
組織である CDFI ファンドから政策支援金をもらっている「認定 CDFI」に対して，彼ら

自身の「社会的責任経営」の一環として，かなりの資金を寄付ないし投融資してきた。その結果，1996 年から 2016 年の間における CDFI の地域社会に対する投融資および金融サービス提供の総額は 300 億ドルを超えるものと推定される。ベン・バーナンキ（Ben Bernanke）は，彼が連邦準備理事会の議長を務めていた当時，次の点を強調した。すなわち，アメリカ連邦政府の CDFI ファンドの資金 1 ドルが各地の CDFI に支援された場合，支援を受けた当該 CDFI が活動する地域の民間組織および地方政府からは，支援額の 15 倍の 15 ドルの資金が追加的にその CDFI に流入しているという点である。実際に 2016 年の場合をみると，CDFI ファンドによって支出された「CDFI 支援のためのプログラム」に関わる支援金の合計は 1 億 700 万ドルで，アメリカ各地の 457 の CDFI が提出した資金要請申請書の総計は 6 億 7500 万ドルに及んだ。CDFI ファンドはその中の 158 の CDFI に 1 億 700 万ドルを支援したが，この支援を受けた CDFI の総投融資額は 36 億ドルに及んだ。そしてこれら資金支援を受けた CDFI の貸出用途をみると，地域の中小・零細企業に対する貸出（25％），貧困層に対する住居用不動産貸出（25％），貧困地域における住宅改良のための貸出（22％），そして貧困地域における商業用不動産貸出（20％）などの順であった。以上の点をふまえると，結局，アメリカの CDFI の地域活動を支える第一の要因は，連邦政府の組織である CDFI ファンドによる資金支援にあるといっても過言ではないだろう。すなわち，アメリカにおける地域開発金融に対する「国家的調整」がもつ規定性は非常に強いものと考えられる。

　また，アメリカ連邦政府内に組織されている CDFI ファンドは，全国各地の CDFI の活動を支援するために，「CDFI プログラム（CDFI Program）」「BEA プログラム（Bank Enterprise Award Program）」「NMTC プログラム（New Market Tax Credit Program）」，そして「キャピタル・マグネット・ファンド（Capital Magnet Fund）」などの政策支援プログラムを提供している。そのなかでも最も重要な CDFI 支援政策と評価されているのは「CDFI プログラム（CDFI Program）」である。この政策支援プログラムは連邦政府の CDFI ファンドによって行われている最も代表的なものであるが，それは「金融アシスタンス賞（Financial Assistance Awards）」と「技術アシスタンス賞（Technical Assistance Awards）」という二つの支援策で構成されており，毎年，次のように実施されている。まずアメリカ全国各地の CDFI から，今後の 5 年間，当該コミュニティの資金需要にどのように対応していくかを具体的に示した事業計画書の提出を受け付ける。次に，CDFI ファンドは，その事業計画に対する定量的な評価だけではなく，それに関わるソフト・インフォーメーションに基づく質的な評価をする。またそれと同時に，各 CDFI の事業計画が当該地域社会に及ぼす影響と効果，さらに CDFI の経営グループの当該地域社会に対する理解度や問題意識などを審査する。こうして，非常に多様な審査基準を適用した厳格な審査を経て CDFI プログラムの支援対象を選定し，選定された CDFI に最大200–500 万ドルの賞金（Award）を活動資金として授与する。そしてこれを受賞した

CDFI は，この資金を自己資本として拡充することによって，新規貸出のための財源として，また貸出損失充当金として活用することになる。ただしこの際に，該当 CDFI はアメリカ連邦政府以外の個人および団体から 1：1 の対応財源を確保するという前提条件を満たさなければならないし，また成果目標，成果尺度，基準指標，そして評価予定日などに関する内容を含む成果予定表（performance schedule）も作成しなければならない。

　これまで述べてきたことからわかるように，アメリカの「CDFI ファンド」は連邦政府の直系組織であり，また「CDFI プログラム」とは連邦政府によって提供される補助金である。また CDFI ファンドは地域密着型金融機関である全国各地の CDFI を政策的に支援するという非常に特殊な目的をもつ国家的組織である。一般的に「ファンド」または「基金」というものは，財源の出所およびその運営主体が明らかにされなければならないが，この点を「CDFI ファンド」についていえば，それは一般の会計予算として財源を確保し，またアメリカ議会の承認を経て予算が編成されたうえで連邦政府が運営する連邦政府のファンド（基金）であるという点で，アメリカにおける他のファンドまたは基金とは明らかに異なっている。また，「CDFI ファンド」がアメリカ全国各地の「認定 CDFI」に提供する資金は，貸出または持分投資という形ではなく，支援金という形で提供されているが，この点に関して，支援金という表現が用いられていることには重要な意味がある。すなわち，アメリカ連邦政府がこの資金支援を補助金または交付金という

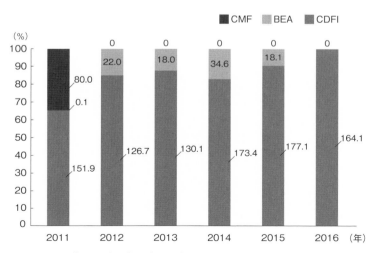

図 2-7　「CDFI プログラム」別の年間支出額の推移（単位：百万ドル）
出所：CDFI Fund.

名称ではなく，「賞（Award）」と呼んで優秀なCDFIに対する賞金または褒賞として認識させていることは，CDFIファンドが授与する賞金は，各CDFIの「未来の事業計画に対する評価」の結果として提供されるものであるのみならず，未開発地域や貧困地域の再生および活性化のために努力する金融機関の地域に密着した活動を政策的に推奨するという，連邦政府の意思表示であることを意味している。このように，アメリカ連邦政府は「賞（Award）」という特別な表現を使うことによって，CDFIは政府から補助金をもらう単なる外部依存的な金融機関ではなく，社会的価値が大きい事業活動を行い，地域社会において非常に重要な役割を果たす金融機関として公式的に認定されているという意味合いをもたせているのである。

　CDFIファンドが授与する「金融アシスタンス賞（Financial Assistance Awards）」とはまさに，財政的または資金的な側面でCDFIを支援する褒賞である。「金融アシスタンス」は一つのCDFI当たり平均200万ドル程度の予算で行われるのであるが，該当CDFIにとって，この規模の支援金は小さい額であるかもしれない。しかし，この支援金はCDFIにとって非常に重要なシード・マネーとして使われる。すなわち，CDFIが連邦政府に返上しなくてもよい資金であるがゆえに，該当CDFIは自らの経営にとって最も役に立つ方向でこの支援金を適切に使うことができるのである。例えばこの支援金をシード・マネーとして，各CDFIは顧客グループを個人から企業および非営利法人へと拡大することもあれば，貸出ではなく持分投資や保証などを行うこともある。またこのようなCDFIの活動は，一般的な商業銀行などの金融機関による地域社会へのコミットメントを誘導する契機としても働く。

　また，CDFIファンドは「技術アシスタンス賞（Technical Assistance Awards）」という名称で，その条件を満たしているCDFIに対して，一つのCDFI当たり平均10万ドル程度の運営資金を支援している。この支援金はそれを受けるCDFIの組織運営に必要な経常費用としても活用される。例えば，CDFIに所属する職員の給料やコンサルタント費用，事務用品購入費として使うことができる。

　ところで，CDFIファンドが提供するこれら二つの「アシスタンス賞」は次の二点に留意して授与されている。第一に，「金融アシスタンス賞」と「技術アシスタンス賞」が特定のCDFIに集中しないようにするために，CDFIファンドが一つのCDFIに対して，3年間で500万ドル以上の資金を支援することを禁止している。すなわち，CDFIファンドは特定のCDFIへの公的資金の集中を制限するという政策的スタンスを貫いているのである。第二に，（先にも若干触れたが）CDFIファンドから「金融アシスタンス賞」または「技術アシスタンス賞」を授与されたCDFIは，連邦政府から支援された資金と同額の資金を当該地域社会の民間の諸主体から必ず支援してもらわなければならない。すなわち「認定CDFI」は，1：1のマッチング・ファンドを組んで事業活動を行わなければならないのである。これは，アメリカ連邦政府が完結的な競争力をもつCDFIを彼ら

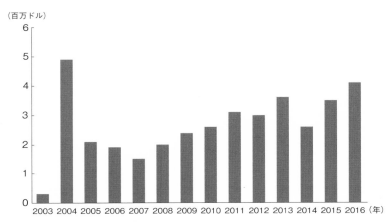

図 2-8 「CDFI プログラム」における Technical Assistance Awards の年度別総額の推移

出所：CDFI Fund.

の審査だけではなく,「その地域社会の諸主体のモニタリング」によっても選別するための制度的措置であるといえる。このような資本マッチングに関する前提条件は，CDFI には「国家的調整」のみならず，民間資本の提供者である地域社会の諸主体による「市民的調整」も働いていることを象徴するものといえよう。もちろん，CDFI ファンドの CDFI に対する資金支援は，元来，CDFI が地域社会のより多くの民間諸主体から投資および資金支援を受けられるようなインフラとして設けられたことはいうまでもない。このような理由からアメリカの CDFI ファンドは，「触媒資本（Catalytic Capital）のハーブ」であるともいわれている。

　これまで述べてきたアメリカの CDFI ファンドによる CDFI に対する支援政策は，政府による政策支援の新しい方式であると考えられる。すなわち，支援政策の焦点が未開発地域や貧困地域のみに合わせられている点に斬新さがある。また政策の対象が，人（貧困層や低所得層）や企業（中小・零細企業），産業（誘致産業や未来有望産業）ではなく，未開発「地域」や貧困「地域」に設定され，これが法的に明示されていることは注目するに値する。そしてもちろん，アメリカにおける CDFI 関連の政策支援が，地域における「金融格差」問題の解決と地域間の均等発展を目的としていることはいうまでもない。

　最後に，アメリカの CDFI に対する政策的な支援に関して，これまで述べてきた CDFI ファンドによる政策支援と「地域再投資法（Community Reinvestment Act. of 1976，以下では CRA）」との間の「制度的補完性（Institutional Complementarity）」について論じてお

く。この問題を抜きにしては，「アメリカの CDFI を支える制度的要因」の問題は完結しないからである。

　まず確認しておくべきことは，アメリカの連邦政府は，CDFI ファンドによる CDFI に対する一連の支援政策と CRA との制度的・政策的相互作用を通じて地域における CDFI への民間資本の積極的な参加を誘導してきたということである。CRA とは，商業銀行などの一般の金融機関が，自らの資金源となっている預金を確保した営業地域の発展に結びつくような一定の投融資を義務化する法律である。また CRA は，とくに地域開発および地域内の「金融的弱者」の資金面での救済に結びつく資金需要に対して，商業銀行が積極的に対応し，地域へ再投資するか否かを，アメリカ連邦政府の金融当局が監督するという内容を骨子とする。この意味では，CRA は連邦政府による銀行監督政策の一つである。通常どの国においても，銀行には経営上の健全性を維持し，その財務状態がどれだけ堅実であるかを公開しなければならない義務があるが，この脈絡からいえば，アメリカの CRA とは，今述べた経営上の健全性に関わる指標だけではなく，銀行がどれだけその地域社会の問題解決に寄与しているかを示す指標をも情報公開の対象に追加した政策的な試みとみなすことができる。つまり，銀行の地域社会に対する責任をきびしく問う法律にほかならない。

　アメリカの CRA によると，銀行はその営業地域に対してどのくらい貸出，投資，そして金融サービスを提供したかを公開する義務があるし，連邦政府の金融監督当局はこの公開された内容に対して評点を与え，その数値に基づいて銀行の合併および新規支店の開設に対する許認可を考慮する。一方，その銀行が営業活動を行っている地域の市民とその地域に根を下ろしている市民団体は，銀行の地域への再投資に関する公開情報に基づいて，どこの銀行がどれだけ地域に金融的な側面で寄与しているかを確認し，銀行選択の際の情報として活用する。つまり，これは，地域で営業している銀行の経営に対して地域の市民が直接モニタリングし，また圧力をかけるという，銀行に対するいわゆる「市民的調整」を意味する。このようにアメリカの CRA は，地域市民によって商業銀行が統制されまた調整されるという「市民主導型」地域金融を支える重要な制度的要因となっているのであるが，こうした関係は先に述べた，CDFI ファンドが「認定 CDFI」に提供する「賞」や「賞金」の目的と一脈相通ずるものがある。CRA と CDFI ファンドの支援政策はともに，顧客としての地域市民によってもたらされた銀行および金融機関の収益を再びその地域へ返し，また再投資をする点では非常に重要で意味のあるものであり，またこれは典型的な商業金融機関も必ずしたがうべき義務であることを，社会的に確認するものであるとみなすことができよう。

　また一般の商業銀行がその地域の CDFI に貸出，投資，または保証の提供や業務提携を行うと，CRA に基づいて，これら諸活動はすべて「地域再投資」のための適格活動とみなされるようになる。したがって，アメリカの商業銀行は，CRA が規定する義務を果

たすために，貧困地域の住民および企業を対象とする直接的な投融資よりも，同じ地域で活動する CDFI に対して貸出を行うなどの間接的な形の地域再投資を選択する場合が多い。そして実際に，アメリカの CDFI が地域社会から確保する資金の多くは，CRA による商業銀行の再投資分が占めている。このように CDFI の活動において，CRA と CDFI ファンドによる一連の政策支援とその相互作用は，非常に重要な機能を発揮しているといえよう。

5　アメリカ CDFI を支えるガバナンス的要因：「CMF プログラム」を活用する CDFI の事例を中心に

　第 2 節でみたように，アメリカの CDFI は地域開発および地域革新を目的とする「市民主導型」の性格を貫いている典型的な金融機関とみなすことができるが，ここではこの CDFI の模範的な事例をいくつか取り上げて，アメリカの CDFI がどれだけ地域市民によって統制され調整されているのかを検討する。

　アメリカの CDFI は，低所得層や貧困層のための「負担可能な住宅（Affordable Housing）」プロジェクトなどのような地域社会レベルの都市再生事業とマッチングされる場合には，本章第 4 節で取り上げた「CMF（Capital Magnet Fund）」と呼ばれる公的基金支援プログラムを活用する。都市・地域社会における住宅需要の問題を解決することを目的として CDFI ファンドが提供するこの CMF プログラムは，2008 年に法案が承認され，アメリカ連邦政府はこのプログラムの運営のために，2010 年から 2017 年までの間に約 8000 万ドルを支出してきた。またこの CMF プログラムに基づいて，アメリカ全土の 28 の州において 189 件に及ぶ都市開発または都市再生プロジェクトが実施されただけでなく，105 件の低所得層や貧困層に対する住宅購入のための補助支援が行われた。このようにアメリカの CDFI は，都市再生および住宅供給プロジェクトに関わっては，CMF プログラムという「公的」支援を積極的に活用しているのであるが，本章第 2 節で取り上げたように，CDFI それ自体が「市民代表的な」性格をもっており，また市民によって主導されている地域開発金融の主体であるので，結局，アメリカにおける地域開発，つまり都市再生や都市開発に投入される連邦政府からの「公的」資金を用いたプロジェクトは，地域の市民によって企画，調整されているものであるといえる。この点はアメリカの地域開発における非常に重要な特徴である。

　ところで，CDFI が金融仲介機関としてその地域に供給する連邦政府の CMF 資金は，当該地域の都市開発業者の貸倒引当金として積み立てることや，また回転貸付基金として使用することも可能となっており，このことは地域における都市再生プロジェクトの持続可能性と安定性を確保することに寄与している。また，CMF 資金は，低所得層や貧困層の住宅需要者が，「負担可能な住宅」を購入する資金としても提供される。さらに，

CMF 資金は，地域内の都市開発業者の中で，公共性が強い開発プロジェクトに特化して事業を行っている非営利団体に対しては貸出保証という形でも提供される。また CDFI ファンドから CMF プログラムの支援を受けることになった CDFI は，その基金が割り当てられてから 2 年以内に，その資金を当該地域の都市再生プロジェクトおよび住宅関連プロジェクトに提供しなければならないうえ，5 年以内にそのプロジェクトを終了しなければならない。現在までのアメリカにおける CMF プログラムの内容をみると，低所得層や貧困層の住宅購入のための貸出の比重が最も高いが，ほとんどの借入者が債務を早期に返済しているという点は興味深い。

　次に，アメリカの CDFI が CMF プログラムを通じて，都市再生および住宅供給のプロジェクトを成功させた事例を検討してみよう。

　第一は，アラスカ地域のある CDFI の事例である。この CDFI は，この地域で低所得層の住宅問題と健康問題を解決することを目的として活動している非営利団体「VOANS（Volunteer of America National Services）」に対して住宅建設費用を充当するための資金を支援し，この支援によって低所得層市民 66 世帯に家族親和型連立住宅「トレイルサイド・ヘイツ」アパートが供給された。また，その地域内の貧困地区にある低所得層が居住する住宅の補填およびリモデリング・プロジェクトに対しても貸付けを行い，さらに地域内の貧困層の約半分に当たる世帯には住宅購入資金を貸出した。加えて，この CDFI は，同じ地域内の職業訓練センターおよびヘルスケア・クリニックのような地域公共サービスを提供するための施設の建設に対しても積極的な資金支援を行った。

　以上のような，アラスカのある CDFI による CMF プログラムは，地域内の低所得層の住宅問題を解決するのに大きく寄与したと評価されているが，他にもアラスカのアンカレッジ（Anchorage）地域における老人住宅プロジェクトや，デンバーおよびコロラド地域における都市再生プロジェクトは，CDFI による公共的都市開発の模範的な事例として知られている。これらの地域における CDFI による CMF プログラムにおいては，需要を把握する段階からそのプログラムに基づく都市再生の方式を決める段階に至るまで，資金支援の直接的対象となる市民が参加するようなガバナンスが構築されることによって，実際の需要に整合的な資金支援が可能になった。

　第二は，アリゾナ地域のある CDFI の事例である。この CDFI は，「サン・カルロス住宅法人（San Carlos Housing Authority，以下では SCHA）」──この住宅法人は，営利法人の組織形態をとってはいるが，非常に高いレベルの公共性を保ちながら市民代表的な性格を貫くことによって地域社会に大きく寄与してきた──に対して CMF 資金 100 万ドルを提供して，同じ地域に多く住んでいるアパッチ部族（Apache Tribe）のために，いわゆる「部族共同体型」連立住宅供給プロジェクトである「Housing & Renovation on Tribal Lands」を実行させ，その結果，およそ 1,300 万ドルのレバレッジ効果を出してアメリカ全域から注目を浴びた。すなわち SCHA は，CDFI から CMF プログラムを支援しても

らうことによって，サン・カルロス地域に居住するアパチ部族の部族型共同居住を支援
し，またそれを保存するために，31 軒の新しい共同住宅を供給したのである。また，
SCHA は，既存の古い住宅 50 軒をリモデリングし，この地域の社会的少数者を包摂
（Inclusion）すると同時に，この地域を，文化の多様性を尊重する「トレランス
（Tolerance）都市」に変化させることに大きく貢献した。さらに SCHA は，CDFI ファン
ドの CMF プログラムだけではなく，以前からその地域の CDFI が提供してきた一般の
資金貸出を活用して，サン・カルロス地域のアパッチ・インディアン保護区域内に 220
軒もの近代住宅を建てて彼らに提供し，この功績を讃えられて 2012 年にはアメリカの
住宅都市開発省（U.S. Department of Housing and Urban Development）が主管する MVP 賞
を受賞した。そして最も注目すべきことは，ここで述べたアリゾナ地域の CDFI は，共
同住宅の需要者でありまた資金の需要者でもあるアパッチ族の市民と定期的な懇談会を
開催して，「部族型共同住宅」に関する具体的な企画過程にアパッチ族の市民参加を制度
化させ，それによって地域開発と金融支援の需要整合性だけではなく民主的性格をも確
保したことである。
　第三は，マサチューセッツ地域のある CDFI の事例である。この CDFI は，州政府と
協力して「マサチューセッツ住宅法人（The Massachusetts Housing Partnership，以下
MHP）」――公共住宅を建設し供給する非営利住宅事業法人で，1985 年に地域の低所得
層の住宅問題を解決することを目的に設立された――に対して CMF プログラムの資金
400 万ドルを支援し，この地域の低所得層に約 1,600 件の公共住宅を提供することを可
能にした。そのなかでもとくに，「サン・ポリカープ（Saint Polycarp Phase II）」と呼ば
れるプロジェクトは，非常に強い公共性を志向するプロジェクトでありながらも，事業性
も高いレベルで保たれている模範的な事例として注目されている。すなわちこの MHP
内のコミュニティ住宅計画チームは，州政府の住宅計画に合わせてこの地域の CDFI か
ら資金支援を受け，この資金を低所得層のための賃貸住宅開発およびその補填のための
長期資金として，地域の市民組織および協同組合または社会的企業といった非営利開発
業者に提供している。また，MHP は CDFI からの支援資金をシードマネーとして，低所
得層と中間所得層のための住宅担保貸出プログラム（Soft Second Loan Program）をも提
供している。さらに，MHP は地域の非営利団体である「ソーマビレ・コミュニティ・
コープ（Somerville Community Corp）」に，昔の教会であった建物を低所得層のための賃
貸住宅として再開発するために 160 万ドルに及ぶモーゲージ・ローンと CMF プログラ
ムによる資金 94,000 ドルを提供し，このことによってマサチューセッツ地域の公共的な
都市再生に大きく寄与した。もちろんマサチューセッツ地域のこの CDFI も，同じ地域
の市民によって構成された理事会を通じて，地域のさまざまな問題を把握しまたその解
決策を共に考え出すという「市民的ガバナンス」を CDFI 経営における最も大事な原則
として貫いており，このことによって地域の市民に支持される地域開発に成功している。

またそれと同時に，市民が主導する金融支援の決定方式を志向することによって，CDFI
の資金支援を多くの市民が望む公共的なプロジェクトにマッチングさせられるように配
慮している。

　以上の三つの事例からもわかるように，地域の金融システムに実際の需要者である市
民がその企画の主体として参加することは，CDFI による資金支援の有効性を大きく高
めるガバナンス装置であるといえよう。

6 結びにかえて

　第4節で述べたように，アメリカの CDFI は，連邦政府の組織である CDFI ファンド
からの政策支援を受けているだけではなく，「地域再投資法（CRA）」に基づいて保証さ
れている市民の地域金融機関に対するモニタリングを媒介として，地域の商業銀行によ
る CDFI への再投資によっても支えられている。この事実から，アメリカの CDFI は
「国家的調整」のみならず「市民的調整」によっても規定されているといえる。そのうえ
アメリカの CDFI は，それ自体が市民組織であるため，CDFI の経営の全般において地域
市民の参加を制度化させており，そのことによって市民が主導する地域金融の可能性を
みせてくれるものといえよう。

　また第5節で述べたように，アメリカの CDFI が地域開発や都市再生のために地域の
諸主体に提供している CMF（Capital Magnet Fund）プログラムは，アメリカ全域で貧困
層のための住宅開発や貧困地区の公共的な再開発の触媒として作用しており，地域の低所
得層や貧困層に対して非常に適切な形で住宅を供給すると同時に，地域内の嫌悪地区を
社会的弱者を包摂する空間へと変えている。すなわち結論からいうと，アメリカの各地
域の CDFI は，一般の商業銀行とは違って収益性に焦点を合わせず，地域内に発生する
貧困，環境，人権，そして健康などの社会問題の解決を目的とする都市再生や地域開発
のプロジェクトに焦点を合わせることによって，金融そのものを市民の必要性にマッチ
ングさせているのである。この理由によって，アメリカの CDFI は地域の市民グループ
から非常に強い社会的支持を確保するようになっているのであるが，まさにこのような
市民の CDFI に対する強い支持が，低い延滞率からもわかるように，CDFI の金融ビジネ
スとしての成功の動力となっているのである。

　また逆にいえば，連邦政府の CMF プログラムを地域に直接に提供する CDFI が，市民
によってガバナンスされ，また市民によってその金融ビジネスの全般が調整，管理され
る「市民的」組織であるからこそ，地域市民の需要に整合的な地域開発金融を適時に，ま
た民主的に行えるのである。このことによって，CDFI が支援する地域開発のプロジェ
クトの有効性が極大化しているということは注目するに値する。

　以上のような脈絡から，もし日本や韓国の地域金融，地域開発金融の新しい方向の端

緒をアメリカの CDFI から抽出しようとするのであれば，非常に重要なことは，地域市民の需要をしっかり把握し，また市民によって民主的に調整される地域開発プロジェクトを担保してくれる金融システムの構築であるといえよう。しかしアメリカとは異なり，日本や韓国における各地域の市民社会は，まだ金融に関する専門的な能力を備えていないということは否めない事実ではなかろうか。もしそうであるならば，日本や韓国においていま必要なのは，一般の金融機関の中から最も地域に貢献し，また最も地域の市民公共性を重視してきた金融機関を選び出し，これらを「日本版 CDFI」または「韓国版CDFI」としてポジショニングし，これらの金融機関がその地域の市民社会と積極的にパートナーシップを発揮できるようにする「市民的ガバナンス」を構築することではなかろうか。

最後に，アメリカの CDFI と「地域再投資法（CRA）」との関係からわかるように，新しい地域開発金融のための資金を確保するためには，いま日本や韓国で議論されている「地域コミットメント法」の制定および運用と関連させることも重要であると考えられる。これまで商業銀行は，地域の全所得階層の預金をシード・マネーとしてビジネスを行いながらも，利潤極大化原理に埋没して収益性が担保されない地域開発プロジェクトに対する投融資は忌避し，そしてまたその地域の低所得層，低信用等級者，零細自営業者，そして中小企業などの「金融的弱者」への貸出に対しても非常に消極的な態度を貫いてきた。「地域コミットメント法」の制定と運用は，商業銀行が営業活動を行う地域に対する投融資を法律で義務化することによって，彼らが蓄積した資金を都市内の貧困地域の再生や都市内の弱者に対する包摂のための地域開発に活用することを推進するものである。これは「取引費用（Transaction Cost）」と「社会正義（Social Justice）」の観点からみて非常に有益なものでありうる。

【参考文献】

小関隆志（2011）.『金融によるコミュニティ・エンパワーメント──貧困と社会的排除への挑戦』ミネルヴァ書房

神野直彦・澤井安勇［編］（2004）.『ソーシャル・ガバナンス──新しい分権・市民社会の構図』東洋経済新報社

梁峻豪（2018）.『地域回復，協同と連帯の経済から探る──社会的経済・社会的金融・地域通貨の政治経済学』（韓国語）仁川大学出版部

梁峻豪（2019）.「アメリカの地域開発信用協同組合（CDCU）における持続可能な経営の源泉──Selp-Help 信用協同組合の地域密着型金融と地域革新戦略を中心に」（韓国語）『信用協同組合研究』*72*.

Barr, M.（2005）. Credit where it counts: The community reinvestment act and its critics. *New York University Law Review, 80*（2）, 513–652.

Bershadker, A., Bzdil, M., Greer, J., & Siris, S.（2007）. *Three year trend analysis of community investment impact system institutional level report data, FY 2003–2005.* Community Development Financial Institutions Fund.

Bates, T. (2000). Financing the development of urban minority communities: Lessons of history. *Economic Development Quarterly, 14*(3), 227–242.

Benjamin, L., Rubin J. S., & Zielenbach S. (2004). Community development financial institutions: Current issues and future prospects. *Journal of Urban Affairs, 26*(2), 177–195.

Caskey, J. P., & Hollister, R. (2001). *Business development financial institutions: Theory, practice, and impact.* Institute for Research on Poverty, Discussion Paper 1240-01.

CDFI Data Project (2003). *Providing capital, building communities, creating impact.* Author.

CDFI Data Project (2004). *Providing capital, building communities, creating impact.* Author.

CDFI Data Project (2005). *Providing capital, building communities, creating impact.* Author.

CDFI Fund Website (2008). http://www.cdfifund.gov/who_we_are/about_us.asp. Accessed July 30, 2008.

Dale, A. (2007). Small firms use credit cards for capital: People denied loans charge expenses like heat and taxes. *Wall Street Journal.* July 24, 2007. p. B4.

Fabiani, D., & Greer, J. (2007). Growth, diversity, impact: A snapshot of CDFIs in FY 2003. Washington, DC: Community Development Financial Institutions Fund, U.S. Department of the Treasury.

Financial Literacy and Education Commission (2006). *Taking ownership of the future: The national strategy for financial literacy.* Author.

Greer, J. (2006). The benefits of a maturing CDFI industry. Available at http://www.cdfifund.gov/news/2006/maturingCDFIbenefits.pdf. Accessed July 23, 2008.

Immergluck, D. (2006). What might we know? Research design issues for measuring CDFI subsector impacts. Draft working paper dated March 6, 2006 presented at convening at the MacArthur Foundation.

Isbister, J. (1994). *Thin cats: The community development credit union movement in the United States.* Center for Cooperatives, University of California.

Karger, H. (2005). *Shortchanged: Life and debt in the fringe economy.* Berret-Koehler.

Kenan Flagler Business School, University of North Carolina at Chapel Hill.Rubin, J. S. (2001). Community development venture capital: A double-bottom line approach to poverty alleviation, a paper presented at changing financial markets and community development: A federal reserve system community affairs research conference, Federal reserve system. April 5–6.

Kenan Flagler Business School, University of North Carolina at Chapel Hill.Rubin, J. S. (2006). What do we know? Research on outcomes and impacts in the CDFI field. Working Paper presented at convening at the MacArthur Foundation. March 14, 2006.

Schloemer, E., Li, W., Ernst, K., & Keest, K. (2006). *Losing ground: Foreclosures in the subprime market and their cost to homeowners.* Center for Responsible Lending.

Pinsky, M. (2001). Taking stock: CDFIs look ahead after 25 years of community development finance. A *Capital Xchange* Journal Article prepared for The Brookings Institution and Harvard University, available at http://www.brookings.edu/articles/2001/12metropolitanpolicy_pinsky.

aspx. Accessed on February 21, 2008.

Ratliff, G. A., & Moy, K. S.（2004）. New pathways to scale for community development finance. Gregory A. Ratliff and Kirsten S. Moy.（http://www.nw.org/Network/training/documents/NewPathwaystoScale.pdf：最終閲覧日 2019 年 9 月 18 日）

Robb, A. M., & Fairlie R. W.（2006）. Tracing access to financial capital among African-Americans from the entrepreneurial venture to the established business. Conference proceedings, research conference on entrepreneurship among minorities and women.

03 社会保障：中成長を模索する中国における社会保障制度改革

厳成男

1 はじめに

　中国経済は，2008年の世界金融危機を契機に約30年間続いた高成長時代が終焉を迎え，年率6％前後の成長を目指す中成長時代に移行している。この「新常態（ニュー・ノーマル）」と称される新しい経済発展段階においては，従来の製造業の発展に基づく輸出主導型成長からサービス産業の発展を中心とする内需主導型成長への移行，要素投入の拡大に依存した粗放型成長からイノベーションに依存した技術集約型成長への移行，および経済成長至上主義から人間本位の「調和のとれた社会（中国語：和諧社会）」への移行が行われている。

　上記のような成長体制，成長戦略，発展理念の移行は，これまでの成長志向の経済改革がもたらした低い投資効率，過剰生産能力の蓄積，格差拡大，環境汚染，およびグローバルインバランスなどのさまざまな歪みを解消するための新しい制度改革や制度構築を要請している。すなわち，「新常態」を取り巻く国内外の新しい社会経済環境のもと，既存の諸制度の「置換」「重層」「転用」，および「漂流」などのさまざまな変化がみられる[1]。これらの制度変化は，中国の政治制度を含む社会経済制度のあらゆる側面で生じているが，それに伴って社会経済システムの調整様式も従来の政府と官僚の強い介入に基づく国家的調整から，市場・制度・国家という多様な調整経路のミックスによる複合的な調整に移行していくと考えられる。

　本章では，この中国社会経済システムの大転換に関わるさまざまな制度変化の中で，冒頭に記した中国経済の内需主導型成長体制への移行や「調和のとれた社会」の構築と密接に関わる社会保障制度の変化を取り上げる。現在進行中の社会保障制度改革の中身について制度変化の視点から検討し，それが中国経済の安定的な中成長への移行に及ぼ

---

1) 急進的，漸進的な制度変化に含まれるさまざまな概念と変化過程に関する詳細な説明は，第6章を参照せよ。

す影響を明らかにすることの意義は，主に以下の四点にまとめられる。

　第一に，安定的な中成長（年率 6％前後の成長）のための「需要側の構造改革」に関連して，現在進行中の輸出主導型成長から内需主導型成長への移行において拡大すべき内需は消費需要であるが，社会保障制度の拡充と整備は国内消費需要の拡大に不可欠な要素である。

　第二に，安定的な中成長のための「供給側の構造改革」に関連して，産業構造の高度化に資する労働力の技能水準の向上は，教育政策，積極的労働市場政策などの改革と同時進行で行われる社会保障制度改革を必要とする。

　第三に，「調和のとれた社会」の構築に関連して，「先富論」という均衡離脱的な発展戦略がもたらした地域間格差，市場メカニズムによる一次的分配の役割増大に伴う所得格差の拡大に歯止めをかけ，均衡・公正・安定社会へ移行するためには社会保障制度の改革が欠かせない。

　そして第四に，社会保障制度の改革は，中国における社会主義市場経済システムの正統性と持続性の根幹をなす国家と国民の間の基本的妥協と密接に関連する。すなわち，従来の高成長段階の中国における基本的妥協――政府（＝中国共産党）は経済成長を達成して，その成果を国民に広く分配し，国民は経済成長の恩恵にあずかれる限りにおいて中国共産党（政府）の独占的な政治支配（政権運営）を支持する――が，高成長から中成長への移行に伴って困難になる可能性があるなか，社会保障制度のさらなる拡充と整備を通じた安定的な経済成長の維持と公正な分配がいっそう重要となるのである。

　以下では，まず第 2 節で中国における社会保障制度の変容を概観しながら，市場化改革と経済成長に伴う社会経済環境の変化に適応するために行われた国家主導の制度改革の軌跡を整理する。次の第 3 節では，社会保障制度改革が安定的な中成長への移行に向けた需要側と供給側の構造改革に及ぼす影響を明らかにする。すなわち，既存の輸出主導型成長から内需主導型成長に転換するための国内消費需要の拡大に向けた需要構造の改革と，要素投入の拡大に依存した経済成長から労働生産性上昇の拡大に依存する経済成長への転換に向けた供給側の構造改革に及ぼす影響を検討する。そして第 4 節では，社会保障制度改革を通じた「調和のとれた社会」の構築について検討し，それが「新常態」下の政府（中国共産党）が新しい正統性を獲得していく手段となっていることを説明する。最後の第 5 節では，本章の結論をまとめる。

2　中国における社会保障制度改革の軌跡

　中国の社会保障制度は，改革開放がはじまる 1978 年に公布された「中華人民共和国憲法」において社会保障の原則が明記されてから，中国経済の市場化改革の進化，および経済成長と共に劇的な変化を遂げてきた[2]。中国社会保障制度の雛形は，1951 年の「中

国社会保険条例」にみることができるが，当初は「国家統一の請負」「公共部門と国営企業における単位保障」を特徴とし，社会保障制度は社会主義（イデオロギーと基本制度）の重要な構成部分として形式的に存在していただけであり，その理念と原理，適用対象，給付水準など，制度の内容においては非常に未熟なものであったといえる。

表 3-1 は，新中国成立以降の中国における社会保障制度の基本的理念と保障対象，および制度改革の内容を五つの段階（時期）に分けて整理している。

その大まかな時代区分は，「改革前（1949–1978 年）」「改革模索期（1979–1992 年）」「制度形成期（1993–2002 年）」「制度発展期（2003–2012 年）」，および「制度統合期（2013 年–）」とすることができるが，各段階における社会保障制度の改革は，各々の時代における社会経済環境の変化を勘案しながら漸進的に進められた諸制度改革と経済発展戦略の内容に合わせる形で行われている。

中国の社会保障制度改革は，1980 年代における計画経済から市場経済への転換に向けた国営企業改革（経営自主権とインセンティブの拡大），労働市場制度改革（契約雇用制度の構築）の過程で模索され，1990 年代以降の社会主義市場経済システムの構築過程で加速し，2000 年代以降の「調和のとれた社会」の構築，2010 年代以降の「全面的な小康（ややゆとりのある）社会」の実現に向けた発展戦略の転換過程において大きく進展した。すなわち，当初の都市部の公共部門と国営企業の従業者のみを対象とした非常に限定的な社会保障制度 3) から出発して，市場経済の進展に伴って保障対象が多様化したことに適応するための制度改革が現在まで続いているのである。

本書の第 6 章で提示された制度変化の理論に照らしていうと，市場経済の進展に伴う経済成長，社会階層の多様化，および政府の経済発展戦略の調整などによって社会保障制度を取り巻く環境（コンテキスト）が変化し，その変化に対応・適応する形で，一部では新しい保険・保障制度による旧保険・保障制度の代替，すなわち制度の「置換」という急進的な変化がみられる一方，一部では既存制度の内容の充実や適用範囲の拡大，すなわち制度の「重層」と「転用」，および既存制度の改革が進まず他の制度との補完性を失ないつつも存続し続けている，すなわち制度の「漂流」がみられるなど制度変化の諸様態が見受けられるのである。

---

2) 中国社会保障制度改革の歴史と内容，および展望に関する概説としては，鄭（2003；2014）が参考になる。

3) 政府機関と国営企業で働く労働者以外の，都市部の無職・貧困層，および農村部の貧困層は，普遍主義的な公的扶助のもとで最低生活の保障を受けていた。例えば，都市部の無職・貧困者には定期的な救済，農村部の貧困層には「五保戸制度（労働能力が欠乏，あるいは完全に喪失した，生活の頼りがない高齢者，病弱者，孤児，未亡人，障害者に対して，衣，食，薪（燃料），子女教育，および高齢者の死後葬祭を保障）」が適用されていた。

表 3-1　中国の経済制度改革の各段階における社会保障制度改革の主な内容

段階・時期	経済制度改革	理念・原理（社会保障制度の原理）	社会保障制度の原理、制度、および改革の内容	
			適用対象	具体的な制度名（年度）と改革の内容
改革前 1949年～1978年	社会主義計画経済体制－都市部における国営企業単位・農村部における人民公社単位の社会・経済編成	＊社会主義の重要構成部分　■選別主義的国家統一の請負保険「単位・生活保障」　○賦課方式	①公共部門の職工、幹部 ②国営部門の職工 ③都市部の無職・貧困層 ④農村の住民と貧困層	①「機関・事業単位退休・退職制度」(1955)、「公費医療制度」②「中国労働保険条例」(1952) ③定期・定量救済、臨時の救済（低水準）④五保戸制度「農村合作医療制度」(1965)
改革模索期 1979年～1992年	市場経済の拡大と非公有経済の発展：1986年雇用制度－労働契約制度、解雇；国有企業における企業請負自主権の拡大及一経営自主権の拡大（～1987）；「先富論」の提起（1992）	＊経済改革優先、付随的に社会保障改革を整備　■選別主義的社会保障制度の模索－「国家・社会保障」の拡充へ　○賦課方式	①公共部門の職工、幹部 ②都市部企業の職工、被雇用者 ③都市部の無職・貧困層 ④農村住民と貧困層 ⑤農民工	＊「中華人民共和国憲法」(1978)に社会保障の原則を明記 ①「機関・事業単位退休・退職制度」「公費医療制度」②「都市労働者退休・退職に関する暫定弁法」(1978)、「国営企業職工待業保険暫時規定」(1986)③障碍者支援・救済基金の設立(1984)④「五保戸制度」「農村合作医療制度」(崩壊に向かう)、「貧困地域経済開発強化に関する通知」(1987)⑤制度の適用範囲外
制度形成期 1993年～2002年	社会主義市場経済システムの確立：分税制改革・企業改革－国有企業員減整理；都市部住宅制度改革；WTO加盟；国有・私有・外資の三者鼎立	■選別主義的社会保障制度の確立－「国家・社会保障」の拡充へ　○賦課方式＋積立方式	①公共部門職員、幹部 ②都市部の被雇用者 ③都市部の無職・貧困層 ④農村住民と貧困層 ⑤農民工	①「機関・事業単位退休・退職制度」「公費医療制度」②「都市労働者基本年金」(1997)、「国有企業待業保険規定」(1999)、「国有企業職工労災保険」(1999)、「都市企業基本医療保険」(1993)、「企業職工労災保険」(1996)③と⑤「都市居民最低生活保障」(1994)④「農村五保戸供養工作条例」(1994)⑤失業保険条例の対象となるが、加入・受給条件は厳格
制度発展期 2003年～2012年	「調和のとれた社会」の提起、内需主導型成長体制への転換を模索：東南沿海部の「民工荒」(2000年代半ば以降；四川大地震、世界金融危機と4兆元景気対策(2008年)	■普遍主義的社会保障制度の構築－「適度普恵型」福祉政策への転換(2007) ●選別主義的福祉の拡充へ　○賦課方式＋積立方式	①公務員 ②都市部の被雇用者（公務員以外）③都市部の非雇用者 ④農村住民 ⑤農民工	①と②「社会保険法」(2010)、「労災保険条例」(2004)③「都市居民基本医療保険」(2007)④と⑤「新型農村医療保険」(2003)、「新型農村年金保険」(2003)、「農民工問題解決に関する若干意見」(2006)⑤「農村最低生活保障」(2007) ＊民間保険（医療保険、年金）の発展と公的保険に対する補完を推奨
制度統合期 2013年～現在	「新常態型成長体制に伴う内需主導型成長体制の構築」：「全面的な小康社会」の実現目標；貧困撲滅対策；「一帯一路」；中米貿易戦争	■普遍主義的社会保障制度の構築－「適度普恵型」福祉政策（拡充と完備へ）●選別主義的福祉（扶助）の拡充　○賦課方式＋積立方式	①公務員 ②都市部の被雇用者（公務員以外）③都市部の非雇用者と農村住民	①と②「機関・事業単位労働者年金保険制度」の改革(2015)(統合に向けて始動)①と②と③さらなる改革－拡充、各制度間の格差是正、統合へ ＊社会保障と貧困撲滅対策の結合 ＊国際競争力を有する民間「保険強国」という目標の設定(2014)

注：①～⑤の番号は、各々の「適用対象」にかかわる「制度名および改革の内容」を示す。
出所：各種資料に基づき筆者整理・作成。

　まず，中国の社会保障制度の本格的な改革がスタートした1986年は，それまでの終身雇用制度を修正して契約雇用制度を導入し，流動的な労働市場の構築がはじまった年である。すなわち，計画経済に基づく国営経済システムの解体がはじまり，市場原理に基づく企業破産と失業が認められ，この企業改革と雇用制度改革を補完する形で，失業保険制度の前身である「国営企業職工待業保険臨時規定」(1986) が作られた。また，「都市労働者基本年金」(1997)，「都市労働者基本医療保険」(1999)，「失業保険条例」(1999)，および「都市住民最低生活保障条例」(1999) などの制度が構築されたのは，1990年代後半における市場メカニズムの役割拡大と併せて行われた国有企業制度改革（「抓大放小」の民営化改革）の時期と重なる。

　次に，上記の社会保障制度改革は，いずれも従来の公共部門と国営企業に属していた従業者（職工），後に国有企業と民間企業の被雇用者を対象としており，きわめて選別主義的で，制度の改革も限定的なものであった。それが，都市部の非雇用者や農村住民をもカバーする普遍主義的な社会保障制度の形をとるようになったのは，2000年代の経済成長至上主義から「調和のとれた社会」の構築に向けた発展戦略の修正段階であった。

　すなわち，都市と農村におけるすべての住民を対象とする「都市部住民基本医療制度」(2007)，「新型農村医療保険」(2003)，「新型農村年金保険」(2003)，「農村最低生活保障制度」(2007) が作られ，中国版の「適度普恵型」の社会福祉体系が構築される。ここで特筆すべきは，中国の社会保障制度は，市場経済システムの構築と発展の必要性に基づいて「単位・生活保障」から「国家・社会保障」に転換しているが，それは国民に基本的な社会保障を与えると同時に，インセンティブ・システムの有効性を保持する内容となっていたことである[4]。

　その結果，中国の社会保障システムは基本的には，異なる主体が異なる制度に加入し，異なる水準の負担と受益にあずかっているだけでなく，賦課方式と（個人口座の開設を通じた）積立方式が結合されている。また，社会保険方式を基本としながら，制度の確立当初から受給者となっている都市部の高齢非雇用者と農村部の高齢者の年金，医療保険の支払いは財政支援で補填するなど，税方式の側面も併せ持っている。今後，高齢化がさらに進み，制度別給付水準の格差に対する修正要求も高まっていくことが予測されるなか，政府の社会保障費支出関連の財政負担も増加していくと予想される。

　そして，現段階の「全面的な小康社会」の実現における社会保障制度は，従来の市場

---

4) この「適度普恵型」という社会福祉の理念と体系は，第一に，社会保障システムの保障レベルは一国の経済発展のレベルに相応したものであるべきである，第二に，多すぎ高すぎの社会福祉は効率の向上を損ねる可能性がある，第三に，過度な福祉は国家予算の安定性に影響する，第四に，受益と負担のバランスを考慮する，という中国政府と経済学界の専門家が社会保障制度改革の目標モデルについて達したコンセンサスに基づいて導き出されたものである（呉, 2007）。

経済への移行に向けた諸制度改革のなかの一つとしての副次的な社会制度から，「調和のとれた社会」の構築と公正・公平な分配を実現するための中心的な社会制度となっていく。そのため，分立する諸制度間の格差[5]の修正と制度統合が改革の中心課題となり，政府は起業・就業の促進，住宅政策，貧困削減対策，新型都市化などの関連する諸施策を通じて社会保障制度改革を補完し，支えている。

　総じていえば，中国の社会保障制度は，国家の経済発展戦略の提起とそのための他の諸制度改革によって変化する社会経済環境に適応する形で変化し，制度の理念や内容も進化してきた。その一方で，従来の計画経済時代から引き継いだ歴史的遺産（社会主義イデオロギー，膨大な規模の公共部門と国営企業の退職者）や都市と農村に分断された二元的社会構造を背負っていることから，強い歴史的経路依存性も有する。そのため，国家は現在のような制度改革の段階においては財政による社会保障関連支出を増やし，社会保障制度の負担と受益をめぐる国民的合意形成も主導していかなければならない。ここに中国の社会保障制度，およびその改革における国家主導の特質を見出すことができる。

　実際，図 3-1 に示すとおり，中国の社会保障関連支出は急激に伸びている。とくに2000 年代後半以降における社会保障制度の整備，拡充に伴い社会保障関連支出総額は急激に拡大し，それの GDP 総額に占める割合も 2005 年の 2.7％から 2013 年の 8.4％へ大幅に上昇している。しかし，その水準は隣接する韓国よりも低く，日本，アメリカ，お

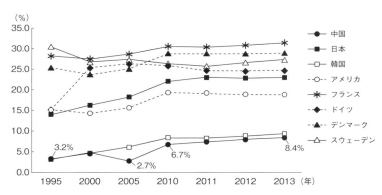

図 3-1　主要国における社会保障関連支出の GDP に占める割合の推移

出所：ILO, World Social Protection Report 2014–15 に基づき筆者作成。

5）中国の社会保障制度におけるさまざまな格差に関しては，柯（2014）が詳細に整理，分析している。

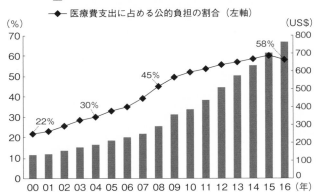

図 3-2　中国における一人当たりの医療費支出額と公的負担の割合の推移

出所：WHO, Global Health Expenditure Database に基づき筆者作成。

よびヨーロッパ先進国の水準とはかなりの隔たりがある。もちろん，先進国に比べてま
だ高齢化の程度が低く[6]，年金や医療費などにおける高齢者関連支出が相対的に少ない
とはいえ，社会保障関連支出の水準の更なる拡大の可能性と必要性を示唆している。
　そして，図 3-2 の中国における医療費支出額の推移をみてみると，2003 年の「新型農
村医療保険制度」，2007 年の「都市部住民基本医療制度」の施行に伴って 2000 年代半ば
以降において大幅に上昇していることがわかる。特筆すべきは，医療費支出総額（公的
＋私的）に占める公的負担の割合の増加ぶりである。その割合は，2000 年の 22％から，
2004 年に 30％，2008 年に 45％，そして 2016 年には 58％にまで上昇している。この水
準はまた日本やヨーロッパ先進国における 8 割以上の公的負担の割合には及ばないが，
中国の高齢化率の低さを勘案するとかなり高い水準にあるともいえる。
　すなわち，国家主導で進められてきた国民皆保険制度の構築に伴って社会保障関連支
出が増加し，とくに政府の財政支出による補填や支援が大きく拡大しているといえる。
もちろん，この国家主導の特質が，中国の社会保障システムにおける他の主体の役割を
排除，軽減するものではない。事実，企業と個人による社会保険料負担は増加している
し，民間保険市場も急成長し，家族や地域コミュニティ（中国語：社区）の社会福祉に
おける役割も強調されている（沈・澤田, 2016）。周知のとおりであるが，エスピン-アン

6）2015 年現在においても中国の高齢化率は 9.7％程度であり，韓国の 13％，および先進諸
　国の水準（アメリカ 14.6％，フランス 18.9％，スウェーデン 19.6％，ドイツ 21.1％，日
　本 26％）に比べるとまだ低い（World Bank Database）。

デルセンは『福祉レジーム』論の中で，国家，市場，家族が福祉の供給における「福祉三角形」（welfare triangle）を形成していると指摘した（Esping-Andersen, 1990）。また，福祉多元主義の論者たちは，福祉ミックス（welfare mix）という考え方に基づき，国家（政府）だけに限定されない，市場や共同体も含む多様な福祉の供給者の役割を指摘している（Rose & Shiratori, 1986）。

　中国の国家主導の社会保障システムにおいても，国家，市場，企業，家族，地域コミュニティなどが，それぞれ異なる役割を果たしているといえる。とくに，中国においては，巨大な資産をもつ国有企業が存続しており，その国有資産と独占的経営によって生み出される利益を国民に還元する形で社会保障費にあてることは，社会保障制度の財源確保の一つの有効な手段となる（厳, 2014）。また，儒教的思想が依然として強く残されている中国社会の特徴に基づき，政府は家族による老親の「贍養」を法律で義務づけ，高齢者に対する「家族扶養」の役割を強調し続けている[7]。

　しかし，少子高齢化が進むなかで家族扶養は，社会保障が内包する自己矛盾——老親扶養の社会化→子供を養育する必要性の低下→少子高齢化→社会保障システムの財源不足——によってますます困難になるともいえる。また，地域コミュニティによる社会福祉の提供も推奨されているが，市場経済の進展によって近隣関係が希薄化するなか，その役割も限定的なものとなっているのが実態である。中国における国家主導の社会保障制度改革は，その「適度」と「普恵」のバランスを通じた公正の実現に向けて，さまざまな福祉主体の義務と役割の再構築に取り組む必要があると考えられる。

　このような中国における社会保障制度の内容やその改革の歴史，および現時点での到達点などに関しては，日本でもすでに多くの各論（社会保険制度別）的研究分析やいくつかのすぐれた統合的研究が発表されている（田多, 2004；王, 2008；沈・澤田, 2016など）。そのため，中国社会保障システムが有する厳格な戸籍制度に由来する二元性（都市と農村），もしくは多元性（多様な地域間相違，企業所有制別差異，雇用形態別差異など，および低水準のカバー率と所得代替率，さらには社会保障制度の原理（2000年代以降における選別主義から普遍主義への移行）などに関する研究も蓄積されつつある。

　そして，そのほとんどの研究において，急速に拡大している市場メカニズムの役割と経済規模に比べて，雇用と所得の不安定化や格差の拡大などの増幅する社会不安を解消

---

7) 2013年に改正された「中華人民共和国高齢者権益保障法」（1996年制定）では，改正前の第2章の「家族扶養」を「家族贍養と扶養」に改定し，「子供が親の生活を物質的に援助する」という意味の贍養を追加し，子供による両親の世話に対する義務を強調している。また，改正前の第3章で規定していた「社会保障」を，「社会保障」（第3章），「社会サービス」（第4章），「社会優待」（第5章），および「居住環境」（第6章）に分割し，社会福祉の提供や社会サービスの拡充など，社会保障制度の機能強化に関する具体策が多く盛り込まれた。

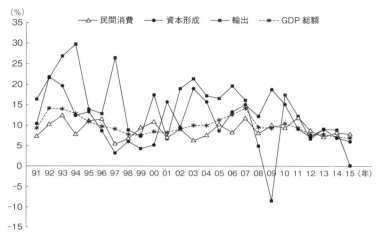

(%)

凡例：—△— 民間消費　—●— 資本形成　—■— 輸出　--*-- GDP 総額

図 3-3　中国における GDP 総額と構成要素別成長率の推移（US$, 実質値）

出所：UN data に基づき筆者作成。

する役割を欠く中国の社会経済システムの不均衡状態が描かれている。しかし，これら
のすぐれた研究の多くが社会政策研究の領域に属していることから，体制移行や金融・
財政問題，さらには失業問題や人口構造の変化などの経済的事柄を議論の前提，もしく
は研究課題導出の出発点としながらも，社会保障システムを一つの重要な経済制度とし
て，さらにはマクロ経済動態に影響を及ぼす重要な要因として分析している研究は少な
い。

　次節では，社会保障制度を，「新常態」に移行している中国のマクロ経済動態の中心に
位置づけ，現段階の中国社会保障システムの原理と内容，およびその改革が，安定的な
中成長への移行に向けた「需要側の構造改革」と「供給側の構造改革」に及ぼす影響に
ついて検討する。

3　社会保障制度改革と安定的な中成長への移行

■ 3-1　「需要側の構造改革」と社会保障制度改革

　中国経済の成長率は 2008 年以降において持続的に低下している（図 3-3）。リーマ
ン・ショックを発端とする世界金融危機による輸出需要の急減がきっかけとなっている
が，じつは 2000 年代半ばから顕在化した，輸出主導型成長体制の限界（厳, 2011）と労
働力不足による潜在成長率の低下によるところが大きい（関, 2013）。

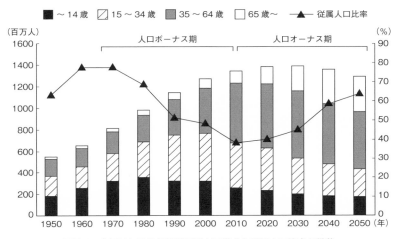

図3-4　中国における年齢階層別人口構成と従属人口比率の推移

注：2020年以降のデータは，中位推計値。
出所：『国連人口統計』に基づき筆者作成。

　すなわち，図3-4に示すような人口構造の変化を背景とする農村から都市部への出稼ぎ労働者の枯渇とそれに伴う賃金コストの上昇，およびイノベーションよりも生産要素の投入拡大に基づく粗放型成長の限界がサプライサイドからの経済成長の制約要因となっている。その一方で，デマンドサイドにおいては，裁量的な人民元安と無限に供給される低賃金労働力に基づく輸出需要の拡大，政府の財政支出拡大に基づく投資需要の拡大が，要素価格上昇，過剰生産，環境汚染，および貿易摩擦などの要因によって限界に達した結果であると考えられる。

　その一方で，図3-5が示しているように経済成長に伴う賃金の上昇が続いているにもかかわらず，図3-3に示すように国内消費需要の成長は相対的に停滞しており，輸出需要と投資需要の減少を補い，経済成長を牽引する主役にはなっていない。その背景には，労働市場における雇用不安定性の増加や格差の拡大がもたらす将来不安を緩和できる社会保障システムが完備されていないことがある。

　中国政府は2000年代半ば以降において，輸出・投資主導型成長から消費需要の拡大に基づく内需主導型成長への転換を図ってきたが，その成果は乏しかった。そして，2008年の世界金融危機により輸出需要が減少し，2011年以降に金融危機対策として講じた大型財政支出による投資需要拡大の効果が消失するまでは，中国では依然として輸出・投資主導型成長が続いていた。すなわち，2008年の世界金融危機の発生とそれに伴う世界的な景気後退が中国の輸出主導型成長を直撃し，大型の財政投資による短期的な

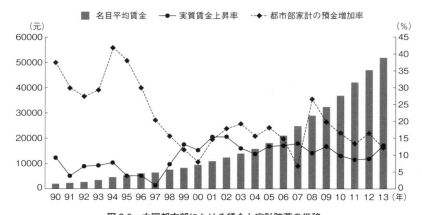

図 3-5　中国都市部における賃金と家計貯蓄の推移

出所：中国国家統計局『中国統計年鑑』各年に基づいて筆者作成。

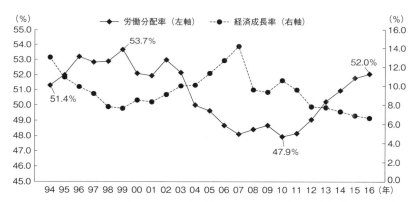

図 3-6　中国における労働分配率（雇用者報酬／付加価値総額）と経済成長率の推移

出所：OECD Data に基づいて筆者作成。

景気回復がもたらした過剰生産能力の蓄積が顕在化したことで，中国経済の高成長から中成長段階の「新常態」への移行がはじまり，消費需要の拡大に基づく内需主導型成長への本格的な転換がスタートしたのである。

　実際，図 3-6 に示す中国のマクロ経済全体における労働分配率の推移をみると，社会主義市場経済システムへの本格的な移行がはじまった 1994 年以降において若干上昇したが，WTO への加盟を契機に経済成長の輸出依存がさらに拡大していた 2000 年代においては低下し，2010 年の 47.9％を底にその後は徐々に上昇している。その推移を経済成

長率の変化と併せてみると，国有企業改革が一段落した1999年以降の経済成長率の上昇局面において労働分配率は低下しており，経済成長の外需への依存度を高め（消費需要の拡大を妨げ），2008年の金融危機以降の経済成長率の低下局面において下げ止まり，また上昇に転じているのである。

　1990年代末以降の中国における労働分配率の低調ぶりは，国有企業制度改革（民営化，経営自主権の拡大）や労働市場制度改革（雇用制度改革，賃金制度改革）と関係している。社会保障制度改革との関連でいえば，従来の国有企業が抱えていた「単位・生活保障」が「国家・社会保障」に移行するにつれ，企業の負担が軽減され，労働分配率の低下につながった。その一方で，2000年代における社会保障システムの整備，拡充によって，もともと社会保障の義務をあまり負っていなかった一部の新興中小企業も含め，社会保険関連支出の増加が顕著になり，労働分配率も上昇に転じていると考えられる。

　とくに，国有企業制度改革とセットで進められた雇用制度改革によって企業は余剰労働力をレイオフ（中国語：下崗）することも可能になった。また，従来の年功序列的な賃金体系も改革され，企業の経営業績と個人の能力，実績評価に基づく賃金制度の導入も広がった。いずれの改革も企業が背負ってきた歴史的な負の遺産を切り離し，過熱する市場競争に参加できる条件を作り出す役割を果たしたといえる。その一方で，国有経済部門から排出された余剰労働者（一度は下崗労働者として一時的保護の対象となったが，後に失業者として扱われる）を含め，失業者は増加し，失業保険制度を含む社会保障システム全体への圧力が急激に高まった。

　このような市場経済の進展に伴う企業の所有制改革，雇用制度の改革に合わせて年金制度，医療保険制度，失業保険制度などの改革もこの時期に行われた。しかし，その改革は一部の地域（都市部），企業（規模の小さい企業は含まれない），および労働者（正規雇用者）を対象とした選別的な制度改革であり，社会保障制度のカバー範囲はかなり限定的なものであった。その結果，企業は，雇用と賃金決定の柔軟化を通じて固定コストを削減し，過渡期の社会保障システムの負担も節約しながら利益を拡大し，資本蓄積を加速することができた（厳，2014）。

　その一方で，家計は拡大する将来への不安に備えざるを得ず，所得増加は支出増加に直結しない。すなわち，改革の途中にあり，まだ不完全な社会保障システムは，労働者ないし家計よりも企業への分配を拡大する役割を果たし，それが労働市場における柔軟性の増大と格差の拡大につながり，民間消費需要の低下，輸出と投資需要の増加をもたらしているのである。それゆえ，社会保障制度のさらなる改革と拡充は，中国における需要側構造改革成功のカギを握っているといえる。

■ 3-2 「供給側の構造改革」と社会保障制度改革

　安定的な中成長への移行は，輸出・投資需要から消費需要へ，および政府の財政支出

拡大に依存した投資・消費需要から民間主導の投資・消費需要へ，そしてモノの消費需要からサービスの消費需要へ，という需要側の構造改革のみならず，イノベーションに基づく生産性向上と新しい産業の発展に資する供給側の構造改革を必須とする。すなわち，既存の高度経済成長段階における労働力や資本・資源，という生産要素の投入拡大に基づく供給拡大から，新しい技術の開発と応用に基づく製造業のレベルアップ（中国語：昇級換代）と新型サービス業の育成と発展を通じた，供給体制の再構築が安定的な中成長への移行における大きな目標となった。

　改革開放以後の30年以上の高成長を経て，中国は世界第二位の経済大国，世界第一位の貿易大国となり，世界の工場として多くの製品の生産規模が世界一位を占めるようになった。その一方で，資本財と核心的部品の供給は海外からの輸入に依存し，低い賃金と垂直分裂の生産システムの構築を通じて安価な製品を大量に生産，輸出，消費してきた（厳, 2011）。もちろん，1990年代以降の輸出主導型成長体制の下，外資系企業による高級な資本財と耐久消費財の製造・輸出・販売も行われるようになり，輸出産業の発展に牽引される形で中国の産業構造の高度化が大きく進んだ一面もある（厳, 2017）。しかし，その本質は所詮，「メイド・イン・チャイナ」であって「メイド・バイ・チャイナ」ではなかった。

　そのようななか，中国政府による国産自主技術の開発・応用と産業構造の転換（高度化）に向けた政策的な調整目標が，2006年にスタートした「第11次5カ年規画（2006–2010）」において設定されるようになった。それに基づき，資本・技術集約型産業の育成と促進のために，国有企業や大学などの研究機関における最新技術の研究開発促進，先端技術産業への外資投資の優遇措置，先端技術産業集積地の造成と立地奨励，高学歴技術人材の育成などの政策が講じられてきた。そして，習近平体制がスタートする第18回中国共産党大会（2012年11月）において，「イノベーション駆動型発展戦略」が決定され，2015年には「中国製造2025」計画[8]を発表している。

　「中国製造2025」計画では，政府主導の下で物的・人的資源を統合し，「イノベーショ

[8）「中国製造2025」計画は，先進工業国が推進している次世代の情報技術と製造技術の結合に基づく産業革新戦略（例えば，ドイツのIndustry 4.0，アメリカのIndustrial Internet，日本のロボット新戦略など）による再工業化や先進製造業化と，他の途上国製造業の急速な追い上げを背景に，現段階の中国製造業の到達点を総括し，今後30余年の発展方向と目標，および具体的な実施プランをまとめたものである。計画では，2015年現在の世界第一規模を有する製造大国（しかし，製造強国ではない）から出発して，2025年までに自主イノベーションを通じた新技術・新融合による製造強国への仲間入りを果たし（フェーズ1），2035年までに工業化の実現を通じて情報化と工業化の融合による製造強国の中位水準に到達し（フェーズ2），2049年には世界のイノベーションを先導する製造強国の先頭に立つ（フェーズ3），との目標を掲げている。

ン主導の発展戦略の推進」「スマート製造の推進」「工業基礎能力の強化」「製造業のエコ化」「ハイエンド設備製造の推進」，という五つのプロジェクトの実施を通じて基礎技術の研究開発におけるブレークスルーを目指している。これは「旧常態」下での先進国製造業へのキャッチアップモデルから，「新常態」下でのイノベーションモデルへの転換を図ったものであるが，ハイエンド設備，基幹素材，コア部品の国産化，グリーンな製品と製造システムの構築などの目標には，日米欧ではすでに実現されている分野も含まれており，中国製造業と製造強国との格差をあらわにするものであった。

　このような国家主導のイノベーション促進政策の効果は，中国の企業や研究機関による国内と国際特許の出願件数の急速な増加からも確認できる。中国の特許出願件数（国内＋国際）は，2007 年の約 24.5 万件から 2017 年の 138 万件に増加している。その内の国際特許出願数は 2007 年に約 5,000 件であったが，10 年後の 2017 年には約 4 万 9,000 件にまで拡大し，日本を抜いて世界第二位の国際特許出願大国となっている（図 3-7）。梶谷（2018）が指摘しているように，この急増する中国の特許の実態は玉石混交であり，とても「独自技術」と呼べないものもかなり含まれているし，国際特許出願も一部の新興企業（ファーウェイ，ZTE，BOE，テンセントなど）に集中しているなどの問題点もあるが，全体として中国における技術革新の進展，および知的財産権に関する意識が高まっている実態を確認することができる。

　また，表 3-2 の中国による国際特許出願の技術分野別構成をみてみると，2000 年代半ば以降においては政府のイノベーション促進政策の主な対象となっている通信，コンピューター，医薬品などの産業に関連する技術の国際特許出願数が大きく増加していることがわかる。もちろん，従来型の電気機械・器具や音声・映像関連技術の特許出願数も増加しているが，2018 年現在においてはとくにデジタル通信，コンピューター関連技

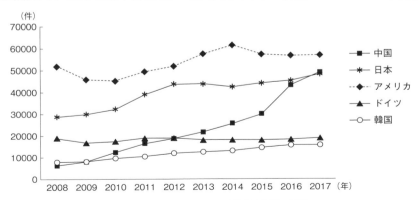

図 3-7　主要国における国際特許出願数の推移

出所：WIPO，WIPO Database に基づき筆者作成。

表 3-2　中国の国際特許出願の TOP6 技術の変化

	2000 年	2005 年	2010 年	2015 年	2018 年
総数	(325)	(1,722)	(8,248)	(23,173)	(45,629)
1 位	バイオ技術 (37)	デジタル通信 (275)	デジタル通信 (3,125)	デジタル通信 (5,425)	デジタル通信 (8,382)
2 位	音声・映像技術 (20)	通信 (131)	通信 (612)	コンピューター (2,987)	コンピューター (6,001)
3 位	コンピューター (18)	医薬品 (127)	コンピューター (493)	電気機械・器具 (1,572)	電気機械・器具 (2,972)
4 位	家具・玩具 (17)	電気機械・器具 (107)	電気機械・器具 (482)	音声・映像技術 (1,258)	音声・映像技術 (2,555)
5 位	電気機械・器具 (16)	コンピューター (86)	音声・映像技術 (344)	光学 (1,109)	通信 (1,990)
6 位	その他消費者用品 (16)	家具・玩具 (80)	医薬品 (247)	通信 (1,089)	計測技術 (1,806)

注：括弧内は出願された特許数（単位：件）。
出所：図 3-7 と同じ。

　術の割合が大きく，全体の約 3 割を占めているのが確認できる。すなわち，国家の産業・技術発展戦略に基づく傾斜的な支援政策が，民営企業をも含む中国企業全体の活発なイノベーションを促進し，中国式のイノベーション駆動システムが構築されつつある。
　その一方で，中国式の新しいイノベーション駆動システム（新技術の開発と応用）の持続可能性には疑問も残る。それは主にイノベーションの促進策によって開発された新技術の応用にかかわる。そもそも，技術革新は相対的に少数の人材（国内育成と海外誘致），少数のリーディングカンパニー，および政府の肝いりの戦略的な推進によって一定の成果をあげることができる。しかしその技術を産業全体に拡大，波及させるためには，より広範な人材育成と熟練労働の投入・活用が不可欠であるにもかかわらず，現在の中国における労働力の全体的な技能水準は依然低いままである。
　図 3-8 と図 3-9 は，中国が輸出主導型成長に基づく高成長を謳歌していた時代における産業全体と製造業の技術水準を如実に表している。持続的な経済成長に伴い投下労働全体に占める高・中技能労働 9) の割合は着実に拡大し，低技能労働の割合は低下しているが，その水準は依然として低い。低技能労働者の割合は，2000 年代末においても全体の 6 割以上を占めており，1 割以下である韓国や日本，およびアメリカなどの先進資本

9）WIOD の労働者技能の定義と分類は，主に労働者の学歴に基づき，学歴が中学校卒およびそれ以下の労働者の労働を「低技能」，高卒労働者の労働を「中技能」，高等教育を受けた労働者の労働を「高技能」としている。

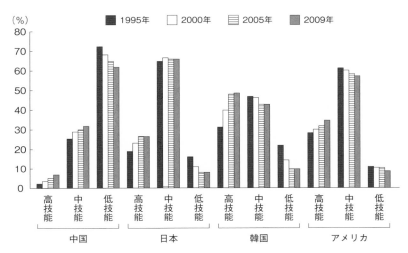

図 3-8　中国における技能水準別労働の割合の推移

出所：World Input-Output Database に基づき筆者作成。

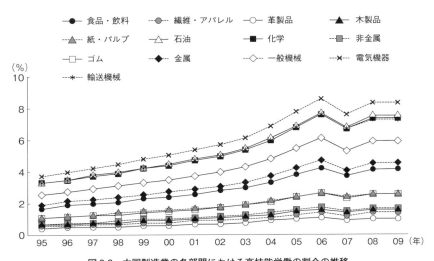

図 3-9　中国製造業の各部門における高技能労働の割合の推移

出所：図 3-8 と同じ。

主義国と鮮明な対比を成している。

　また製造業の技術水準に目を向けると，同じく90年代以降において高技能労働の割合が上昇している。とくに，電気機器を筆頭として機械産業部門や石油，化学などの資本集約型装置産業部門に牽引されながら，全体的に上昇しているが，高い部門においても全体の約8％前後であり，依然として中・低技能に頼った製造工程が中心になっていることがわかる。すなわち，中国経済は量的には大きく拡大しているが，質的な発展は遅れているのが事実である。たしかに，図3-10に示すように2000年代以降において中国の高等教育は急速に規模を拡大している。しかし，産業構造の高度化が高等教育の拡大に追いつかず，新卒大学生の失業率が高まったこともあり，その伸び率も2010年代以降においては大幅に縮小（年率2％程度）している。

　すなわち，中国の投下労働全体に占める高熟練労働の割合は未だに1割未満であり，最新の生産技術と新産業の発展が要求する高技能労働者の育成，拡大が大きな課題となる。その一方で，労働市場における柔軟性が拡大し，非正規雇用が増加しているなか，企業内の技能・熟練形成システムはますます弱体化し，労働者のエンプロイアビリティ（雇用される能力）の向上は，個人的な努力に依存する傾向が高まっている。結果，ミクロの企業レベルでは，技術の伝承や共有知の蓄積に基づくイノベーションと新しい製品開発能力は阻害される[10]。また，マクロレベルでは，技能の陳腐化や余剰労働力の蓄積，さらには新技術の導入と新規の設備投資を通じた産業構造調整が妨げられる可能性が高まる。

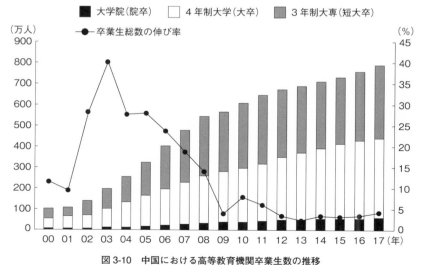

図3-10　中国における高等教育機関卒業生数の推移

出所：中国国家統計局データベースに基づき筆者作成。

　そのため，日進月歩する科学技術の動態とそれに伴う産業構造の調整にみあう労働者の技能，熟練の継続的な向上，および高技能，高熟練労働力の秩序ある産業部門間の移動が必要となる。つまり，大学教育を通じた高学歴人材の養成を拡大するだけではなく，既存労働者の再教育と職業訓練を通じた技能，熟練形成システムの構築が望ましい。その際に，充実した社会保障システムが存在するか否かは，重要な要素となる（厳，2011）。働く人々が，失業によるキャリアの断絶や所得喪失を心配することなく，最新の技術と技能を身につけるために教育，訓練に参加するには，充実した失業保険制度をはじめ，関連する社会保障制度による保護と保障が必要となる。

4　「調和のとれた社会」の構築と社会保障制度改革

　「新常態」のもと，経済成長率が低下している状況での国家（共産党政権）と国民の間の新たな妥協に向けて，中国政府は「調和のとれた社会」の構築を目指している。「調和のとれた社会」は，2002年11月にスタートした胡錦濤体制によって提起され，その第二期目（2007–2012年）とその後の習近平体制が目標とする「全面的な小康社会の実現」の重要な構成部分となっている。具体的には，新しい社会階層を含むさまざまな階層間の調和，地域間の調和，産業間の調和，政府と民間の調和，経済と社会の調和，経済発展と環境の調和などの側面を含む（佐々木，2011）が，最も重要なのは拡がりつつある格差の是正と，公正・公平な分配の実現であるといえる。

　その実現に向けた手段として，中国政府は前述のような需要側と供給側の構造改革を進めて中成長を維持すると同時に，社会保障制度の改革，拡充に努めている。表3-1に整理しているとおり，限定的ではあるが中国において国民皆保険体制の構築がはじまったのは2003年以後である。この時期の改革を経てやっと農村住民が社会保障制度の対象となり，農村年金制度，農村医療保険制度，最低生活保障制度が導入された。背景には，拡大する都市と農村の経済格差，都市住民と農村住民の所得格差があり，都市部で差別的な労働と生活を強いられている農民工の不満が蓄積されたことがある。

　実際，図3-11に示すとおり，中国の農村人口は1990年代以降において継続的に縮小し，2010年以降では都市人口が農村人口を上回っている。これは，経済発展がもたらす第一次産業（農村）から第二，三次産業（都市）への労働力移動に加えて，胡錦濤政権時代にはじまった都市と農村の一体的発展の促進（具体的には「新農村建設」「新型都市化」など），土地利用制度，戸籍制度，教育制度の漸進的な改革の影響もある。このような農村から都市への継続的な人口移動と2000年代末までに拡大し続けた都市と農村の

10）非正規雇用の増加は，企業内の技術伝承や共有知の蓄積を妨げ，企業の労働生産性上昇に悪影響を及ぼす（宇仁，2009）。

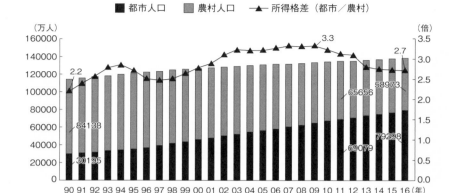

図 3-11　中国における都市と農村の人口構成の変化と所得格差

注：1.　人口統計は戸籍基準。2.　所得は 1 人当たり可処分所得である。
出所：中国国家統計局データベースに基づいて筆者作成。

　所得格差を是正する形で，農村住民と都市部の非雇用者層・貧困層を対象とする社会保障制度の改革，拡充が行われたといえよう。その結果でもあるが，都市と農村の所得格差は，2010 年代において縮小に向かう [11]。

　1978 年の改革開放当初に鄧小平が提起した「小康社会」の実現は，歴代共産党指導部が「一党支配」の正統性を確保するために国民に訴え続けてきた目標であった。しかし，経済成長が至上目標であった鄧小平，江沢民時代では，規模の拡大が優先され，「先富論」に基づく国家発展戦略は国土の均衡的な発展の実現を先送りしてきた。そして，拡大する格差と社会不安を背景に，胡錦濤，習近平時代では，「調和のとれた社会」の構築を通じた「全面的小康社会の実現」を提起し，共産党政権の正統性の源泉が成長から公平へと移行している。2017 年末の第 19 回中国共産党大会においては，都市と農村の貧困撲滅に力を入れ，2020 年までに「一人も残されていない全面的な小康社会を実現する」ことが決定された。

　すなわち，改革開放以降の約 30 余年間，中国共産党の「一党支配と政治権力の独占」の正統性は，継続的な経済成長の達成と国民所得の向上によって確保されていた。しかし，年率 10％の高成長時代は終わり，中成長段階への移行がはじまった。中国経済は，中・低成長段階に突入し，いずれはゼロ成長の時代を迎えると予測されている（大西，

11）しかし，都市と農村内部の所得格差は，都市部では上位 10％の所得が下位 10％の 8–9 倍，農村部では上位 20％の所得が下位 20％の 2.4 倍前後となっており，同一地域内の所得格差が新たな問題として浮上している。

2016）。それではこの「新常態」への安定な移行を指向している習近平政権は，その正統性をどこに見出し，どのように確保しようとしているだろうか。

　潜在的経済成長率の低下，腐敗の蔓延，貧富格差の拡大などを背景に，「中華民族の偉大な復興と社会主義近代化強国の実現（–2049 年）」を掲げ，国家の富強と民族の振興，および人民の幸福，という「中国の夢」を実現することが，現段階の中国共産党政権の一党支配の正統性の理念的根拠となっている。そして，「中国の夢」の実現に向けて，まずは安定的な中成長を維持し，成長果実のより公平な分配を達成し，またそれを可能にする社会的公正の実現が，正統性の実質的な根拠となる（表 3-1 を参照）。

　そのために，第 1 期目（2013–2017 年）の習近平政権は，前例のないほどきびしい反腐敗運動を展開し，新型都市化[12)]を押し進め，前政権時代から続く社会保障制度の拡充と改革（制度間の格差をなくすための制度統合）に力を入れてきた。また，人民元国際化の推進，AIIB（アジアインフラ投資銀行）の設立，「一帯一路」イニシアチブの提起などを通じて，欧米先進国が主導してきた国際秩序の修正・改編に挑戦することによって，「偉大なる社会主義中国」の国際影響力の拡大を誇示し民心を鼓舞してきた。

　第 2 期目に入った 2018 年からは，中米貿易摩擦を発端とする二大国間の対立と衝突が先鋭化し，経済成長の不確実性と下振れリスクが拡大しているなか，国内におけるさまざまな改革への取り組みも遅れるなどの影響が予測される。しかし，国内外のさまざまなリスク要因による影響はあるにせよ，依然として 1 期目の基本的な目標とプランが維持されると考えられる。とりわけ，需要側と供給側改革を通じた安定的な中成長の維持と，社会保障システムの拡充と貧困撲滅を通じた民生の改善を中心とする全面的小康社会の実現（–2020 年），社会主義近代化の基本的な実現（–2035 年），および社会主義近代化強国の実現（–2049 年）が目指される。

　改革開放以降の高成長時代における中国の国民と国家（共産党政権）の間の基本的妥協が，高成長から中成長への移行によって困難となっている状況下で，国家と国民の間の新たな妥協の源泉は，「経済成長果実の分配を拡大する」から「公正・公平な分配を達成する」に移行している。すなわち，「新常態」下の中国経済は，需要側と供給側の構造改革を通じて中成長を維持し，その成果をより公正・公平に国民に分配することによって「調和のとれた社会」への移行を目指すが，そのカギを握るのは，国民全体を包摂する社会保障システム構築であるといえる。

12）改革開放以降の約 30 年間で拡がり続けた都市と農村の間の経済発展の格差，都市住民と農村住民の所得格差の修正，内需拡大，産業構造の高度化，社会の現代化に役立つと考えられ，胡錦濤政権時代の都市・農村一体化戦略をさらにバージョンアップしたものである。ちなみに，中国の都市化率は，2020 年時点で 60% に達すると予測されているが，それは日本の 1960 年代の水準，韓国や台湾の 1980 年代の水準となる。

5 おわりに

本章では，安定的な中成長への移行を目指す「新常態」下の中国における社会保障制度の変化とその役割について議論した。

まず，中国の社会保障制度の変化は，主として国家主導の制度改革に依拠しているが，それは歴史的伝統に基づく家族と個人の役割の変化，社会経済システムの移行期における多様な所有制に基づく企業の役割の変化，市場競争原理に基づく民間保険市場の成長など，さまざまな要素の影響を受けている。とくに，市場経済の深化と経済成長，さらには国家による社会経済システムの発展戦略の修正と他の領域における諸制度の改革が，既存の社会保障制度を取り巻く環境の変化をもたらし，その変化との相互依存・影響のなかで社会保障制度も変化しているといえる。

現在進行中の中国社会保障制度のさまざまな変化を，制度変化の諸態様から捉え直すと，旧来の計画経済の性質が強かった「都市部無職・貧困者向けの定期的・臨時的救済」「農村合作医療制度」「五保戸制度」などの制度は，新しい「全民最低生活保障制度(2007)」「新型農村医療保険制度（2003）」などによって「置換」された。また，当初は政府機関（公共部門）と国営（有）企業の職工のみを対象としていた年金保険，医療保険，失業保険などの制度は，既存の保障対象と内容を維持，拡充しつつ，民間企業の被雇用者や出稼ぎ労働者を含む都市部就業者全員を対象とする，より包括的な制度へと変化しているが，これは制度変化における「重層」「転用」とみなすことができよう。その一方で，都市と農村の二元構造の下で現在も根強く残されている農村部の「土地による生活保障」の側面は，制度環境の変化に適応できていない制度の「漂流」である。

次に，上記のような社会保障制度の変化を，現政権が取り組んでいる安定的な中成長への移行のための「需要側の構造改革」と「供給側の構造改革」の成敗を左右する中心的課題として位置づけ，「調和のとれた社会」の構築を通じた国家（共産党政権）の正統性維持における社会保障制度改革の意義について検討している。中成長段階への安定的な移行において，中国の社会主義市場経済システムが存続し，国家の正統性が維持されることは，その前提であり，目標である。そのためには，中成長の維持による経済的達成とその成果に対する公正・公平な分配が必要となるので，経済成長を維持するための内需拡大——需要側の構造改革と，イノベーションに基づく生産性上昇の達成——供給側の構造改革が目指されている。そして，この需要側と供給側の構造改革は，それぞれ独立したものではなく，相互依存・促進関係にあり，同時並行的に推進しなければならない。

上記二つの改革の成敗を左右する社会保障システムの改革と拡充は，国民の将来への不安を軽減し，さらなる市場化改革のための環境整備にも役立つ。冒頭で記した中成長への移行に伴う中国の社会経済システムの調整様式の転換——従来の政府と官僚の強い介入から脱しながら，市場・制度・国家という多様な調整経路の結合による複合的な調

整を目指す——は，最も長期的な目標であると同時に，最も根本的な転換である。社会
保障制度の改革は，この市場メカニズムの役割の拡充に向けた改革の前提条件ともなる。
また，市場化改革の推進によってもたらされる経済的利益は，社会保障システムの次な
る改革と拡充に必要な財源確保の条件となる。

　このように社会保障制度改革は，需要側と供給側の構造改革を通じた安定的な中成長
の達成と，そのための市場化改革，および公正・公平な分配に基づく社会的正義の実現
を通じた国家の正統性の維持，および中国が目指す「全面的な小康社会」や「社会主義
近代化強国」の実現に役立つ重要な制度変化の源泉になると考えられる。

【参考文献】
王文亮（2008）.『現代中国の社会と福祉』ミネルヴァ書房
大西　広［編著］（2016）.『中成長を模索する中国——「新常態」への政治と経済の揺らぎ』
　慶応義塾大学出版会
宇仁宏幸（2009）.『制度と調整の経済学』ナカニシヤ出版
柯隆（2014）.「中国の社会保障制度と格差に関する考察」『フィナンシャル・レビュー』
　2014（3）, 159–190.
梶谷　懐（2018）.『中国経済講義——統計の信頼性から成長のゆくえまで』中央公論新社
関志雄（2013）.「「二つの罠」に挑む習近平体制——「中所得の罠」と「体制移行の罠」を
　克服できるか」『中国経済新論——実事求是』（RIETI コラム）, 2013 年 4 月.
厳成男（2011）.『中国の経済発展と制度変化』京都大学学術出版会
厳成男（2014）.「中国経済の輸出主導型成長から内需主導型成長への転換条件」植村博恭・
　宇仁宏幸・磯谷明徳・山田鋭夫［編著］『転換期のアジア資本主義』pp.194–215, 藤原書
　店
厳成男（2017）.「中国経済の「新常態」と政府主導の経済構造改革——累積的因果連関の視
　点から」『グローバルアジア・レヴュー』5, 13–14.
呉敬璉／青木昌彦［監訳］／日野正子［訳］（2007）.『現代中国の経済改革』NTT 出版
佐々木智弘［編］（2011）.『中国「調和社会」構築の現段階』アジア経済研究所
沈潔・澤田ゆかり［編著］（2016）.『ポスト改革期の中国社会保障はどうなるのか——選別
　主義から普遍主義への転換の中で』ミネルヴァ書房
田多英範［編著］（2004）.『現代中国の社会保障制度』流通経済大学出版会
鄭功成（2003）.「中国社会保障改革と制度構築」（中国語）『中国人民大学学報』*2003*（1）,
　17–25.
鄭功成（2014）.「中国社会保障改革の機会，挑戦，および方向」（中国語）『国家行政学院学
　報』*2014*（6）, 24–32.
Esping-Andersen, G.（1990）. *The three world of welfare capitalism*. Polity Press.
Rose, R., & Shiratori, R.（eds.）（1986）. *The welfare state east and west*. Oxford University Press.

04 労働：プラットフォーム労働の増加と社会保障の課題

金峻永

1 はじめに

　デジタル技術の発展は，さまざまな側面から人々の働き方に影響を及ぼしている。デジタル技術の普及が，労働に及ぼす影響に関して最も注目を集めているのは，デジタル技術がAI技術，ビッグデータの活用，およびクラウドコンピューティングなどと結合して，人間の職を奪ってしまうという主張である（Mokyr et al., 2015；Degryse, 2016）。Frey & Osborne（2013）は，コンピューター技術の発展によって，2030年までにアメリカにおいて約47%の職が消えると展望した。世界開発レポートは，OECDの加盟国のなかで自動化によって消える可能性がある職は57%であり，中国ではこの数字が77%に至ると展望している（World Bank, 2016）。無論，これらの研究が唱えているのは未来において必ず職が減ると断定することではない。これらの研究が強調しているのは，職が減る可能性に対応するための教育政策と職業訓練政策が必要であるということなのである。

　デジタル技術の普及が労働に影響を及ぼすもう一つの経路は，デジタルプラットフォームに基づいて形成されるネットワークから創出される新たなビジネスモデルである。本章では，このような新たに創出されているビジネスモデルがもたらす雇用関係の変化を考察する[1]。本章では，デジタル技術の発展によって労働がより小さい単位の課業（tasks）に分割され，デジタルプラットフォームによって仲介，もしくは取引される

---

[1] 無論，技術変化が必ずしも雇用関係の変化や新たな雇用形態を生み出すとは限らない。新しい技術は，さまざまな社会的要因に媒介されて社会的に実現される。技術変化によって企業における働き方が変化したにもかかわらず，伝統的な雇用関係が維持されている事例も多い。伝統的な雇用関係を維持したまま，職場のみが，事務室から家に変わったテレワーク（teleworks）がその一例である。他に，インターネット通販会社においてフルタイムで働く正規雇用の労働者もその例である（ジャン, 2017）。

技術的可能性に注目する。このような技術の発展により，プラットフォーム労働（platform works）という，伝統的な雇用関係では捕捉しきれない新しい労働形態が世界中で増加している（ILO, 2018；Eurofound, 2015）。

　プラットフォーム労働の定義に関しては，一般化されたものはまだ存在しないが，本章では先行研究などを参考にしつつ，それを「収入を目的に，デジタルプラットフォームを介して有給労働を提供し，労働需要（顧客）とマッチングされる雇用形態」，もしくは「組織，または個人が，デジタルプラットフォームの仲介によって，収入を目的に，特定問題を解決することや特定サービスを提供する雇用形態」と定義する[2]。

　本章では，韓国を中心にプラットフォーム労働の特徴と規模を考察し，この新しい雇用形態の増加に伴う社会保障制度の方向性について検討する。近年，プラットフォーム労働が社会および政治的関心を集めているのは，この雇用形態のなかで一部の熟練労働者を除いたほとんどの者が，最低賃金制度や失業保険などの社会保障制度の保護から除外され，また，労働法，労働組合法などの賃金労働者が伝統的に享受してきた権利から排除されているなど，労働市場の死角に置かれているからである。プラットフォーム労働者に対して，法律や社会安全網による保護を提供するためにはまず，この新しい雇用形態の規模と，所得や労働時間などの基本的労働条件を把握する必要がある。

　本章の構成は，次のとおりである。第2節では，プラットフォーム労働の類型化と関連する概念の検討を行う。第3節では，プラットフォーム労働者が直面している社会的排除とリスクを中心に，プラットフォーム労働の基本的な特徴をまとめる。第4節では，2018年に韓国雇用情報院が実施した「韓国のプラットフォーム労働者の規模推定と特徴分析」の調査結果を再検討する。最後の第5節では，プラットフォーム労働者を保護するための社会保障制度の改善課題について述べる。

2 プラットフォームの労働の類型と関連概念

■ 2-1 プラットフォーム労働の諸類型と範囲

　プラットフォーム労働の類型は，（1）デジタルプラットフォームを介して組織された労働を，顧客と直接接触せず，オンライン上の仮想空間のみを介して提供する方式と，（2）デジタルプラットフォームを介して労働が組織され，顧客との直接接触によってサービスを提供する方式に分けられる。本章では，この二つのタイプの労働をまとめた概念を「プラットフォーム労働」という用語で表し，前者をクラウドワーク（crowd works），後者をオンデマンドワーク（work on-demand via app）と呼ぶ（De Stefano, 2016）。

2）プラットフォーム労働の定義に関しては，Florisson & Mandl（2018），ILO（2018），U.S. Bureau of Labor Statistics（2018a）などを参照せよ。

　クラウドワークは，オンライン上の仮想空間を通じて，特定の課業を不特定多数に委託し，遂行する方法によって，無数の顧客，企業，組織をつなぐプラットフォームを介して業務を行う。これらの労働では，顧客と直接対面することなく，すべての作業過程（委託（オーダー）→生産→配送→アフターサービス）をオンライン上で実行する。そのため，これらの労働市場は，国を超えてグローバルなレベルで形成されうる。

　クラウドワークによって行われる課業の範囲は，データ入力，ホームページ写真のアップロードなど，単純かつ未熟練のマイクロタスク（micro tasks）から，IT関連（アプリ・プログラム開発など），デザイン，法律相談，アカウンティングサービスなどの専門性と創造性が要求される高熟練の業務まで，さまざまである（Aloisi, 2016；De Stefano, 2016）。クラウドワークを，熟練のレベルに応じて高熟練クラウドワークと低熟練クラウドワークに区分することもできる。

　オンデマンドワークは，デジタルプラットフォームの仲介を通じて労働が組織される点ではクラウドワークと同様であるが，そのプラットフォームが運営されている地域で，直接顧客と会って労働やサービスを提供する，という点で違いがある。また，そのサービスを提供する範囲は，地理的に制約されており，労働市場は限定的な地域レベルにおいて形成される。そして，オンデマンドワークの課業の分野は，配達，運転，輸送，家事サービスなど，主に過去から受け継がれてきた伝統的な課業が多いが，最近では法律サービスや経営コンサルティングのような専門性の高い分野にも拡大している（Aloisi, 2016）。

　このように，伝統的課業がプラットフォーム労働化されたことによって現れる変化を示している事例の一つに飲食品デリバリー労働（出前）がある。過去には，これらの労働は，飲食店に直接雇用された配達労働者の業務として行われていたが，現在では飲食品デリバリーアプリの使用が普及したことにより，従来の直接雇用の労働者によるデリバリーがオンデマンドワークによって代替されたのである。この過程で，デリバリー労働の雇用形態は，直接雇用（賃金労働）から間接雇用（非賃金労働）へと，報酬の形態は，賃金からデリバリー手数料へと変わったのである（図4-1）。飲食品デリバリーを行うオンデマンドワークの普及によって，もともと配達サービスを行っていなかった小規模の飲食店でも配達サービスを行うことができるようになり，飲食品デリバリー業は急速に成長している。

　デジタルプラットフォームを介して仕事を探す，ということを除けば，オンデマンドワークの労働内容と技能は，伝統的な労働者のそれと変わらない。ただ雇用関係が異なり，それに応じて社会的関係が変わるだけである（Friedman, 2014）。よって，オンデマンドワークは独立請負人（independent contractor）[3]の「デジタル版」ともいわれる（ジャン, 2017；フアン, 2016）。独立請負人は，韓国における「特殊雇用労働者（以下，特雇）」と似たような雇用形態である。プラットフォーム労働は，独立請負人や特雇と同様に，

a. 伝統的な飲食品デリバリー業務

b. 飲食品デリバリーアプリを利用した飲食品デリバリー業務

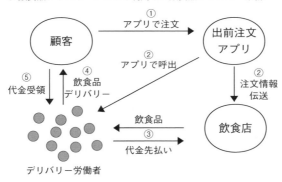

図 4-1　オンデマンドワークの事例（飲食品デリバリー労働）
出所：フアン（2016：33），一部修正・加筆。

賃金労働者と自営業者の境界に位置している（表 4-1）。

　労働プラットフォームを介して主に取引されているのは，資本や資産ではなく，労働であるため，販売プラットフォームや資産リースプラットフォーム，あるいは金融サービスのプラットフォームは，プラットフォーム労働を伴わない（Eurofound, 2015）。また，ボランティア，ソーシャルメディア，（カウチサーフィンのような）無報酬の非営利取引もプラットフォーム労働から除外される（Florisson & Mandl, 2018）。

　労働プラットフォーム企業は，単純に労働の需要と供給をマッチングする役割だけではなく，労働力の管理と選別（採用），サービスの最小限の品質基準の設定，サービスの価格設定などに関与することもある。一部の労働プラットフォームは，同じサービスに異なる価格帯を設定して提供することもある。例えば，ウーバーは，プレミアム運転

3）McKinsey（2016）によれば，独立請負人とは「業務の自律性，課業の件当たり報酬，短期的関係」という特徴をもつ雇用形態を指す。

表 4-1　プラットフォーム労働の諸類型と範囲

就業形態		類型		主な業務
プラット フォーム 利用	賃金労働	標準的賃金労働		
		労働プラット フォーム	クラウドワーク	データ入力，翻訳，IT 関連業務，デ ザイン，法律相談
			オンデマンド ワーク	代行運転，運送，配達，飲食品デリ バリー，医療介護，家事サービス
	非賃金労働 （自営業者）	販売プラットフォーム		ネット販売
		資産リースプラットフォーム		空部屋シェア
		伝統的自営業		

サービスと，一般運転サービスを異なる料金プランで提供する。

■ 2-2　プラットフォーム経済と関連概念

　プラットフォーム経済は，デジタル技術の普及により，生産と消費が新たに組織される方式と密接に関連している。その現象を指す用語は，共有経済（sharing economy），ギグエコノミー（gig economy），オンデマンドエコノミー（on-demand economy），デジタルワーク（Digital Work）などさまざまである。学術的にはまだ明確な概念が確立されているわけではないが，各用語がもつニュアンスは微妙に異なる。

　まず，プラットフォーム経済が生産性の向上を促し，創造性を刺激したり，過少活用（under-utilization）状態にある資産の商業的利用を促したり，より効率的で柔軟な方式で労働者を動員する潜在力などに注目する論者は，このプラットフォーム経済を指して，共有（sharing），協調（collaborate），創造（creative）などの肯定的な用語を使用する傾向がある（Kenney & Zysman, 2016）。

　その一方で，プラットフォーム経済が引き起こす雇用の不安定化，伝統的労使関係の解体，労働に対する過度の管理などのような負の効果に注目する論者は，ギグエコノミーやプレカリアート（Precariate）[4] のような否定的な用語を好む。ギグエコノミーとは，特定のプロジェクトや期間が定められた課業（tasks）を実行するために労働力が柔軟に供給される経済環境を意味する（Friedman, 2014）。もともとギグ（gig）という用語は，1920 年代のアメリカのジャズ公演会場で一度きりの演奏会や一夜限りの公演のために，単発的に演奏者を斡旋して演奏（gig）をさせたことに由来する言葉であるが，今は不規則な需要に合わせて，単発で，一時的に労働力を使用する経済を指す用語として使用さ

4）プレカリアートとは，不安定なプロレタリアート（precarious Proletariat）を略した言葉で，低賃金と低熟練に苦しみながら，不安定な生活をしている下層労働者階級を指す新造語である（Standing, 2011）。彼らは伝統的な労働者階級とは利害関係を異にする。

れている（Muntaner, 2018）。

　そして，オンデマンドエコノミー（on-demand economy）は，労働に対する需要が先に現れて（on-demanded），それに応じるかたちで，労働が供給されることを強調する用語である。標準的な雇用関係では，労働者が使用者に提供する労働時間（週5日，または週40時間）とそれに応じた賃金は，労働を開始する前に雇用契約によって決定される。しかし，オンデマンドエコノミーでの労働者の所得は，自分が実際に働いた労働量（労働需要）に基づいて事後的に決定される。つまり，オンデマンドエコノミーという用語には，労働需要の変動による労働者の所得変動（不安定性）が増幅されることを強調する意味合いが含まれている（パクチャンイム, 2018）。

　このような用語の意味とそれぞれの関係については，まだ一致した見解が形成されていない状況にあるが，本章では，デジタル技術の普及によって生産と消費が新たに組織されている方法を示す用語として，比較的中立的な「デジタルプラットフォーム経済」と「プラットフォーム労働」という用語を使用する（Eurofound, 2015）。

3　プラットフォーム労働の普及と労働世界の変化

■3-1　プラットフォーム労働と非正規労働

　労働市場において発生してきたすべての変化と同様に，プラットフォーム労働も労働世界の「連続」と「断絶」という視点から理解されるべきである。プラットフォーム労働は，デジタル技術の発展に伴うプラットフォーム経済の拡大に支えられ登場したという点においては新しい雇用形態である。その一方で，プラットフォーム労働の普及は，第二次世界大戦後に成立した伝統的な雇用関係が1970年代以降において解体され，非正規（non-regular）あるいは非典型（non-standard）の雇用が増加している傾向の延長線上にあるものでもある（De Stefano, 2016；Collier et al., 2017）[5]。

　第二次世界大戦後に形成された標準的（正規フルタイム）雇用関係では，労働者は使用者と長期的な雇用契約を結ぶ。この雇用関係の下では，労働者の賃金と地位は，一般

---

5) 非正規雇用の定義は，非常に多くの論争を含むものである。非正規雇用の定義は，国家間の相違のみだけでなく，一国内においても完全なる合意に基づく基準が存在しない場合も多い。ILO（2015）は，非正規雇用について，「①有期契約（fixed-term contracts）とその他の形態の臨時的労働（temporary works），②臨時的派遣労働（temporary agency works）とその他の形態の契約労働（other contractual arrangements），③偽装的雇用関係（disguised employment），④従属的自営業者（dependent self-employment）とパートタイムが含まれている」と定義する（ILO, 2015）。プラットフォーム労働は，このように ILO が定義した四つのタイプの非正規雇用の特徴のすべてをもっていると判断される。

的に勤続年数に応じて上昇し，労働者は労働法と雇用保護の規制によって保護される。このような長期雇用契約と法的保護によって，他の生産要素とは異なり，労働力の量（雇用量）と価格（賃金）は，市場の需給の変化によって迅速に調整されない。これは，労働者にとっては，雇用と賃金の安定性（stability）を意味することであるが，使用者の立場では，生産コストの主要素である労働コストを迅速に調整できないことを意味する硬直性（rigidity）となる。

1980 年代以降，伝統的な雇用関係が解体され，長期雇用とキャリアラダー（career ladder）が保障される職に含まれていない雇用形態（多様な非正規労働）が増加している。1980 年代以降，「労働の臨時化（casualization of labor）」といわゆる「リスクの脱相互化（demutualization of risks）[6]」が全世界的に拡大している（De Stefano, 2016）。最近におけるこの労働の臨時化の新しい特徴の一つとして，「従属的自営業者（dependent self-employment）[7]」，あるいは「偽装された，あるいはあいまいな雇用関係（disguised or ambiguous employment relations）[8]」と呼ばれる新たな雇用形態が広がっている。すでに，労働者と雇用者の間の関係は，特定のポテトチップスブランドと消費者との間の関係よりも格別ではないようになったのである（Friedman, 2014）。

プラットフォーム労働は，「労働の臨時化」がデジタル技術の発展と組み合わさって現れた極端な雇用形態である。臨時労働は，所得と労働時間がきわめて不安定なオンデマンド（on-demand）労働の特徴をもっている点において，プラットフォーム労働と共通点がある（Berg & De Stefano, 2015）。プラットフォーム労働は，だれが使用者であるのかが明確ではなく，雇用契約を結ばないという点において，「従属的自営業者」と「偽装された，あいまいな雇用形態」と似ている雇用形態である。

偽装された雇用形態や従属的自営業のような雇用形態は，プラットフォーム経済だけに現れた存在ではない。とくに韓国では，1960 年代以前から，特殊雇用労働者（特雇）と呼ばれる非公式部門の労働者（informal workers）が多く存在していた。韓国において特雇は，近代的賃労働関係に包摂されていない前近代的就業形態として認識されてきた。この特雇は，賃金労働者と自営業者の中間に相当する類型の就業形態であり，偽装され

6）リスクの脱相互化（demutualization of risks）は，プラットフォーム経済では，伝統的に使用者（企業）が担っていたリスクが労働者に転嫁されることを意味するもので，プラットフォーム労働者が直面している脆弱性と不安定性を示す用語である（De Stefano, 2016）。

7）就業者が，伝統的な雇用契約ではない労働契約（例えば，請負契約など）に基づき，ある企業に役務を提供しているが，その所得を 1 社，または少数の顧客に依存し，これら顧客から作業のやり方について直接的な指示を受けているような仕事上の関係を指す（ILO, 2016）。

8）偽装された雇用とは，「法律で定める保護を無効にするか，弱めることを意図し，実態とは異なる外観」を装う雇用を指す（ILO, 2016）。

た雇用，あるいは従属的自営業に類似する存在である[9]。

　Weil（2014）は，間接雇用，従属的自営業，請負の拡大によって現れる伝統的雇用関係の解体を，「亀裂が生じた職場（fissured workplace）」として概念化した。Weil は，現代の職場の亀裂を分析しつつ，これらの亀裂が労働権の侵害につながるだけでなく，事故，災害，負傷の問題，さらに企業の収益が労働者から投資家へ移転されるという分配の不平等問題まで引き起こしていると指摘した。亀裂が生じた職場では，使用者は，費用の最小化だけに関心をもち，労働者保護に対しての責任と社会的費用の考慮はもはや彼らの関心事ではない（Weil, 2014）。亀裂が生じた職場では，プラットフォーム労働者に対する企業の管理責任は，企業内の人事部門の役目ではなく，外注や下請けの担当部署が担当することになっていく。

■ 3-2　プラットフォーム労働と既存の社会保護制度の限界

　プラットフォーム経済では，課業の提案と採択が非常に迅速に行われ，課業への接近（労働市場への参加）が，過去に比べるとはるかに容易になった。プラットフォーム経済では，極端に多くの労働力が一つの課業を完成させるための分業に同時に参加することが可能になった（McKinsey, 2016）。これは，企業側からすると，過去に経験したことのないハイレベルの労働柔軟性を確保できるようになったことを意味する。労働は，適時（just in time）に供給されている一方，報酬は，実際に働いた分（pay-as-you-go）のみ支払われる（De Stefano, 2016）。大手の労働プラットフォームである Crowd Flower の CEO がインタビューで述べた以下の話[10] は，プラットフォーム労働者が直面している現実を如実に表している。

　　インターネットが使用される前には，あなたは，10 分間はあなたのための仕事をして，その次の 10 分間は，解雇されるべき人を探す仕事をした。それは本当にたいへんだっただろう。しかし，インターネット技術が登場してから，あなたは非常に少ないお金を支払うだけで，必要がないときは，いつでも解雇できる人をみつけることができるようになった。

---

9) 最近では，この特雇が，韓国における非正規労働の問題の核心として注目を集めている。その背景には，2006 年に非正規労働者の保護に関する法律を制定した時に，その中心的な政策対象となっていた非正規労働者は，雇用契約期間に制限がある有期雇用労働者であり，雇用主と直接的な雇用契約を締結していない特雇は政策的考慮の対象にならなかったことがある。それから 13 年が過ぎた現在では，特雇に対する社会的保護の拡大が，韓国政府の雇用政策の最も重要な課題となっている（ジャン, 2017）。
10) 初出は，Marvit（2014）。De Stefano（2016：4）において再引用。

表4-2　プラットフォーム労働者と伝統的賃金労働者の比較

	伝統的賃金労働者	プラットフォーム労働者
労働場所	共同作業空間（企業，工場）	労働者の家，路上，もしくは顧客が要求する場所（流動的）
作業決定	作業開始前の雇用主の命令と労働契約	労働のプラットフォームの仲介（多くの場合，先着順）
労働収入	作業開始前に，賃金の形で決定	実行された労働量によって事後的に決定
雇用契約	雇用者との間で長期契約を締結	雇用契約はなし。プラットフォームは仲介するだけで，雇用契約を締結していない

出所：筆者作成。

　労働の数量的柔軟性（numerical flexibility）が極端に高まったこと以外にも，プラットフォーム労働は，労働環境のさまざまな側面において伝統的な賃金労働と異なる。表4-2が示すように，伝統的な賃金労働者は，工場やオフィスなどの共同のワークスペースに集まって集合的に労働をする。これに対して，プラットフォーム労働者は，本人の家や顧客が要求する場所（多くの場合，路上）で，主に一人で仕事をする。伝統的な賃金労働者の作業量と作業の内容は，雇用契約や雇用者の命令によって事前に決定されるが，プラットフォーム労働者の作業は，労働プラットフォームの仲介によって決まり，労働者間の業務配分は，多くの場合，先着順で決定される。伝統的賃金労働者の労働収入（賃金）は，雇用契約によって事前に決定されるので，市場における需給条件の変化が，少なくとも短期的には賃金の変動を起こさない。しかし，実行された労働量によって事後的に決定されるプラットフォーム労働者の収入は，需要量の変化によって大きく影響され，収入の変動が大きい。

　デジタル技術の発展は，使用者に，伝統的な雇用関係を結ばなくても，労働を組織し，労働者を統制できる技術的可能性を提供する（ジャン, 2017）。労働プラットフォームでは，プラットフォームを介して働く労働者との間で伝統的な長期雇用契約を結ぶ代わりに，月単位，週単位，日単位，もしくは課業単位でも契約を結ぶことができ，需要量の変動に対応して，雇用量はもちろん，賃金も迅速に調整することができるようになった。このようなプラットフォーム労働者の雇用量と賃金の柔軟性は，プラットフォーム企業が経済的変動のリスクを労働者に転嫁できる土台となる（Collier et al., 2017）。プラットフォーム労働者が直面しているこのようなリスクは，社会保険制度の整備の遅れ（lag）によってさらに深刻になる（Friedman, 2014）。

　19世紀後半においてマルクスは，労働者が雇用主に労働力を売却し，雇用主が労働をコントロールするプロレタリア的雇用関係がますます一般化されると予測した。そして，19世紀後半から20世紀前半にかけて確立された労働法の目的は，主にこのようなプロ

レタリア的雇用関係を規制して，労働者を保護するためのものであった（パクチャンイム，2018）。社会保険は，プロレタリア的（標準的）雇用関係の労働者が失業や病気などのリスクに陥ることに備えて，保護を提供することを目的として，福祉資本主義国家において発展したものである（Esping-Andersen, 1990）。

　失業保険，労災保険，傷害保険，健康保険と退職年金は，すべての雇用に基礎づけられており，付加給付（added benefit）の形で労働者に提供される。この付加給付の受給資格は，国ごとに差異はあるが，おおむね労働者が標準的な賃金労働者として一定期間以上雇用される場合に限って与えられる。ある労働者が，その期間以上，標準的な職で雇用されていた場合，解雇の時でも失業給付を受けることができる。ところが，雇用契約を結んでいないほとんどのプラットフォーム労働者は，この雇用を基礎とする社会保険（employment based social insurance）から排除されるしかない（Collier et al., 2017）。またプラットフォーム労働者は，雇用法と雇用規制の適用対象からも除外される。これらの労働者は仕事を失っても，失業給付を受けることができず，作業中に怪我をしても労災保険の支援を受けない。既存の社会安全網は，プラットフォーム労働をはじめとするさまざまな非正規（非典型）労働者を保護する，という観点からは明らかに限界をもったものである。

■ 3-3　プラットフォーム経済の効率性とリスク

　過去に登場した新技術と同様に，デジタル技術も効率性を増加させる。しかし，デジタル技術が労働プラットフォームに適用され，効率性を高める方式は，過去の新技術が効率性を増加させた方式とはまったく異なる（Collier et al., 2017）。例えば，過去のフォーディズムにおける大量生産技術は，労働過程に適用され，労働生産性を大幅に増加させた。その結果，フォーディズムでは，このような労働生産性の増加が労働者の賃金上昇につながった。ところが，プラットフォーム技術は，実際の生産過程における生産性，すなわち，労働者の労働生産性を高めるのではなく，取引費用を下げ，摩擦的失業と熟練のミスマッチなどを減らすことによって，市場をより効率化する形で効率性を増加させる（Collier et al., 2017）。とくに，オンデマンドワーカーは，デジタルプラットフォームの仲介によって課業が提供されることを除けば，過去の労働者がしていた仕事と同じ仕事を同じ方式で実行している。多くの場合，伝統的な賃金労働者とプラットフォーム労働者との間の相違は技術や作業方法にあるのではなく，労働の社会的関係と契約形態の違いによるものである（Friedman, 2014）。

　労働プラットフォームがデジタル技術による取引費用の削減を通じて効率性を高めているのと同様に，プラットフォーム労働者も取引費用の削減による効率性の向上を利用して収入を得る。プラットフォーム労働者の労働は，（1）課業を探したり，契約を締結することに投入する無給労働と，（2）契約された課業を実行するために，実際に働く有

給労働に分けられる（Collier et al., 2017）。デジタル技術は，AI 技術とビッグデータ分析技術とを組み合わせ，この無給労働に投入される時間とコスト（取引費用）を飛躍的に減らすことに成功した。しかし，デジタル技術は，有給労働での生産性の増加にはあまり寄与していないし（Collier et al., 2017），もし，プラットフォーム労働者が取引費用の削減によって，（つまり，無給労働時間が短縮されることを通じて）より多くの有給労働時間を増やすことができるのであれば，プラットフォーム労働のサービス単価が維持されたり，あるいはさらに減少した場合でも，有給労働時間の増加を通じてより多くの収入を得ることができる。

　伝統的な賃金労働からプラットフォーム労働への転換は，伝統的な雇用契約において有給労働の一部であった病気休暇，有給休暇，昼休みなどが無給に変わることを意味する。Collier et al.（2017）は，従来においては当然のように有給労働とみなされた労働時間の一部が無給に転換されていることを「労働の脱商品化（decommodification）」と呼ぶ。これは，前資本主義的（pre-capitalistic）作業慣行であった「出来高給（piecework renumeration）の復活」ともいえるだろう。

　クラウドワークの労働市場は，世界的なレベルに拡大しており，今後低賃金国がグローバル労働市場に統合されれば，クラウドワークが提供するサービスの市場価格は下落する可能性が高い。オンデマンドプラットフォーム企業は，市場競争における優位を確保するためにサービスの料金を下げようとする誘因をもつ（例えば，ウーバー）。このようなサービス価格の下落に対応して，プラットフォーム労働者が収入を維持できる唯一の方法は，有効有給労働をさらに増やすことである。しかし，労働時間を増やすことにも，物理的な限界がある。もしサービスの価格が今後持続的に下落すれば，労働者の収入は次第に減少することをまぬがれない。

　この点は，プラットフォーム経済の拡大がマクロ経済に及ぼす影響についても有効な示唆を与えている。労働プラットフォームによるサービス料金の引き下げ戦略（以下，低価格戦略）は，ミクロとマクロの間の矛盾を引き起こす。つまり，ミクロレベルでのサービス料金（すなわち，プラットフォーム労働者の収入）は，労働プラットフォーム企業が労働者を雇うことができる十分に高い水準でなければならない。その一方で，マクロレベルでのサービス料金は，総需要の制約を受ける。マクロレベルでのプラットフォーム経済が拡大する可能性は，結局，総需要を高めることに依存する。総需要を高めるためには，なによりも所得分配の改善と中産階級の規模拡大が前提条件である。しかし，フォーディズムとは異なり，低価格戦略に依存しているプラットフォーム経済は，自分たちが生産したものを購入できる十分な規模の中産階級を生み出すことができない可能性が高い（Collier et al., 2017）。

■3-4　労働プラットフォームによる労働統制と責任の転嫁

　プラットフォーム労働に関する肯定的な捉え方としてよくいわれるのが，労働者自身が自分の仕事や労働時間を選択できる「労働柔軟性」である。2017年に実施された「EU コラボレイティブ・エコノミーと雇用調査（EU Collaborative Economy and Employment（COLLEEM）Survey）」によると，プラットフォーム労働者がプラットフォーム経済に参加する最も重要な理由として挙げられたのが，労働柔軟性である（Pesole et al., 2018）。

　しかし，実際には，多くの労働プラットフォーム企業は，労働者の自律性を大きく制限して，労働者の作業の質と満足度に負の影響を与えている。多くの労働プラットフォームは，自らの役割は単に顧客と労働者の間を仲介する電光掲示板に過ぎないと主張しているが，実際には，労働者と顧客の間の取引においてさまざまな影響力を行使している。労働プラットフォームがもつ最も重要な影響力は，取引されている労働やサービスの価格を設定したり，価格設定に介入したりすることである（Collier et al., 2017）。実際の乗客輸送，貨物輸送，配達などを行うオンデマンド労働プラットフォームは，多くの場合，労働とサービスの価格を直接設定する。

　プラットフォーム労働者は，自分の労働時間を自分で選択できる自営業に分類されることが多いが，実際には，自分が好む時間帯ではなく，顧客からの注文が集中する特定の時間帯に働く場合が多い。さらに，プラットフォーム労働者は，労働プラットフォームから，制服の着用や作業の実行方法などに関する厳格な業務指示を受けるような制約に直面する場合も多い（Florisson & Mandl, 2018）。

　価格設定と作業指示の以外にも，労働プラットフォームは，さまざまな方法で労働者と労働過程を統制する。韓国の貨物輸送や乗客運輸関連の労働プラットフォームは，顧客からのコール（注文）に数回以上応じなかったり，顧客からの評判が低かったりした労働者に，一定期間はプラットフォームアプリを利用できないようにしたり，よいコール（注文）が割り当てられないようにしたりするなどの方法で労働者に不利益を与える。このような不利益は，労働プラットフォームが労働者を統制する手段であり，プラットフォーム労働者にとっては最大の不満と不安の源泉でもある。

　デジタル技術の発展によって，顧客はプラットフォーム労働者が提供したサービスについてリアルタイムで評価しフィードバックすることが可能になり，顧客の評価は，労働プラットフォームがプラットフォームの労働者を統制し，サービスの質を管理する強力な手段となっている。労働収入が顧客からの評判によって大きく左右されるプラットフォーム労働者にとって，否定的評価を受けることは大きな脅威になる。顧客から高い評価を受けるために，プラットフォーム労働者はしばしば，過剰な「感情労働」（笑顔，親切，活気に満ちた態度など）を強要される。とくに顧客と直接会って，物質的サービスや労働を提供するオンデマンド労働者は，この感情労働の難しさと負担を吐露する[11]。

　伝統的に労働者の成果を評価することは，企業組織内の人事部門の役割であったが，

今はリアルタイムの顧客評価システムがその役割を代替している。労働プラットフォーム企業は，労働者の採用と労働成果の評価を担当する人事部門の規模と業務部署を最小限に抑えることができ，伝統的な企業に比べてよりスリムな組織構造を維持することができるようになった（De Stefano, 2016）。また，このリアルタイムの顧客評価システムにより，プラットフォーム企業は，顧客管理の負担の一部も労働者に転嫁できるようになった [12]。多くの場合，プラットフォームの労働者は，自分の過失によるものではない顧客の不満にも責任を負わなければならない。例えば，交通渋滞や他の理由で配送が遅れる場合でも，一部の顧客は，配送労働者に低い評価点を付与する形で自分の不満を表明したりする。この場合，配送労働者は，労働プラットフォームに代わって，顧客に頭を下げて謝罪をするだけでなく，低評価を甘受しなければならない [13]。

4 韓国のプラットフォーム労働者の規模と労働実態

■ 4-1　調査概要

　2017 年，プラットフォーム労働者の規模と実態把握に関する韓国議会からの要請を受け，2018 年はじめに，韓国雇用情報院が韓国におけるプラットフォーム労働者の実態調査に向けた準備に着手し，同年 10 月，調査を実施した。プラットフォーム労働者の規模を推定するために，全国で無作為に抽出された 15 歳以上の人口約 3 万人を対象に，標本調査を実施した。標本調査は，2 段階に分けて実施された。まず第 1 段階は，無作為に抽出された約 3 万人の 15 歳以上の人口を対象に，アンケート調査を実施し，プラットフォーム労働者の規模を推定した。次いで第 2 段階では，第 1 段階で調査されたプラットフォーム労働者を対象に，追加調査を実施し，プラットフォーム労働者の基本的な労働実態を把握した。

　調査の母集団は，韓国の「住民登録年央人口統計」（2018 年 7 月 1 日基準）に基づく，全国の 15 歳以上の人口であり，標本抽出に使った層化変数は，性（2 個），年齢（12 個，5 歳単位），市・道（17 個）である。調査は，電話調査とモバイル調査が並行して実施された。調査員による電話調査以外に，モバイル調査を並行したのは，プラットフォーム労働者のうち，ある職種（例えば，代理運転手，配達，貨物運送など）は，仕事中に電話調査に応じることができない事情を考慮したものである。

　調査は，2018 年 10 月から 11 月にかけて，約 8 週間にわたって実施された。最終的な調査標本数は，15 歳以上の人口 30,264 人であり，そのうち，就業者が 20,358 人，未就

11）オンデマンド労働者を対象としたインタビュー調査（2018 年 11 月 14 日）。
12）同上。
13）同上。

表 4-3　調査項目

区分	調査項目
基本属性	・性別，年齢，居住地域，学歴 ・就業状態 ・従業上の地位 ・職業（主に行った仕事） ・働いた場所 ・所得税納付形態 ・報酬／所得を受け取る方式 ・業務内容／業務方式において従属性の有無 ・業務時間／業務内容において従属性の有無 ・他の業者／顧客と追加の契約締結の可能性
プラットフォーム労働 識別関連	・過去 1 ヶ月間，労働プラットフォーム（アプリ／ウェブ）利用の有無 ・過去 1 年間，労働プラットフォーム（アプリ／ウェブ）利用の有無
プラットフォーム労働者の 労働実態関連	・収入，労働時間，満足度，契約形態 ・社会保険加入の有無 ・プラットフォーム労働に参加した理由 ・利用する労働プラットフォーム（アプリ／ウェブ）の個数など

出所：金・コン・チェ（2018：29）。

業者が 9,906 人であった。そして，プラットフォーム労働者が直面している労働環境を把握するために，2018 年 11 月 14 日，貨物配達（バイク便サービス）労働者と代行運転労働者のそれぞれ 12 人を対象にインタビュー調査を行った。このインタビュー調査では，労働プラットフォーム（アプリ／ウェブ）によって行われる労働統制の手段，手数料，収入，プラットフォーム労働に対する今後の展望，法・制度的保護方案などに関する意見を聴取した。

　表 4-3 に示すように，標本調査のアンケート項目は，就業者の基本属性と関連する項目，プラットフォーム労働者の規模推定（識別）に関連する項目，およびプラットフォーム労働者の労働実態に関連する項目で構成されている。就業者の基本属性に関連する項目には，性別，年齢，居住地域，学歴，就業状態，従業上の地位，職種，主な仕事の内容，主に働いている場所，報酬／所得を受け取る方式，所得税の納付形態，本人所有の事業／店舗の有無，業務内容／業務遂行上の従属性の有無，業務場所／業務時間の従属性の有無，他の事業者との追加契約の可否などが含まれている。

　また，プラットフォーム労働者の識別に関連する質問は，過去 1 ヶ月間，および過去 1 年間において労働プラットフォームを利用して収入を得た経験の有無，今後労働プラットフォームを利用する意向などの項目を含む。過去 1 ヶ月間，労働プラットフォームを利用したと答えたプラットフォーム労働者のみを対象に，追加の労働実態に関わる調査が行われた。この労働実態に関する質問項目には，労働プラットフォームを通じて得た収入，費用（仲介手数料など），労働日と労働時間，労働プラットフォームに支払わ

れる手数料，満足度，プラットフォーム労働を選択した理由，社会保険加入の有無など
が含まれている。

　プラットフォーム労働者という雇用形態は，単純労務職から高熟練の専門職まで多様
な職種を含めている。この多様なプラットフォーム労働の唯一の共通点は，「労働者（労
働供給者）と顧客（労働需要者）を繋げるオンラインプラットフォーム（ウェブ／アプ
リ）の仲介を通じて有給労働を提供し，収入を得る雇用形態」であることだ。この調査
は，この共通点をプラットフォーム労働者を定義する第一の基準として使用した。

　また，この調査では，「過去 1 ヶ月間，労働プラットフォーム（アプリ／ウェブ）の仲
介を通して，顧客向けに短期的有給労働を提供して所得を得たことがあるか」という質
問項目を設定し，この質問に対して「はい」と答えた回答者をまずプラットフォーム労
働者とみなした。

　問題は，短期アルバイトの斡旋アプリ／ウェブ（例えば，アルバイト天国）を介して
得られた短期の仕事で働いた者のなかからプラットフォーム労働者を特定，選別するこ
とである。短期アルバイトアプリ／ウェブの斡旋を介した仕事のなかには，「コンビニ，
あるいは小売店での短期アルバイト」のような，プラットフォーム労働とはみなされな
い事例が多数含まれている。この調査では，短期アルバイト斡旋アプリ／ウェブを利用
して短期の仕事を得た者のうち，「課業 1 件当たり手数料／料金」を受け取った，あるい
は「定額給与と手数料の混合方式」で収入／所得を得たと答えた者のみをプラット
フォーム労働者とみなした。この基準によると，短期アルバイトアプリ／ウェブ利用者
のなかで，「定額給与を受けている（いた）」と答えた者はプラットフォーム労働者から
除外される。この短期アルバイト斡旋アプリ／ウェブを通じて得た仕事（例えば，コン
ビニの短期アルバイト）で定額給与を受けている（いた）者は，課業当たりの報酬を受
け取っているわけではないので，プラットフォーム労働者から除外するのは妥当である
と判断したからである。この基準によって定義されたプラットフォーム労働者は，表
4-4 の「定義 1」に当たる。

　その一方で，プラットフォーム労働者が，伝統的な賃金労働者と区別される特徴の一
つは，労働の断続性（intermittency）である。したがって，労働プラットフォームを過去
一ヶ月間に利用したか否かのみでプラットフォーム労働者を定義し，その規模を推定す
ると，プラットフォーム労働者の規模が過小推定される可能性がある。そこで，この調
査では，調査時点の就業者のなかで，過去一ヶ月間では，デジタルプラットフォームを
介して得た仕事に従事していないが，「過去 1 年間で，デジタルプラットフォームを利用
して仕事をし，収入を得たことがある」と答えたケースも含め，プラットフォーム労働
者とみなし，それは表 4-4 の「定義 2」として表す。

　一方，前述のようなプラットフォーム労働者の識別基準では，プラットフォーム労働
者の規模が過大推定される可能性がある。それゆえ，より正確かつ説得力のある規模の

表 4-4 プラットフォーム労働者の定義

	内容
定義 1	「過去一ヶ月間に，労働プラットフォームを利用し，顧客に有給労働やサービスを提供して収入を得た」と答えた者
	過去一ヶ月間に，短期アルバイト斡旋のアプリ／ウェブを介して仕事を得た者の中で，「課業一件当たりの手数料」を受け取ったり，あるいは「手数料と定額給与の混合方式」で収入を得た，と答えた者
定義 2	過去一ヶ月間には労働プラットフォームを利用したことはないが，過去 1 年間には労働プラットフォームを利用し，顧客に有給労働やサービスを提供して収入を得た，と答えた者 ＋ 定義 1 のプラットフォーム労働者

出所：金・コン・チェ（2018：31）。

推定に向けて，この調査では，プラットフォーム労働として一次分類されたケースを対象に，事後検定を実施した。事後検定では，プラットフォーム労働者に一次分類されたケースの職業，利用する労働プラットフォーム（アプリ／ウェブ）が提供するサービス，労働プラットフォームで行う業務内容などをケースバイケースで検討しながら，プラットフォーム労働者とみなしにくいケースを除外した。これに当たる代表的な職業が保険商品販売員であり，その他の単純業務の一部（例えば，学校のホームページで募集された大学事務補助アルバイトなど）も除外した。

■ 4-2 韓国におけるプラットフォーム労働者の規模

　上記のような過程を経て集計されたプラットフォームの労働者数は，「定義 1」の基準では 47 万人，「定義 2」の基準では 54 万人と推定される。この数値は，韓国における就業者総数 2709 万人（2018 年 10 月時点）のそれぞれ 1.7% と 2.0% に相当する規模である（表 4-5）。

　その規模をアメリカや欧州諸国と比較すると，韓国のプラットフォーム労働者の規模は米国よりは大きいが，英国とドイツなどのヨーロッパ諸国に比べると小さい。海外の先行研究で推定されたプラットフォーム労働者の規模は，就業者全体の 0.5%〜10% を占める水準で，国別に偏差が非常に大きい。これはプラットフォーム労働者の定義と分類などについて国際的に受け入れられる基準がまだ設けられておらず，ほとんどの研究が個々の研究者の主観的な定義と異なる調査方法に基づいて推計を行っているからであ

表 4-5 韓国におけるプラットフォーム労働者の規模

	定義 1	定義 2
プラットフォーム労働者の数（万人）	47	54
就業者総数に占める割合（%）	1.7	2.0

出所：金・コン・チェ（2018：34）。

ろう。

　これまでのところ，プラットフォーム労働者の規模について政府が直接推定して公表した事例は，米国が唯一である。米国労働統計局（BLS）は，2017 年 5 月に実施した「労働力調査（CPS）」の「臨時労働者付加調査（Contingent Worker Survey：CWS）」に基づき，プラットフォーム労働者（electronically mediated worker）の数を，就業者全体の 1％に相当する 161 万人と推定した。筆者が知る限り，それは先進国において政府が公式雇用統計を使用して公表した唯一のプラットフォーム労働者の規模推定である。

　それより 2 年前の 2015 年に，Katz & Krueger は，CPS の「臨時労働者付加調査」と同じ手法のアンケートを利用して，プラットフォーム労働者の規模を推定した。彼らの調査結果によると，プラットフォーム労働者の数は米国の就業者全体の約 0.5％であった（Katz & Krueger, 2016）。また，米国財務省が租税資料を利用して行った推定では，2014 年のアメリカにおける「ギグ労働者」の規模は，賃金労働者の 0.7％に相当すると報告した。そして，JP Morgan 研究所の Farrell et al.（2018）は，2018 年の第 1 四半期の銀行取引履歴をふまえ，銀行顧客のうちの 1.6％が，最近 1 ヶ月間「ギグエコノミー」に参加したことがあると報告している。

　欧州の場合，2017 年に EU の 14 カ国の成人の 9.7％がプラットフォーム経済に参加したことがあると報告された（Pesole et al., 2018）[14]。また，Huws et al.（2017）は，イギリス，ドイツ，スウェーデンなど欧州主要 7 カ国において，15 歳以上人口の 5–7％が

表 4-6　主要先進国のプラットフォーム労働者の規模

国家	調査機関（者）	調査時点	調査方法	主な結果（プラットフォーム労働者の規模）
米国	米国労働統計局（BLS）	2017 年，5 月	CPS 付加調査（CWS）	就業者の 1.0％（161 万人）
	Farrell et al.（JP Morgan）	2018 年，第 1 四半期	銀行の取引記録	銀行の取引を行った顧客の中で 1.6％が最近一ヶ月間でプラットフォーム経済に参加
	米国財務省	2014 年	租税データ	賃金労働者の 0.7％
	Katz & Krueger	2015 年	標本調査	就業者の 0.5％
イギリス	Pesole et al.	2018 年	標本調査	成人の 7.7％が月 1 回以上プラットフォーム経済に参加
	Balaram et al.	2017 年	標本調査	労働力人口の 2.0％（110 万人）が週 1 回以上プラットフォーム経済に参加
	Huws et al.	2017 年	標本調査	労働力人口の 4.7％（226 万人）が週 2 回以上プラットフォーム経済に参加
ドイツ	Pesole et al.	2017 年	標本調査	成人の 8.1％が月 1 回以上プラットフォーム経済に参加
	Huws et al.	2017 年	標本調査	労働力人口の 6.2％（356 万人）が週 1 回以上プラットフォーム経済に参加

出所：各種資料に基づき筆者作成。

週1回以上デジタル経済に参加していると報告している。そして，Balaram et al.（2017）は，英国のプラットフォーム労働者の規模が労働力人口の約2％である，と推定している。

ところが，そのような欧州諸国を対象とした調査は，サンプルの数が国ごとに1,000–2,000人に過ぎず，サンプルがウェブの利用者またはインターネットユーザーなどに偏っているため，これらの調査結果に基づいて，各国の間のプラットフォーム労働者の規模を比較するのは困難である。例えば，英国におけるプラットフォームの労働者の規模を推定したいくつかの先行研究をみると，Balaram et al.（2017）は労働力人口の2％（110万人），Huws et al.（2017）は労働力人口の4.7％（226万人），Pesole et al.（2018）は，成人の9.9％が一ヶ月に1回以上プラットフォーム経済に参加している，と報告しているなど，同じ年度に行われた調査の間でも推定値が大きく異なる（表4-6）。

■4-3　韓国プラットフォーム労働者の特徴

韓国において，プラットフォーム労働者の職業別の規模は，男性は，代行運転，貨物運送，タクシー運転，販売・営業の順に多く，女性は，飲食店スタッフ，家事・育児ヘルパー，介護・看護，清掃・ビル管理の順に多い。このように，プラットフォーム労働者の男女間の職域分離は比較的に明確である（表4-7）。

そして，表4-8に示すように，プラットフォーム労働者の性別の割合は，男性が

表4-7　韓国におけるプラットフォーム労働者の主な職業

	男子		女子	
	職業	割合（％）	職業	割合（％）
1	代行運転	26.0	飲食店スタッフ	23.1
2	貨物運送	15.6	家事・育児ヘルパー	17.4
3	タクシー運転	8.9	介護・看護	14.0
4	販売・営業	6.5	清掃・ビル管理	10.9
5	清掃・ビル管理	5.9	販売・営業	10.0
6	多様な単純労務	5.7	貨物運送	4.1
7	飲食品デリバリー	5.0	通訳・翻訳	4.2
8	バイク便	3.7	代行運転	2.9
9	飲食店スタッフ	2.7	事務支援	2.1
10	教育・講師	2.4	飲食品デリバリー	1.9

出所：金・コン・チェ（2018：37）。

---

14) Pesole et al.（2018）は，プラットフォーム労働を，①有給労働がオンラインプラットフォームを介して組織され，②オンラインプラットフォーム，労働者，顧客という三者が参加し，③労働が外注化され，④仕事（job）が詳細課業（tasks）に分割され，⑤需要に応じてサービスが提供されていること，と定義し，推計を行っている。

表4-8　韓国のプラットフォーム労働者（定義1）の分布

| | | プラットフォーム労働者 | | 非プラットフォーム就業者 | |
		数（万人）	割合（%）	数（万人）	割合（%）
全体		47	100.0	2,663	100
性	男子	31	66.7	1,515	56.9
	女子	16	33.3	1,147	43.1
年齢	15–29歳	5	11.2	386	14.5
	30–39歳	8	15.9	549	20.6
	40–49歳	10	21.7	654	24.6
	50–59歳	15	32.6	624	23.4
	60歳以上	9	18.6	449	16.9
地域	首都圏	28	59.2	1,338	50.3
	非首都圏	19	40.7	1,324	49.7

出所：金・コン・チェ（2018：38）筆者部分修正。

表4-9　プラットフォーム労働者におけるプラットフォーム仕事の主・副業の割合

| | 男性 | | 女性 | | 男女 | |
	プラットフォーム労働者の数（万人）	割合（%）	プラットフォーム労働者の数（万人）	割合（%）	プラットフォーム労働者の数（万人）	割合（%）
主業	17	53.7	8	53.5	24	53.7
副業	15	46.3	8	46.5	23	46.3
計	31	100.0	16	100.0	47	100.0

出所：金・コン・チェ（2018：39）。

66.7％で，女子の33.3％に比べて約2倍となっている。これは，非プラットフォーム就業者（56.9％対43.1％）のそれと比較すると男性の割合が約10％ポイント高い。

　また，年齢グループ別にみると，プラットフォーム労働者は50代の割合が32.6％であり，非プラットフォーム就業者の同じ年齢グループの割合である23.4％に比べて9.2％ポイント高い。60歳以上の高齢者の割合も，プラットフォーム労働者は18.6％であり，同じ年齢グループの非プラットフォーム就業者の割合である16.9％に比べて1.7％ポイント高い。これは，50代以上の労働者が主に働いている代行運転，バイク便，貨物輸送などのオンデマンド労働が，韓国のプラットフォーム労働者全体に占める割合が高いからであろう。

　最後に，プラットフォーム労働者の地域別分布をみると，首都圏（ソウル，京畿，仁川）で働くプラットフォーム労働者の割合は59.2％であり，非プラットフォーム就業者の首都圏の割合である50.3％に比べて8.9％ポイント高い。これは，「プラットフォーム労働者は首都圏のような大都市に比較的多く分布している」という世間の通念と一致する結果である。

　そして，表4-9のプラットフォーム労働者におけるプラットフォーム仕事の主業と副

業別の割合をみると，プラットフォーム労働者（定義1）のなかで，過去一ヶ月の間に行われたプラットフォーム労働が「副業」と答えた割合は半分に近い46.3％である。その性別の違いは，男性が46.3％，女性が46.5％であり，男女間の差異はほとんどない。韓国統計庁が毎月発表する「経済活動人口調査」によると，2003年以降の就業者のなかで副業をもっている者の割合は1.5％–1.9％に過ぎない。この結果は，単純な比較はできないとしても，プラットフォーム労働者は他のタイプの就業者に比べて副業をしている者の割合が非常に高いことを示唆している。

■ 4-4　プラットフォーム労働者の収入，労働時間と社会保険の加入率

ここでは，韓国のプラットフォーム労働者の収入，労働時間，社会保険の適用率などの基本的な労働環境についてみてみる。この調査が分析の対象として選択したプラットフォーム労働者は，現在の韓国においてとくに社会的関心が高く，かつこの調査においても一定規模以上のサンプル数に達している代行運転，飲食品デリバリー，バイク便の三つの職業に従事している者である。それぞれのサンプル数は，代行運転が102人，飲食品デリバリーが98人，バイク便が97人である。

まず，月当たり総収入は，バイク便が266万ウォンで最も低く，代行運転が279万

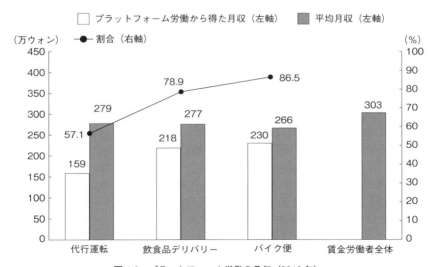

図 4-2　プラットフォーム労働の月収（2018 年）

注：税引き前（pre-tax）の収入である。
出所：1．プラットフォーム労働の収入は金・コン・チェ（2018：53–54）から再作成。
　　　2．賃金労働者全体の平均月収は，韓国雇用労働部，「雇用形態別勤労実態調査」（2018 年）から作成。

ウォンで比較的に高いが，三つの職業の間に大きな差はなかった。しかし，その三つの
プラットフォーム労働の収入は，2018年の韓国における賃金労働者全体の平均賃金であ
る303万ウォンより，約10–15%ほど低い水準にある。プラットフォーム労働だけで得
た収入は，バイク便が230万ウォン，飲食品デリバリーが218万ウォン，代行運転が159
万ウォンであり，職業の間には相当な格差がみられる。プラットフォーム労働で得た収
入が，収入全体に占める割合は，それぞれバイク便が86.5%，飲食品デリバリーが
78.9%と比較的高いが，代行運転は57.1%に留まっている（図4-2）。これは，飲食品デ
リバリーとバイク便の労働者の大半は専業として，労働プラットフォームで働いている
ことを示している。その一方で，代行運転の場合は，主に夜に働く職種の特性上，副業
として働く割合が相対的に高いためであると考えられる。

　また，三つの職業のうち，プラットフォーム労働の週当たり労働時間は，代行運転が
33.6時間で，法定労働時間である40時間より短いが，飲食品デリバリーとバイク便は，
それぞれ52.6時間と51.7時間であり，比較的長い（金・コン・チェ，2018）。図4-3に示
すように，プラットフォーム労働の1週当たり労働時間が1週当たり総労働時間に占め
る割合（以下，プラットフォーム労働時間の割合）を職業別にみると，バイク便と飲食
品デリバリーは100%と60–99%の間に約75%以上の労働者が集中しているのに対して，
代行運転のそれは約46%に過ぎない。その一方で，プラットフォーム労働時間の割合が
40%未満である労働者は代行運転においては31.4%に達し，三つの職業の中で一番高い。
これもまた前述のような代行運転の職業的な特性によるものであると考えられる。

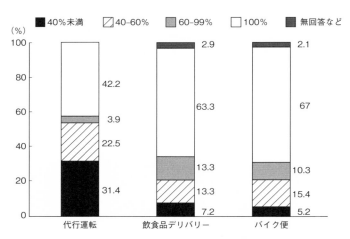

図4-3　プラットフォーム労働の労働時間が総労働時間に占める割合の分布

出所：金・コン・チェ（2018：48）から再作成。

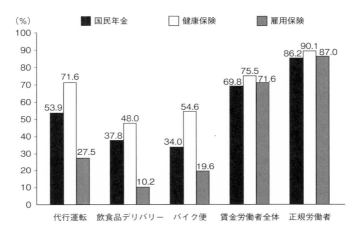

図 4-4　社会保険の加入率の比較（2018 年）

出所：1. プラットフォーム労働の収入は，金・コン・チェ（2018：58–59）から再作成。
　　　2. 賃金労働者全体と正規労働者の社会保険加入率は，韓国統計庁「経済活動人口調査雇用形態別付加調査（2018 年 8 月）」に基づき作成。

　前述の通り，プラットフォーム労働者の平均月収は，賃金労働者のそれに比べて約 10–15％程度少ない。さらに問題なのは，両者の間における社会保険加入率の格差が所得の格差よりも大きいことである。図 4-4 に示すように，プラットフォーム労働者は，社会保険の中でも雇用に基礎づけられた社会保険である雇用保険の加入率がとくに低い。2018 年，韓国における雇用保険の加入率は，正規職賃金労働者が 87.0％，賃金労働者全体が 71.6％に達しているが，飲食品デリバリー労働者とバイク便労働者の加入率はそれぞれ 10.2％と 19.6％に過ぎない。代行運転労働者の雇用保険加入率も 27.5％にとどまっている。ここで示してはいないが，もう一つの雇用に基礎づけられた社会保険である労災保険の加入率をみても，とくに運送関連のプラットフォーム労働者の加入率は雇用保険加入率と同様に低い[15]。公的年金の場合，正規賃金労働者の約 90％が加入しているが，バイク便と飲食品デリバリー労働者の加入率は，それぞれ 34.0％と 37.8％に過ぎないのである。

---

15) 筆者が実施したインタビュー調査（2018 年 11 月 14 日）によると，バイク便労働者の労災保険の加入率は 20％未満であった。

5 結びにかえて：社会保険制度の改革の方向

　既存の社会保険制度は，伝統的な賃金労働者の所得断絶リスクに対応するために設計されたものであり，プラットフォーム労働者をはじめとするさまざまな非正規労働者を保護するには不十分であるということについては誰も異論がないだろう。その他にも，プラットフォーム労働者は，超過労働供給による賃金と労働条件の下押し圧力，深夜や週末などの非社交的（asocial）時間帯において集中的に働くことによって発生する社会的孤立と健康被害，長時間労働，法的地位の曖昧さ，および労働供給の仲介過程で発生する法的問題（中間搾取）など，多くの問題を抱えている。

　プラットフォーム労働者が直面しているこのような問題のすべてを検討し，その対策を提示することは困難であるため，本章では，プラットフォーム労働者の社会的保護を強化する方策として，（1）プラットフォーム労働者に対する法的規制と，（2）社会保障制度の改編について簡単に検討したい。

　まず，プラットフォーム労働者に社会保障法の権利および集団的権利を認めて，団体協約や団体行動の権利を付与するなどの労働法的な権利を認定するという対策が考えられる。プラットフォーム労働者に労働権を付与することについて，最近，アメリカ・カリフォルニア州で独立事業主（independent contractor）をよりきびしく定義する新法が成立したことは重要である[16]。2019年9月18日に成立し，2020年1月に発効となるこの新法により，企業から単発や短期で仕事を請け負う労働者を「独立請負人」ではなく「従業員（employees）」として分類するよう義務づけられた。新法によって，最も影響を受けるとみられるのは，ウーバー（Uber）やリフト（Lyft）といったライドシェアの大手労働プラットフォーム企業である。この法律によって，プラットフォーム企業が労務提供者を自営業者として扱う問題を含んだ慣行に歯止めがかかることが期待される。

　「AB-5」と呼ばれるこの法律では，独立請負人だと認められる条件として①労働者が会社の管理・監督から自由であること，②労働者の業務が会社の通常業務の領域外であること，③会社と同じ分野で独立した事業を行っていることを定めている。この3条件すべてを証明できない限り，プラットフォーム企業は労働者を独立事業主ではなく「従業員」として扱わなければいけないようになる。「AB-5」の実行により，労働プラットフォーム企業は，従業員であれば，最低賃金の保障のほか，失業保険や労災保険の手当などをしなくてはならない。そして，この法律では，「従業員」が労働組合に加入し，労働組合を結成する権利などが明記されている。さらに，この法律には，カリフォルニア

16）日本経済新聞（2019年9月18日，朝刊），キョンヒャン新聞（2019年9月11日，朝刊）などの新聞記事を参考にした。

州における「中産階級の空洞化」を防ぐ重要な手段という目的もある[17]。

　韓国では，プラットフォーム労働者に労働法的な権利を与えようとする動きはまだ本格化されていないが，プラットフォーム労働者が自ら労働組合を組織しようとする動きは多くみられる。2019 年 3 月に，民主労総サービス連盟傘下に，産業別労働組合を目指す「プラットフォーム労働連帯」が結成され，同年 5 月には運送・配達関連プラットフォーム労働者の連合である「ライダーユニオン」が結成された。ライダーユニオンは，プラットフォーム企業と地方自治体などにさまざまな条約および団体交渉を要求している。ライダーユニオンの主な要求は，社会保険の適用，適正配達手数料（一件当たり3,500 ウォン）の確保，労働条件の不利益変更禁止などである（キム，2019）。2019 年 7 月 15 日に，ライダーユニオンは，ソウル地域の配達代行会社である「ベダルンヒョンゼ ヅル（配達の兄弟）」の間で，標準契約書の作成，適正配達手数料，労働組合活動の保障，ユニオンショップ制度の導入などを内容とする団体協約を初めて締結した[18]。プラットフォーム労働の権益保護に対し，韓国議会など政界の関心も高まっており，今後運送・配達関連のプラットフォーム労働者を中心に，労働組合の結成の動きがさらに活発化すると予想される。

　社会保障制度の再編の方向性については，ベーシックインカムの導入，公的扶助の拡大，普遍的社会保険の導入など，三つの対策が考えられる。まず，最近韓国でも関心が高まっているベーシックインカムの導入について考えてみよう。技術の進歩によって人間の職がますます減少するという暗い見通しが提起されており，既存の社会保障制度に包摂されない非正規雇用が増加している現状では，雇用形態にかかわらず，すべての人々に一定の所得を保証するベーシックインカムのアイデアは，既存の社会保障制度の対案として検討すべき方策である。しかし，雇用に基礎づけられた社会保険制度から，労働と所得の間の関係がまったく断絶された新しい所得保障制度への転換が社会的に望ましい結果をもたらすか否かについては，まだ十分に検討されていない。とくに，労働と関係なく与えられる普遍的な社会福祉に対する受容度が低い韓国社会では，ベーシックインカム導入に関する議論を本格化するにはまだ時期尚早と考えられる。

　二番目に考えられる対策は，従来の社会保険制度を維持しながら，公的扶助（public assistance）を拡大させることである。公的扶助の基本原理は，社会保険の保護を受けられないグループや，社会保険給付の受給期間が終了した者に対して，一般租税を財源にし，最低限の生活保障を与えることである。代表的な公的扶助としては失業扶助がある。

　しかし，失業扶助が韓国内で拡大されても，次の二つの問題が残る。まず，従来の失

17）同法律では，「労働者を独立請負人に分類することは，中産階級の空洞化，そして所得の不平等の大きな要因となってきた」と明記されている。

18）連合ニュース（2019 年 7 月 9 日）。

業保険をそのままにしながら失業扶助を導入するという二重化（dualization）戦略は，失業扶助の受給者に烙印効果（stigma effect）を発生させるおそれがある。また，失業扶助が拡大されても，失業保険以外の雇用に基礎づけられた社会保険，とくに労災補償給付や出産・育児休職手当などの社会保険から，伝統的な賃金労働者以外の就業者が排除される問題は依然として残される（ジャン, 2017）。

　社会保障制度の再編のためのもう一つの対策は，既存の「賃金労働者中心」の社会保険を「就業者全体」の社会保険に拡大することである。そのためには，保険料の納付基準を，賃金ではなく「所得」に変更することが必要である。最近，このような方向で社会保険の適用範囲を拡大した欧州諸国の事例が参考になる。フランスでは 2018 年に，自営業を失業保険に全面的に含める制度改編を断行した[19]。この制度改編により，賃金労働者が賃金の 2.4% を納付していた従来の失業保険料が廃止された代わりに，社会保障税である一般社会拠出金（General Social Contribution）を引き上げ，失業保険財源にすることにした。そして，自営業と賃金労働者の間に同じ失業認定基準を適用するため，5 年に 1 回に限り，自発的な理由による離職をした者にも失業給付受給資格が付与されるようになった。

　そして，デンマーク議会は 2016 年に，失業保険の受給資格が雇用形態にかかわらず，所得活動を基準に与えられるべきであることに合意した。それをふまえて，デンマーク議会は，2017 年に自営業と非正規の賃金労働者にも標準（正規）賃金労働者と同じように失業保険が適用されることを内容とする報告書を発表して法案を通過させ，2018 年 1 月から実施している[20]。2018 年からデンマークでは，賃金額ではなく，所得税を基準に失業保険受給資格と失業保険拠出率が決定されるので，租税システムと失業保険制度の間の一貫性が確保されるようになった（ジャン・イ, 2019）。このようなフランスとデンマークの事例からわかるように，失業保険の適用対象を就業者全体に拡大するためには，

---

19) 正式名称は，Loi pour la Liberté de choisir son avenir professionnel（英訳：Law for the freedom to choose one's professional future）である（出所：https://travail-emploi.gouv.fr/grands-dossiers/loi-pour-la-liberte-de-choisir-son-avenir-professionnel）。

20) 正式名称は，Aftale om et nyt dagpengesystem for fremtidens arbejdsmarked（英訳：Agreement on a new unemployment benefit system for the future labor market）である（出所：https://bm.dk/media/6467/aftaletekst_dagpenge）。

21) まず，デジタル社会保障制度が社会保険料の分担の義務を果たしていないことは，公平性の面で問題があるという指摘がある。この批判についてウェーバーは，労働プラットフォーム企業に使用者としての義務を課すことが短期的には困難である現状のなかで，まず労働プラットフォーム企業をプラットフォーム労働者を保護する社会的過程に参加させることと，プラットフォーム経済での取引と所得の発生を透明化していくことは重要であると強調している（ジャン・イ, 2019）。

失業保険拠出率の決定基準を「賃金」から「所得」に変更させる大幅な改革が必要である。

　プラットフォーム労働者が既存の社会保険システムに包摂されにくい理由の一つは，社会保険料の納付の責任をもつ使用者が誰であるかが明確ではないことであろう。使用者を明らかにして，彼らに社会保険料を分担させる従来の方式ではなく，プラットフォームの経済で発生するすべての取引金額のうち一定の割合を追加で付加し，それを社会保険料としてプラットフォーム労働者を社会保険に加入させる方法が考えられる。これに関連するアイデアとしては，最近，ドイツのエンツォ・ウェーバーが提案した「デジタル社会保障（Digital Social Security, DSS）」が注目されている（Weber, 2018）。デジタル社会保障の基本的な枠組みは，プラットフォームを利用する顧客とプラットフォーム労働者に保険料の納付義務を課し，労働プラットフォーム企業には顧客と労働者から保険料を徴収する役割を課すというものである（Weber, 2018）。このデジタル社会保障では，すべてのプラットフォーム労働者に個別のデジタル社会保険口座が付与される。デジタル経済の取引（サービスと料金の交換）が行われる度に，顧客とプラットフォーム労働者は，取引金額の一定割合を社会保険料としてサービス料金に追加する形で保険料を納付し，労働プラットフォーム企業は，顧客とプラットフォーム労働者が納付した保険料を集めて労働者の DSS 口座に振り込む役割を果たす。デジタル社会保障についてはいくつかの批判も提起されているが[21]，このアイデアは，デジタル技術をプラットフォーム労働者への社会保障の提供に活用できるという点，そしてプラットフォーム経済の拡大によって発生する利益をプラットフォーム労働者と共有できるという点で意義があるといえる。

【参考文献】
キムゾンジン（2019）.「デジタルプラットフォーム労働の論議と争点の検討──技術革新と労働危険性の間の社会的葛藤」（韓国語）『KLSI ISSUE PAPER』112（2019.7.19），韓国労働社会研究所
金竣永・コンヘザ・チェキソン（2018）.『プラットフォーム経済従事者の規模推定と特徴分析』（韓国語）韓国雇用情報院
ジャンジョン（2017）.「プラットフォーム労働の増加と社会保険の未来」（韓国語）『第 8 回アジア未来フォーラム資料集』ハンギョレ新聞社（2017.11.16）
ジャンジョン・イホグン（2019）.「プラットフォーム労働者の保護制度の展望」（韓国語）『プラットフォーム経済従事者の雇用と勤労実態の診断と改善方案の模索資料集』韓国雇用情報院政策討論会（2019.8.23），pp.49–78，韓国雇用情報院
パクキチョン（2018）.「ドイツの失業給付と失業扶助制度」（韓国語）『福祉動向』2018 年12 月号，参与連帯

パクチャンイム（2018）.「プラットフォーム労働の増加と新しい社会的保護の模索」（韓国語）『新しい雇用形態──労働規制及び権利と利益の保護』第 16 回北東アジア労働フォーラム

フアンドクスン（2016）.「デジタル基盤の事業形態の多様化と雇用形態の分化」（韓国語）『技術変化と労働の未来資料集』韓国労働研究院開院 28 周年記念セミナー（2017.9.30），pp.19–64，韓国労働研究院

Aloisi, A. (2016). Commoditized workers: Case study research on labor law issues arising from a set of "On-Demand/Gig Economy" platforms. *Comparative Labor Law & Policy Journal*, *37*(3), 653–690.

Balaram, B., Warden, J., & Wallace-Stephens, F. (2017). Good gigs: A fairer future for the UK's gig economy. *Royal Society for the encouragement of Arts, Manufactures and Commerce.*

Berg, J., & De Stefano, V. (2015). Beyond casual work: Old and new forms or casualization in developing and developed countries and what to do about it, presentation at *the IV Regulating for Decent Work Conference*, ILO, Geneva, 8–10, July, 2015. http://www.rdw2015.org/download.

Brynjolfsson, E., & McAfee, A. (2014). *The second machine age: Work, progress, and prosperity in a time of brilliant technology.* W. W. Norton.

Collier, R. B., Dubal, V. B., & Carter, C. (2017). Labor platforms and gig work: The failure to regulate. *IRLE Working Paper*, 106–117.

Degryse, G. (2016). Digitalization of the economy and its impact on labour market, *ETUI Working Paper*. 2016.02, ETUI.

De Stefano, V. (2016). The rise of the "just-in-time workforce": On-demand work, crowdwork and labour protection in the gig-economy. *Conditions of Work and Employment Series, 71.*

Esping-Andersen, G. (1990). *The three worlds of welfare capitalism.* Princeton University Press.

Eurofound (2015). *New forms of employment.* Luxembourg: Publications Office of the European Union.

Farrell, D., Greig, F., & Hamoudi, A. (2018). *The online platform economy in 2018*: *Drivers, workers, sellers, and lessons.* JP Morgan Chase Institute.

Florisson, R., & Mandl, I. (2018). Platform work: Types and implications for work and employment - Literature review. *Working Paper WPEF18004*, Eurofound, Dublin.

Frey, C. B., & Osborne, M. A. (2013). The future of employment: How susceptible are jobs to computerization. *Working Paper of the Oxford Martin Programme on Technology and Employment.*

Friedman, G. C. (2014). Workers without employers: Shadow corporations and the rise of the gig economy. *Review of Keynesian Economics, 2*(2), Summer 2014, 171–188.

Huws, U., Spencer, N., Syrdal, D. S., & Holts, K. (2017). Work in the European gig economy, *FEPS*, UNI Europa and university of hertfordshire, November 2017.

ILO (2015). *Non-standard forms of employment. Report for discussion at the meeting of experts on non-standard forms of employment.* Conditions of work and equality department, International Labour Office, Geneva.

ILO (2016). *Non-standard employment around the world: Understanding challenges, shaping prospects*. International Labour Office, Geneva.

ILO（2018）. *Digital labour platforms and the future of work: Towards decent work in the online world*. International Labour Office, Geneva.

ILO（2019）. *Work for a brighter future-global commission on the future of work*. International Labour Office, Geneva.

Jackson, E., Looney, A., & Ramnath, S.（2017）. The rise of alternative work arrangements: Evidence and implications for tax filing and benefit coverage. *Office of Tax Analysis Working Paper 114*, The department of the treasury, January 2017.

Johnston, H., & Land-Kazlauskas, C.（2018）. Organizing on-demand representation, voice and collective bargaining in the gig economy. *Conditions of Work and Employment Series*, *94*, International Labour Office, Geneva.

Katz, L. F., & Krueger, A. B.（2016）. The rise and nature of alternative work arrangements in the United States, 1995–2015, *NBER Working Paper* 22667, September 2016.

Kenney, M., & Zysman, J.（2016）. The rise of the platform economy. *Issues in Science and Technology*, *XXXII*(3), Spring 2016.

Marvit, M. Z.（2014）. How crowdworkers became the ghosts in the digital machine. *The Nation*, 5 February.

McKinsey（2016）. *Independent work: Choice, necessity, and the gig economy*. McKinsey Global Institute, Brussels, San Francisco, Washington and Zurich.

Mokyr, J., Vickers, C., & Ziebarth, N.（2015）. The history of technological anxiety and the future of economic growth: Is this time different? *Journal of Economic Perspective*, *29*(3), 31–50.

Muntaner, C.（2018）. Digital platforms, gig economy, precarious employment, and the invisible hand of social class. *International Journal of Health Service*, *48*(4), 597–600.

Pesole, A., Brancati, U., Fernández-Macías, M. C., Biagi, E., & González Vázquez, I.（2018）. Platform workers in Europe, *EUR 29275 EN*, Publications Office of the European Union, Luxembourg, 2018.

Standing, G.（2011）. *The precariat: The new dangerous class*. Bloomsbury Academic.

U.S. Bureau of Labor Statistics（2018a）. Contingent and alternative employment arrangements May 2017, June 2018.

U.S. Bureau of Labor Statistics（2018b）. Electronically mediated work: New questions in the contingent worker supplement, September 2018.

Weber, E.（2018）. *Setting out for digital social security*. ILO Research Department Working Paper, 34, September 2018, International Labour Office, Geneva.

Weil, D.（2014）. *The fissured workplace*. Harvard University Press.

World Bank（2016）. *World development report: Digital dividends*. World Bank.

05 環境：中国における PM2.5 問題の原因と対策

呂守軍

1 はじめに

　中国経済は，世界にまれにみる急速な成長を遂げたが，それはさまざまな社会問題の発生を伴った。大気汚染，とくに PM2.5 問題はそのなかの一つであり，それがもたらした深刻な国民の健康被害は，国内外において広く注目されている。近年，社会からの巨大な圧力に直面した政府は，さまざまな対策を講じ，問題改善に取り組んでいるが，その効果は小さく，問題の解決に至っていない。その背景には，PM2.5 問題は，それにかかわる利害関係者が多いことから，規制の主導者である政府にも容易に処理・解決できない，ということがある。一般的に国家（政府）の力が大きく，国家的調整が行われていると認識されている中国が，なぜこのような汚染対策の困難に直面するようになったのか。この問題に関して，宇仁（2009）で提示された制度的調整の多様性という視点に基づいて理論的・実証的分析を試み，その背景と要因を明らかにし，合理的かつ実行可能な対策を提示することが本章の目的である。

　制度的調整の多様性という視点は[1]，現在の中国における PM2.5 対策に困窮している状態の原因究明と対策研究のための重要な示唆を与えている。PM2.5 問題を効果的にコントロールするためには，政府は権力と命令に基づく調整（例えば，規制）を通じて主導的役割を果たしながら，さまざまな利害関係者，すなわち社会，企業，国民らの間での妥協と合意を求めていかなければならない。したがって，制度的調整の多様性の視点から上記の中国における PM2.5 対策を研究することは非常に重要な理論的，実践的意義をもつと考えられる。

　近年，環境規制に関する研究は，中国における最もホットな研究分野となっている。その研究課題として最も多いものは，環境規制が産業発展と経済成長に与える影響の分

---

1) 宇仁（2009）では，制度的調整を協議・妥協ベースか権力・命令ベースかによって，さらに「社会単位」か「企業単位」かによって，四つに区分している。

析である。従来は，環境規制が強化されると，企業の汚染対策コストが増え，企業の価格競争力が低下する，という見方が主流であった。しかし，1991年にハーバード大学のマイケル・ポーターが「ポーター仮説」を提出し，この伝統的な見方を打ち破った。ポーターは，「適切な環境規制は，規制された企業の技術革新を促し，効率性上昇に基づく収益を生む」という，それまでの見方とまったく異なる環境規制の影響を説いたのである（Porter, 1991）。その後，多くの学者が「ポーター仮説」をめぐってさまざまな研究を行ったが，そのなかにはこの仮説に賛成する者もいれば（Zhang et al., 2014；Yuan & Xie, 2016；Wang et al., 2019），疑問をもつ者も多かった（Cropper & Wallace, 1992；Feichtinger, et al., 2005；Gans, 2012；龍・万, 2017）。しかし，それらの多くの研究を整理してみると，次の点についてはおおむね一致している。それは，短期的には環境規制の強化が企業のコストを上昇させ，企業の利益を減少させ，経済成長に不利である，ということである。

　中国においては，経済発展段階や技術水準，および企業構造の実態などに照らして，環境規制の短期的影響，すなわち企業のコスト増と利益減，および経済成長に対する負の影響が強調されてきた。PM2.5の管理は環境規制の重要な内容として，上記のような視点の研究が蓄積されつつあるが，本章のような制度的調整の多様性の視点からのアプローチはまだ存在しない。現段階における国内外のPM2.5に関する研究は，PM2.5の成分構成の分析，排出源の分析，人体への危害・発病メカニズムの解明といった，基本的に生物，医学，化学，気象学などの分野に属するものが多く，環境規制分野におけるPM2.5の管理に関する研究はまだ少ないのが現状である。また，既存の研究では，環境規制の強度を，自由にコントロール可能な変数として扱っている研究が多いが，本章では環境規制の制度的側面，および環境規制の実施におけるさまざまなアクター間の利害調整の側面について考察する。これらは，既存の研究では十分に分析されていない。

2　中国における PM2.5 問題に関する規制の現状と問題

■ 2-1　PM2.5 の物質構造と排出源

　PM2.5とは，微小粒子状物質であり，大気中に浮遊している 2.5 μm（1 μm は 1 mm の千分の一）以下の小さな粒子のことで，従来から環境基準を定めて対策を進めてきた浮遊粒子状物質（SPM：10 μm 以下の粒子）よりも小さな粒子である。空気中の含有量の濃度が高いほど，空気汚染が深刻であるということになる。そして，PM2.5は，直接排出される一次粒子と炭素，硝酸塩，硫酸塩，金属を主な成分とするさまざまな物質との大気反応によって生成される混合物である。

　PM2.5の排出源を業界別にみると，その主な排出源は農業部門，燃料生産部門，エネルギー生産部門（石炭・火力発電），工業加工部門，商業部門，交通輸送部門，消費生活

部門などである。そのうち，工業加工部門とエネルギー生産部門が最も大きな汚染排出源であり，2010年の中国においては，地域別では，京津冀（北京，天津，河北省）地域が中国全体のPM2.5排出量の51.5%を占めていた（関・劉, 2013）。そこで本章では，主に工業加工部門とエネルギー生産部門に属する汚染源企業に対する管理・規制，および対策を中心に，PM2.5問題の解決に向けた政策的対応について，制度的調整の多様性の視点から考察する。

■ 2-2　中国におけるPM2.5の管理・規制の現状

世界最大の発展途上国であり，かつ世界最大の人口をかかえている中国における急速な工業化と経済成長，および都市化は，地球規模の深刻な環境汚染を引き起こした。工業生産規模の急速な拡大とそれに伴うエネルギー消費の急増により，中国はPM2.5の汚染問題が最も深刻な国の一つとなった。京津冀，長江デルタなど，工業部門が集中し，かつ急速な成長を遂げている地域において，PM2.5問題はとくに深刻である。

もちろん，中国政府も，経済成長に伴って深刻になっていく環境汚染問題の解決に向けて，環境保護のための法律と制度を構築し，環境規制に力を入れてきた。とくにここ数年，国民がPM2.5による深刻な被害と環境汚染を認識するようになり，PM2.5問題への対策を求める国民の声も高まってきたため，政府はさまざまな措置を講じてきた。例えば，2010年以降，「大気汚染地域における大気改善に関する指導意見」「PM10とPM2.5の測定重量法」「重点地域大気汚染防止第12次5カ年計画」「大気汚染防止行動計画」「京津冀および周辺地域における大気汚染対策計画」などの文書が相次いで公布・実施された。これらの文書は，中国政府のPM2.5の排出削減と管理・規制の決意を示すものといえよう。

■ 2-3　中国におけるPM2.5の管理・規制に存在する問題点

中国のPM2.5の管理・規制における最も大きな問題点は，上記のような政府が打ち出した一連の措置が，PM2.5の濃度を有効に抑制できていないことである。『中国生态環境状況公報2018』によると，2018年現在，中国の338都市のうちの217都市において大気中のPM2.5濃度が環境基準を超過したままであった（中華人民共和国生態環境部, 2019）。

その一方で，2014年の北京開催のAPEC（Asia-Pacific Economic Cooperation）期間中にみられた「APECブルー（APECのときの青空）」，2016年の杭州開催のG20期間中にみられた「G20ブルー（G20のときの青空）」などの事例は[2)]，特別な期間中の特殊なケースではあるが，政府が強硬な政策的対応を講じて規制に乗り出した場合には，PM2.5濃度を劇的に管理・コントロールできることを示している。

しかし，中国政府は，国民からの大気汚染対策に対する強い要望を受けて対策に乗り

出す一方で，PM2.5 を含む化学スモッグの発生と存在に対してある程度容認している側面もある。これこそが，現在の中国における PM2.5 対策の大きな難点であり，それは単なる経済発展と大気汚染の間のトレードオフ関係だけによって説明される問題ではなく，さまざまなアクター間の複雑に絡みあう利害関係と密接にかかわっている。

3　PM2.5 問題の解決困難に関する理論的説明

　まず，中国の環境管理・規制システムについて説明する。

　環境規制に関する利益集団は，主に規制者（政府），汚染源企業，消費者（国民）の三つに区分される。今日の中国の現状に基づくと，規制者，すなわち政府は，さらに中央政府と地方政府という二つに分けることができる。現在の中国における中央政府と地方政府の関係は，「経済における高度な分権，政治における高度な集中」として要約できる（游・張・袁，2018）。中央政府は地方政府に対して命令や指示を下す立場にあり，地方官僚に対する業績評価および昇進決定に関する権力を握っている。その関係を環境規制の側面でみると，中央政府が環境規制関連の法律の制定や政策の策定，および実施に関する決定を行い，その実質的な実施者は地方政府となるが，中央政府が地方政府，および地方官僚の実施に対する成績評価を行い，官僚の昇進基準の一つとしている，ということである。しかし，地方政府の経済発展のレベルが，官僚の昇進を決める際の最も重要な基準とされていたことから，地方官僚は「政治選抜トーナメントの体制」において政治地位の昇進を勝ち取るため，つねに経済成長を重視し，生態環境保護を軽視していた（張・張・崔，2017；馮・余，2019）。

　中国の中央政府は 1978 年の改革開放から 2012 年まで，環境規制より経済成長を重視してきたといえる。行政集権の体制下では昇進のために環境整備ではなく経済成長が重視されており，地方政府の政策を進める原動力となっている。さらに，1994 年に実施された財政の請負制と財政分権制度は，地方政府が経済成長の業績を上げるために，コントロールできる資源を統合して地元経済の急速な発展を推進することを可能にし，地方政府の支出構造に「経済成長を重視し，環境保護を軽視する」偏向をもたらした。また，地元の相対的な優位性を維持し，外資と国内民間資本を誘致するために，隣接する省・

2）2014 年 11 月 7 日から 12 日までの APEC 期間中，中国政府は首都北京と，その近くの天津，河北，山東，山西，内モンゴルなどの六つの省（直轄市，自治区）の工場操業停止，建築工事停止，自動車使用制限など，環境汚染源をシャットアウトする一時的な非常措置を講じた。その結果，短期間ではあるが，北京の空は青く晴れあがった。同じく，2016年 9 月 4 日から 5 日に杭州で開催された G20 の際にも，同じような一時的な非常措置を講じ，青空を演出した。

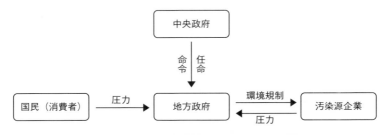

図 5-1 中国における環境管理・規制システムの概略図

市より「低い環境規制基準を定める」という競争が存在している。

　2012 年に習近平氏が中国共産党総書記に当選して以来，中央政府は環境対策にきびしく取り組み，その実施効果を官僚昇進の審査基準の一つとしている。実際には，例えば 2017 年，2018 年冬の暖房用石炭の事件が示すように [3]，エネルギーが不足している状況下では，中央政府も一時的に環境規制を棚上げしている。そして，中米貿易摩擦によって経済成長が鈍化していくと，経済成長を求める中央政府の地方政府に対する圧力が強まり，地方政府は環境規制よりも経済成長を優先せざるをえない傾向が強まるかもしれない。以上の理由により，地方政府が中央政府の命令から「逸脱」し [4]，環境規制よりも経済成長を優先する傾向こそが環境問題の解決を遅らせる主な原因だと考え，以下で説明するモデルでは，地方政府の役割を強調している。

　そして，汚染源企業と消費者は環境規制の利害関係者として，地方政府に対して圧力をかけ，規制の内容と決定に絶えず影響を与えるが，その圧力は直接的には地方政府へ，間接的に中央政府へ届いていく。その一方で，地方政府の環境規制政策は，直接汚染源企業の立地行動や経営活動に影響を及ぼし，また汚染源企業も自分の利益を守るために

---

3) 2013 年 9 月，中国における中央政府としての国務院は「大気汚染防止行動計画」を配布して実施した。具体的な目標は 2017 年までに，「都市部では PM2.5 の濃度を 2012 年より 10％以上減らし，濃度が良好な日数を年々増やす。京津冀，長江デルタ，珠江デルタなどの地域の微細粒子状物質の濃度をそれぞれ 25％，20％，15％程度減らす」ことである。各地で対策が打ち出され，天然ガスをクリーンエネルギーと考え，2017 年 10 月までに，28 都市では 300 万以上の家庭の熱源を「石炭から天然ガスに転換」し，企業に対しても「石炭から天然ガスへの転換」を強要した。しかし，天然ガスの不足による価格の高騰，暖房設備の設置の遅れ，インフラの不備，資金融資の実行が不十分などの原因で，中央政府は一時的に環境規制を棚上げしている。

4) その原因の多くは，エネルギー不足や経済下振れ圧力の増大などの客観的な原因によるものであるので，中央政府の懲罰を回避できると地方政府は考えている。

地方政府への圧力（レントシーキング）をかけ続けている（図 5-1）。

　次に，地方政府の環境規制実施の目標をみてみよう。これまでの中国における先行研究と中国の実情をふまえ，地方政府の環境規制実施の目標は，中央政府が定めた環境評価基準と指令の制約的枠組みのもとで，できるだけ自己を含む各利益集団の利益訴求を満足させながら，政治的利益（大衆の支持を獲得，昇進の考課で高い評価を得る）の最大化を図ることであると想定する。これに基づき本章では，ペルツマンのモデル（Peltzman, 1979）を参照しながら中国地方政府の環境規制決定のモデルを構築し，地方政府の環境規制供給量の決定過程を説明する。

　規制者である地方政府の目標関数は，以下のように設定する。

$$W = W(G_1, G_2, G_3) = L_1 \cdot G_1 + L_2 \cdot G_2 + L_3 \cdot G_3 \text{————————————— (1)}$$

ここで，G_1，G_2，G_3 はそれぞれ，国民，汚染源企業，地方政府自身という三つの利益集団が有する，環境規制に対する満足度を表しており，L_1，L_2，L_3 はそれぞれ，規制者にとっての，上記の三つの利益集団の重要度を表している。

　また，それぞれの利益集団の満足度を，以下のように設定する。

$$G_i = N_i \cdot U_i (i = 1, 2, 3) \text{———————————————— (2)}$$

ここで，N_i は集団のメンバー数を表し，U_i は集団内の各アクターの効用関数（各アクターは同一の効用関数をもつと仮定）を表している。

　そして，R を環境規制の強度（すなわち PM2.5 許容濃度の低さなどで示される規制のきびしさ），q を環境の質，π を汚染源企業の利益，c を汚染源企業の汚染処理コスト，r を政府の税収とすると，以下のような諸利益集団と環境規制との関係が導き出せる。

　まず，国民にとっての主な関心は環境の良し悪しであって，環境規制の強度が高くなるにつれて環境の質も良くなるので，$dq/dR > 0$ となるが，環境規制が強くなるにつれて，環境の質改善は困難になると考えられるので，$d^2q/dR^2 < 0$ と仮定する。また，国民が感じる効用 U_1 は，環境の質 q に密接に関係しているため，$U_1 = U_1 (q(R))$，$dU_1/dR > 0$，$d^2U_1/dR^2 < 0$ である。ここで，環境の質 q は国民が感じる効用を直接代表するものであると仮定し，$U_1 = q(R) = a + b \cdot \ln R$ に書き換えることもできると仮定する。ここで，a は環境がもたらす効用の基礎値で，b は環境規制の効率性を表す係数である。

　次に，汚染源企業にとっての効用を示す U_2 は，利益 π と密接に関係しており，短期的には環境規制強度 R の上昇は，汚染防止コスト c を引き上げ，利益 π を減少させる（後で述べるように価格は一定と仮定するため）。したがって，$U_2 = U_2(\pi(R))$，$dc/dR > 0$，$d\pi/dR < 0$，$dU_2/dR < 0$ である。汚染防止の限界コストは R の増加とともに増加すると仮

定すると，$d^2c/dR^2 > 0$，$d^2U_2/dR^2 < 0$ となる。利益額の大きさが汚染源企業の効用を直接表すと仮定すると，$U_2 = \pi(R) = P - c(R) = P - \varepsilon R^2$ に書き換えることができる。ここで，P は価格水準であり，一定であると仮定する。ε は環境規制強度と汚染防止コストとをつなぐ係数である。

　そして，地方政府も自身の利益を追求する主体であり，その利益つまり財政収入 r の最大化を目標としている。しかし，政府の税収は企業の利益と密接に関連している。環境規制の強化に伴い，汚染源企業の利益が減少すると，政府が獲得できる税金も相応に減少するだろう。したがって，$U_3 = U_3(r(R))$，$dr/d\pi > 0$，$dr/dR < 0$，$dU_3/dR < 0$ と表すことができる。ここで，政府の税収は，$r = r_0 + k \cdot \pi$ と書くことができると仮定する。r_0 は汚染源企業以外からの税収を表し，かつそれが不変であると仮定し，k は汚染源企業利益への税率を表す。もし政府の効用は，税収の大きさによって直接表されると仮定すると，$U_3 = U_3(r(R)) = r_0 + k(P - \varepsilon R^2)$ と書き換えることができる。したがって，環境規制者の目標の最大化を表す式は，

$$\max W = W(G_1, G_2, G_3)$$
$$= L_1 \cdot N_1 \cdot (a + b \cdot \ln R) + L_2 \cdot N_2 \cdot (P - \varepsilon R^2) + L_3 \cdot N_3 \cdot [r_0 + k \cdot (P - \varepsilon R^2)] \text{————— (3)}$$

となる。W を R について偏微分して，そして1階の条件を求めると，次の式を得る。

$$\frac{\partial W}{\partial R} = \frac{bL_1 N_1}{R} - 2L_2 N_2 \varepsilon R - 2L_3 N_3 k\varepsilon R = 0 \text{——————— (4)}$$

すなわち

$$R^* = \sqrt{\frac{bL_1 N_1}{2L_2 N_2 \varepsilon + 2L_3 N_3 k\varepsilon}} \text{———————————— (5)}$$

　その二階導関数は

$$\frac{\partial^2 W}{\partial R^2} = -\frac{bL_1 N_1}{R^2} - 2L_2 N_2 \varepsilon - 2L_3 N_3 k\varepsilon < 0 \text{——————— (6)}$$

となり，値が負であるので，$R = R^*$ の場合に W は最大値となる，つまり R^* が最適な環境規制強度である。短期的に環境規制の効率性係数 b，税率 k，汚染防止コスト係数 ε が不変であると仮定すると，地方政府が提供する環境規制の強度は，国民，汚染源企業，地方政府自身という三つの利益集団のメンバー数 N_1，N_2，N_3 と，規制者にとっての重要度 L_1，L_2，L_3 に関係していることがわかる。N_1 は N_2，N_3 よりも大きいが，中国においては，L_1 は L_2，L_3 に比べて非常に小さいと考えられるので，R^* はつねに高いレベルに達

することは難しい。本章は，これこそが中国の PM2.5 を管理・規制することが困難である主な原因だと考えている。以下で少し具体的に説明する。

まず，規制者である地方政府にとっての自身の重要度を示す L_3 の値が比較的大きい。これは，中国において地方政府自体が，利益最大化を追求する（つまり税収の最大化をめざす）経済主体であり，かつ規制に関する強制的権力を握っていることから，当然のように自己利益の最大化に有利な行動をするからである。

次に，規制者である地方政府にとっての国民の重要度を示す L_1 の値は小さい。これは，中国の政治システムと関係がある。規制者としての地方政府に対する国民や社会からの制約，監督，監視の影響力はまだ小さく，上級政府からの監督と賞罰の影響をより多く受けている。また，国民という利害集団については，その人数は多いが，その要求が集約されておらず，かつ中国の国民の政治参加意識も依然として低い。大衆の力を集結する役割を果たせる NGO などの組織（アソシエーション）の発展も遅れ，その力は弱いままである。したがって，国民（消費者）が政府の環境規制に及ぼす圧力は，比較的限られているといえる。

その一方で規制者である地方政府にとっての汚染源企業の重要度 L_2 の値は比較的大きい。これにはさまざまな要因と関係がある。まずは，「財政分権，政治集権」の中央 – 地方関係において，中国の地方官僚の行動は，中央からの指令と評価の制約を受ける。地方官僚は非常に強い政治的昇進の原動力をもっており，経済成長と関連する指標を中心とする業績評価システムのもと，地方官僚はできるだけ管轄地域内の利用可能なあらゆる政治・経済資源を動員して経済成長を達成しようとする（周, 2007；徐・李・王, 2007；張, 2007）。

近年，中央政府は絶えず官僚の業績評価基準を改善し，環境，社会発展関連の評価を重視するようになったが，経済成長率はやはり第一の評価指標であり続けている。また，排気ガスの排出源は，電力，化学工業，窯業，鉄鋼，非鉄金属，石油コークスなどの重要産業であるが，これらの部門は地域の GDP に大きな貢献をしており，政府にとって非常に重要である。さらに，これらの排気ガスを排出する企業のなかには多くの国有企業が含まれている。国有企業は中国で経済成長を牽引する生産企業としての役割以外に，大量の就業機会を提供する役割も担っている。就業率の向上は地域の社会安定の維持にもかかわり，地域の社会安定は，中央政府による地方政府と官僚の業績評価における重要な指標となっている。したがって，地方の多くの国有企業は人民代表大会，産業協会，銀行などのルートを通じて地方政府の規制行動に影響を与える可能性がある（Lorentzen, et al., 2014）。つまり，これらの汚染源企業は地方政府にとって非常に重要なアクターであるといえる。

ここでとくに注意すべきは，（5）式において，$L_2 N_2$ と $L_3 N_3$ はいずれも分母の位置にあり，$L_1 N_1$ は分子の位置にあることである。すなわち，地方政府と企業とは環境規制の強

度に対して同じ方向の影響を及ぼし，国民の力とは逆方向である。また，環境規制の効率性係数 b，税率 k，汚染防止コスト係数 ε は，短期間では変化しにくく，本章のモデルでは定数として仮定される。しかし，b，ε，k は長期的には変化すると考えられ，結果に影響を与える。環境規制の効率性係数 b を高めることと，税率 k を下げること，汚染防止コスト係数を下げることによって環境規制の強度 $R*$ が増加し，環境の質 q が改善されるのである。これらの係数をこのように変化させることは，長期的には PM2.5 問題を解決するための重要な突破口である。

4 実証分析

■ 4-1 計量モデルの構築

上記の理論的考察に基づいて以下のような計量モデルを構築する。

まず，$R*$ についての決定式である (5)式を変形して

$$ R^2 = \frac{bL_1N_1}{2L_2N_2\varepsilon + 2L_3N_3k\varepsilon} \tag{7} $$

とする。このモデルをより簡単にするために，地方政府自身の効用を捨象すると [5]

$$ R^2 = \frac{bL_1N_1}{2L_2N_2\varepsilon} \tag{8} $$

となる。そして，この方程式の両辺の対数をとると，

$$ \ln\frac{1}{R^2} = \ln L_2 + \ln\frac{N_2}{N_1} + \ln\varepsilon - \ln L_1 + \ln\frac{2}{b} \tag{9} $$

となる。ここで，環境規制の効率性係数 b は，それを表すデータを得ることが困難であるため，省略し，$1/R^2$，L_2，N_2/N_1，ε，L_1 を表すと考えられるデータを使用して，これらの五つのデータの間の関係について重点的に検討する。

　データを確定する前に，まず PM2.5 の排出者である汚染源企業とはどのような企業であるかをみてみる。前述のように，PM2.5 は直接放出された一次粒子状物質と気体状態

---

[5] この簡略化は式を線形の式に展開し，線形の回帰式を導出するためである。この簡略化は，上述の分析のなかで政府自身の利益に対する重要度を 0 とおくことを意味する。言い換えれば，簡略化されたモデルでは，地方政府は，規制者として，規制強度の調整を通じて消費者と企業の利益の和を最大化する，つまり利害が対立する消費者と企業との間の最良の妥協点を，地方政府は追及すると想定されている。

表 5-1 中国における工業全体と六大汚染産業の汚染物質排出量の推移

		六大汚染産業からの総排出量	工業からの排出量合計	六大汚染産業が工業全体に占める割合
二酸化硫黄排出量（トン）	2010 年	14929305	17054510	87.54%
	2011 年	16772369	18964630	88.44%
	2012 年	15582258	17758201	87.75%
	2013 年	14815802	16892309	87.71%
	2014 年	13809251	15845169	87.15%
	2015 年	9575401	14007381	68.36%
NOx 排出量（トン）	2010 年	—	—	—
	2011 年	15009107	15808097	94.95%
	2012 年	15795750	16600615	95.15%
	2013 年	13878216	14649394	94.74%
	2014 年	12370074	13162147	93.98%
	2015 年	9157324	10881097	84.16%
煙（粉末）粉塵排出（トン）	2010 年	7936011	9581846	84.95%
	2011 年	7936011	9574106	82.89%
	2012 年	8472531	10280165	82.42%
	2013 年	8593329	10225341	84.04%
	2014 年	11105252	12685209	87.54%
	2015 年	8627032	11082481	77.84%

出所：中国国家統計局『中国環境統計年鑑』，2011 年〜 2018 年版。

　の二酸化硫黄，窒素酸化物などの物質から転化された二次粒子として発生している。『中国環境統計年鑑』によると，主に六つの高汚染産業がこれらの汚染ガスの主な排出源となっている。それは，石油加工コークスと核燃料加工工業，化学原料・化学製品製造業，窯業，鉄鋼製錬・圧延工業，非鉄金属製錬・圧延加工工業，および電力・熱力生産供給業である。中国ではこの六大産業部門の排気ガス排出量が，工業における排出量の約90％を占めている（表5-1）。

　そして，これらの六つの高汚染産業は政府規制のもと，排気ガスを制御するために高い汚染処理費用を負担しており，2010年から2015年までの間，中国工業全体のそれの約90％を占めている（表5-2）。

　すなわち，政府によるPM2.5に関する環境規制の影響を大きく受けているのは，これらの六大汚染産業であり，他の産業への影響は小さい。本章ではこれらの六つの産業を主な研究対象とし，関連する変数と指標を構築している。

　各地方の排気排出規制の緩さ，すなわち $1/R^2$ を表すデータとしては，これらの六大汚染産業の工業総生産より排出される汚染物（主に二酸化硫黄）の総量を使用する。つまり，六大産業の汚染物排出量のデータを，工業全体の二酸化硫黄の排出量の代わりに使っている（傅・李，2010）。これらの六大業界の二酸化硫黄排出量が，中国工業全体の

表 5-2　中国の六大汚染産業における排気ガス処理施設の運営費の推移（単位：10,000 元）

産業	2010 年	2011 年	2012 年	2013 年	2014 年	2015 年
工業合計	10545219	15794758	14522520	14977779	17309816	18660243
石油加工，コークス，核燃料加工産業	498975	700242	522759	569080	749044	885068
化学原料および化学製造	523021	652508	665946	771324	956841	1609463
窯業（非金属鉱物製品産業）	1012010	1187254	1214942	1198822	1431465	1608732
非鉄製錬および圧延加工業	2076732	2872875	3029740	3240295	3670078	3837271
非鉄金属製錬および圧延加工産業	567605	688685	786779	852754	1022158	1032755
電気，熱の生産と供給	4286210	8190222	7231127	7190118	8175864	8089949
六大汚染産業の合計	8964554	14291786	13451293	13822393	16005450	17063238
六大汚染産業が工業全体に占める割合	85.01%	90.48%	92.62%	92.29%	92.46%	91.44%

出所：表 5-1 と同じ。

90％以上を占めているので，誤差は許容範囲内にあるだろう。N_2/N_1 のデータとしては，六大汚染産業の従業員数が，地域の総人口に占める割合を使う。

　規制者である地方政府にとっての汚染源企業の重要度 L_2 を表すデータとしては，六大汚染産業の地域経済に対する貢献率（経済貢献率＝六大産業の工業生産額が全国の工業生産額に占める割合＊六大産業の工業付加価値額が地域 GDP に占める割合）を使用する。規制者である地方政府にとっての国民の重要度 L_1 を表すデータの確定は比較的難しい。本章では，住民による環境関連の陳情状況と住民の教育レベル，という二つのデータを使って表している。それは，政府部門への陳情訪問者の数が多いほど，政府に直接的に働きかける国民からの圧力が大きいので，政府による国民の重視を引き起こしやすい，という点と，当該地域の住民の教育水準が高ければ高いほど，環境保護に関心をもち，環境保護のために政府に圧力をかけることができる，という点を考慮した。データとしては，陳情状況に関しては当該地域人口 1 万人当たり環境関連の陳情に加わった人数を使い，教育レベルに関しては当該地域人口 1 万人当たり高校在学生数を使った。

　汚染防止コスト係数 b を表すデータとしては，各地方政府の財政支出に占める科学技術関連の支出の割合を使っているが，その際に，両者の間には負の相関があると想定する。すなわち，企業の汚染処理費用は，汚染処理技術の発展と反比例し，科学技術の水準は科学研究への投入と直接関係する，ということである。また，計量モデルを構築する際に，本章では，地域財政予算支出が予算収入に占める割合をコントロール変数として導入し，モデル推定の正確さを高めている。これは，地方政府の財政健全性の相違が，

規制の実行能力の相違をもたらし，また規制の強さにも影響を与えるからである。

　以上のことに基づき，本章では次のような計量モデルを構築する。

$$\ln regu_{i,t} = C + B_1 \ln eco_{i,t-1} + B_2 \ln employ_{i,t-1} + B_3 \ln tec_{i,t-1} + B_4 \ln petition_{i,t-1}$$

$$+ B_5 \ln edu_{i,t-1} + B_6 \ln finance_{i,t-1} + \mu_{i,t-1} \quad\text{————————(10)}$$

　ここで，下付き i は i 番目の地方を表し，t は年度を表す。被説明変数（$regu_{i,t}$）は，排ガス規制の緩さ（この値が小さいほど，規制は強い）であり，六大汚染産業の単位工業生産額当たりの二酸化硫黄排出量で表す。独立変数には，汚染源企業の経済貢献率（$eco_{i,t-1}$），汚染源企業従業員数の地域人口に占める割合（$employ_{i,t-1}$），地方政府の科学技術関連支出（$tec_{i,t-1}$），地域人口1万人当たりの環境関連の陳情に加わった人数（$petition_{i,t-1}$），地域人口1万人当たりの高校在学生数（$edu_{i,t-1}$），地域財政予算支出が予算収入に占める割合（$finance_{i,t-1}$）で表している。そして，C は定数項，$\mu_{i,t-1}$ はランダム誤差項目，β_i は各説明変数の係数である。排ガス規制強度は，過去におけるさまざまな要因の影響を受けていることから，モデルの設定ミスを避けるため，被説明変数の1年ラグを説明変数の一つとして導入して動的モデルに拡張した。すなわち，被説明変数は2011年から2018年までのデータを用い，説明変数は2010年から2017年までのデータを用いている。

■4-2　データソース

　本章では，2010年から2018年まで香港，マカオ，台湾を除く中国の31の省レベルの行政単位のパネルデータを使用している。このうち，六大汚染産業の従業員数，工業総生産額などのデータは，2011年から2018年までの31の省（直轄市，自治区）の統計年鑑から取得した。各地域の二酸化硫黄排出量，各地域の環境関連陳情の参加人数などのデータは，2011年から2018年までの『中国環境年鑑』『中国環境統計年鑑』から取得した。その他のデータは，すべて国家統計局のウェブサイトデータベースから取得している。

■4-3　検定方法

　本章では，統計ソフトウェア SPSS 22.0 を用いて，データについてそれぞれ記述統計分析と多元線形回帰分析を行い，被説明変数と説明変数との関係を具体的に検討した。回帰分析を行う際に，六つの説明変数をモデルに逐次導入して推定し，異なるモデル間の回帰結果の変化を観察し，説明変数間の相互作用の影響を排除するなどして，推定をより信頼できるようにした。

■ 4-4　推定結果と分析

1）変数の説明

各変数の記述統計量は，表 5-3 に示すとおりである。

2）回帰分析

本章では，それぞれの説明変数を段階的に導入するモデルを採用し，表 5-4 に示すような回帰結果を得ている。

各モデルにおける VIF 統計量は，いずれも 10 以下であり，モデルには明らかな多重共線性問題は存在しない。回帰結果をみると，汚染源企業の経済貢献率，地方政府の科学技術関連支出，住民の教育水準は，いずれも排ガス規制強度と有意な相関があり，そ

表 5-3　変数の説明

変数	単位	N	最小値	最大値	平均値	標準偏差
regu	トン / 億元	82	9.346	331.691	87.018	66.453
eco	%	84	2.58%	32.23%	15.85%	0.06
employ	%	83	0.25%	2.46%	1.35%	0.005
tec	億元	93	2.71	257.24	61.473	65.778
petition	人数 / 万人	93	0.018	4.27	0.652	0.555
edu	人 / 万人	93	79.929	334.82	174.503	54.227
finance	%	93	107.95%	1503.52%	263.45%	2.217

表 5-4　パネル回帰結果（被説明変数：排ガス規制の緩さ）

変数	モデル 1	モデル 2	モデル 3	モデル 4
ln eco	0.852***	0.835***	0.738***	0.587**
	(−5.527)	(−4.234)	(−3.747)	(−2.693)
ln employ		−0.126	−0.084	−0.065
		(−0.608)	(−0.407)	(−0.315)
ln tec		−0.339***	−0.281***	−0.467**
		(−4.805)	(−3.678)	(−3.296)
ln petition			0.073	0.098
			(−1.035)	(−1.368)
ln edu			−0.483*	−0.514*
			(−2.15)	(−2.669)
ln finance				−0.487
				(−1.553)
cons	0.839***	1.384***	2.501***	3.725***
	(−4.613)	(−4.819)	(−4.365)	(−3.837)
F	30.543	29.743	19.858	17.295
自由度調整済み R^2	0.284	0.56	0.594	0.608

注：$*p < 0.05$; $**p < 0.01$; $***p < 0.001$。カッコ内の値は t 統計量である。

の係数推定計値の符号も理論的に予想されるものと一致していることがわかる。また，四つの推計モデルにおいて，各変数の係数推定値の符号は変化しておらず，このことは上記の結論が各変数間の相互作用によって影響の方向を変えないことを示している。

　以上の分析に基づくと，汚染源企業の経済貢献率が高いほど，当該地域の汚染源企業に対する排気ガス規制の強度は弱まる。これは，地方政府がGDP成長指標を重要視していること，汚染源産業による規制者への影響力行使，などに起因する。企業の経済貢献率が大きければ大きいほど，その企業が支配している資源が多く，地域内における支配地位が高ければ高いほど，地方政府の規制に大きな影響を与え，環境規制の策定と実施を妨げる可能性が高まることを表す。中国のように国有企業と地方政府の間に緊密な関係が維持されている状態では，このようなジレンマがより発生しやすい。

　また，地方政府の科学技術関連支出の増加に伴い，汚染源企業に対する排気ガス規制が強化されることも示されているが，それは技術水準の向上が汚染対策費用の削減をもたらし，環境規制を強化したとしても企業の負担増を回避できるからである。そして，教育水準の向上に伴って排気ガス規制の強度が高まることは，本章における理論的仮説と一致している。国民の教育水準の向上に伴って，環境保護意識も高まり，地方政府に対して環境規制の実行をより強く要請し，それが環境規制の強化につながると考えられる。さらに，教育水準の向上は当該地域における技術水準の向上をも反映しているので，環境規制の強度をより高める効果もあると考えられる。

　さらに，それぞれの変数の係数推定値の大きさをみると，汚染源企業の経済貢献率変化率が排ガス規制の強度の変化率に及ぼす限界的効果は，地方政府の科学技術関連支出変化率と教育水準変化率の限界的効果に比べて大きいことがわかる。これは，現在の中国において，地方政府が決める環境規制強度に対する企業の影響力が相当に大きいということを示している。

　そして，残念な結果ではあるが，変数として導入している汚染源企業の従業員数が地域人口に占める割合，および地域の環境関連の陳情に加わった人数は，いずれも排ガス規制の強度に有意な影響を及ぼしていない，という結果となっている。これは，地方政府が排出ガス規制強度に関する決定を行う際に，環境の質的改善を求める国民の圧力を重視していないことを示している。その一方で，環境関連の陳情に加わった人数は，L_1を表すデータとしてそれほど妥当ではない可能性もある。つまり，現在の中国において，国民の陳情が，地方政府にとっての国民の重要性を効果的に高めることに結びついていない可能性もある。つまり，国民の陳情が，分散的かつ個別的であることから，地方政府に対する圧力が小さく，地方政府は国民の陳情を重視しないのかもしれない。そういう意味で，国民の地方政府に対する影響力を高めるためには，分散した個別的な陳情だけではなく，非政府組織，インターネットなどを有効に活用することが必要なのかもしれない。

　以上の分析をまとめると，回帰分析の結果は，本章が設定している理論的仮説と基本的に一致している。とくに，排気ガスの排出源となっている汚染源企業の経済貢献率が大きければ大きいほど，当該地域における汚染源企業の支配力と影響力が大きい。よって，地方政府が排出ガス規制に関する決定を行う際には汚染源企業側に配慮せざるを得ない状況が生まれ，環境規制をめぐる諸利害集団の間の調整が困難になり，排気ガス規制強度の引き上げが妨げられている。すなわち，汚染源企業は大量の排ガス汚染物質を放出し続けると同時に，これらの汚染源企業が地方政府の排ガス規制強度の引き上げを阻害する，という中国のPM2.5を含む大気の質改善における困難を作り出しているのである。

5 結論と対策

　本章では，理論的検討と実証的検証を通じて，中国におけるPM2.5問題の解決が困難である原因を考察した。主な結論は，以下のようにまとめられる。

　第一に，地方政府は環境規制の主要な規制者として，中央政府，企業，国民等からの圧力を受けている。よって，地方政府による環境規制実施の目標は，中央政府の評価基準と指令の制約のもとで，できるだけ自分を含む各利益集団の利益要求を満たし，これらの利益合計の最大化を図るということになる。このように目標を定式化する場合，短期的には地方政府の環境規制の強度は，利害が対立する各利益集団の間の力関係の均衡（あるいは妥協）として決定される。このように決まる規制の強度は，各利益集団の地方政府にとっての重要度によって影響される。しかし，長期的には，汚染源企業の汚染防止コスト係数，環境規制の効率性の係数，および汚染源企業への税率などの変化も，規制の強度に影響を及ぼす。

　第二に，中国におけるPM2.5汚染物質は，主にいくつかの重要な重工業とエネルギー部門（六大汚染産業）によって排出されている。これらの高汚染産業部門は，巨大な生産能力と厖大な雇用吸収力を通じて経済成長に寄与しており，経済成長と社会安定を志向している現段階においては，これらの高汚染源企業は政府にとって非常に重要な存在である。さらに，一部の大規模汚染源企業による環境規制に対するレントシーキングは，規制者である地方政府の政策決定にも大きな影響を及ぼしている。

　第三に，規制の強度を決定する際，地方政府は諸利益集団のさまざまな要求を考慮するとともに，地方政府自身の利益も追求している。地方政府自身は，財政収入の最大化を追求する必要があり，地方政府自身の財政・租税利益の追求と汚染源企業の経営利益の追求は，環境規制の強度に対してはともにマイナス方向に作用している。

　第四に，中国の環境規制に対するさまざまなアクターの影響の中で国民の力はやや弱く，地方政府の政策決定に対する影響は比較的小さい。その一方で，地域の経済成長へ

の貢献度が高い汚染源企業は排気ガス排出規制強度に大きな負の影響を与え，国民の教育レベルは若干の正の影響を与えているが，国民の環境保護に対する陳情状況はほとんど影響力をもたない。

　すなわち，中国における PM2.5 の管理・規制の困難は，地方政府の環境規制にかかわる諸アクターの利害調整が，汚染源企業の利害を重視するほうに大きく偏り，政府，汚染源企業，消費者の三者の間の利害調整の結果としての環境規制強度が，当該地域における社会福祉の最大化につながっていないことに起因する。もともと，環境法体系の構築目的は，社会福祉の最大化であるべきだが，経済的利益の最大化がより重要視され，結果として環境法制度の構築と効力が阻害され，PM2.5 の管理・規制過程における法律の執行力も弱まっている。経済学の視点からいうと，これは私的利益追求を目的する経済活動の結果として発生する社会的費用（外部不経済）の内部化が不十分である状況であるといえる。

　この問題を解決する方法は，上記の社会的費用（外部不経済）の内部化を十分に行うための制度的仕組みを構築することであり，言い換えれば，地域の諸利害集団の要求と力関係の均衡点が社会福祉の最大化目標と一致するように誘導する仕組みを構築することである。今日の中国の実情からすると，以下のような二つの側面における努力が必要である。その一つは，汚染源企業の支配力と環境規制に対する影響力を弱めること，もう一つは国民ないし大衆の政府の政策決定，規制行動に対する影響力を強化することである。前者に関しては，以下のような方策が考えられる。

　第一に，中央政府の地方政府官僚に対する業績評価基準を改善していくことである。つまり，経済成長を重視することは間違っているわけではないが，そればかりの追求は問題が多く持続不可能である。中央政府は，生態文明建設[6]（大気汚染や水質汚染に歯止めをかけ，環境に配慮した未来社会のこと）に関わる指標が官僚の業績評価に占める重要性をいっそう高め，地方政府が生態文明建設と経済成長の両方を重要な目標とするように誘導すべきであり，現在のような経済成長のために環境保護を犠牲にする状況を改善しなければならない。

　第二に，産業構造を調整し，親環境企業の保護・育成を通じて汚染源企業の経済に占める比重を縮減することである。親環境的な企業を政策的に支援し，それが絶えず成長，発展していくように導き，同時にサービス業の発展を促して汚染源企業の経済に占める比重を下げていく。これは，汚染源企業に対する環境規制を地方政府が強化することを

---

[6] 中国共産党第 18 回代表大会の報告（2012）では「生態文明の建設を重要な地位におき，経済建設，政治建設，文化建設，社会建設の各方面と全過程に溶け込む」と強調した。中国共産党第 19 回代表大会の報告（2017）では「人と自然は生命共同体であり，人間は自然を尊重し，順応し，自然を保護しなければならない」と強調した。

可能にするし，同時に就業問題を解決することによって社会の安定を維持することを可能にする。例えば，政府が生態工業園などの環境特区を造成し，補助金と優遇税制などの政策を通じて親環境企業を誘致することができる。親環境産業の発展は，地域の競争優位を高めるだけではなくて，環境規制をめぐる力関係の調整に際して汚染源産業に対して有効な制約効果を発揮することもできる。

第三に，企業の汚染対策技術の水準を向上させ，汚染処理費用を効果的に削減することである。政府は，科学研究経費の投入を増やして環境保護と排ガス削減のための新技術を開発すべきである。同時に，法律や政策手段を通じて環境技術の普及を促し，汚染源企業の汚染防止技術水準を向上させることができる。企業の汚染処理費用が低下することは，政府の環境規制の強度を高めることに役立つ。

第四に，汚染源企業や産業に対する管理・監督を強化し，腐敗・汚職などのレントシーキング行為をきびしく処罰することである。政府は，内部監督システムを充実させ，官僚の違法行為を処罰し，官僚が汚染源企業に強く影響されることを防ぐべきである。中央政府は，地方政府と大規模国有企業に対する検査を強化し，特に企業の環境汚染・保護に関する定期的な検査を怠らないことも重要である。

最後に，地方政府の政策決定，規制行動に対する国民の影響力を強化することについては，次のような方策が考えられる。第一に，国民の教育レベルを向上させ続ける。国民の教育水準の向上は，環境保護意識の向上，政治参加意識の向上，および政府の政策決定に対する影響力の向上につながる。第二に，環境保護 NGO を積極的に育成することも重要である。NGO の公益性目標は非常に明確であり，それは国民の力の重要な集合体として，国民の訴えを有効に伝達し，地方政府の政策決定に影響を及ぼすことができる。第三に，環境に関する国民の知る権利を十分に保障することも重要である。地方政府は，環境関連の情報公開制度を構築し，機能させるとともに，積極的に国民に向けて情報を発信し，説明責任を果たさなければならない。

【参考文献】

宇仁宏幸（2009）．『制度と調整の経済学』ナカニシヤ出版

関大博・劉竹（2013）．『煙霧の真相——京津冀地域のPM2.5汚染分析および排出削減戦略に関する研究』（中国語）中国環境出版社

周黎安（2007）．「中国地方官僚の政治選抜トーナメントモデル研究」（中国語）『経済研究』pp.36–50，2007 年第 7 期.

徐現祥・李郁・王美今（2007）．「地域一体化，経済成長と政治昇進」（中国語）『経済学（季刊）』pp.175–196，2007 年第 4 期.

中華人民共和国生態環境部（2019）．『中国生態環境状況公報 2018』（中国語）中国環境出版社

張晏（2007）．「財政分権，FDI 競争と地方政府行為」（中国語）『世界経済文匯』pp.22–36，2007 年第 2 期．

張鵬・張靳雪・崔峰（2017）．「工業化の過程における環境汚染，エネルギー消費と官僚の昇進」（中国語）『公共行政評論』pp.46–68，2017 年第 5 期．

馮志華・余明桂（2019）．「環境保護，地方官僚の業績評価と企業投資研究」（中国語）『経済体制改革』pp.136–144，2019 年第 4 期．

傅京燕・李麗莎（2010）．「環境規制，要素賦存と産業の国際競争力に関する実証研究——中国製造業のパネルデータに基づいて」（中国語）『管理世界』pp.87–98，2010 年第 10 期．

游達明・張楊・袁宝龍（2018）．「官僚の政治選抜トーナメント体制における環境規制，中央・地方分権の環境汚染に対する影響についての研究」（中国語）『中南大学学報（社会科学版）』pp.66–77，2018 年第 3 期．

龍小寧・万威（2017）．「環境規制，企業利益率とコンプライアンスコストの不均一性」（中国語）『中国工業経済』pp.155–174，2017 年第 6 期．

Cropper, M. L., & Wallace, O. (1992). Environmental economics: A survey. *Journal of Economic Literature*, *30*, 675–740.

Feichtinger, G., Hartl, R. F., Kort, P. M., & Veliov, V. M. (2005). Environmental policy, the Porter hypothesis and the composition of capital: Effects of learning and technological progress. *Journal of Environmental Economics and Management*, *50*, 434–446.

Gans, J. S. (2012). Innovation and climate change policy. *American Economic Journal: Economic Policy*. *4*, 125–145.

Lorentzen, P., Landry, P., & Yasuda, J. (2014). Undermining authoritarian innovation: The power of china's industrial giants. *The Journal of Politics*, *76*(1), 182–194.

Peltzman, S. (1979). Toward a more general theory of regulation. *The Journal of Law and Economics*, *19*(2), 211–240.

Porter, M. E. (1991). America's green strategy. *Scientific American*, *264*(4), 168.

Wang Yun, Sun Xiao-hua, & Guo Xu (2019). Environmental regulation and green productivity growth: Empirical evidence on the Porter Hypothesis from OECD industrial sectors. *Energy Policy*, *132*, 611–619.

Yuan Yi-jun, & Xie Rong-hui (2016). Environmental regulation and the 'Green' productivity growth of China's industry. *China Soft Science*, *7*, 144–154.

Zhang Hua, Wang Ling, & Wei Xiao-ping (2014). Is there really a 'Porter Hypothesis' effect of energy? *China Population, Resources and Environment*, *11*, 33–41.

第Ⅱ部

制度の変化と資本主義の動態

06 制度の内部代謝と成長レジームの転換

山田鋭夫

1 はじめに

　2008 年のリーマンショックとそれに後続した世界経済危機は「100 年に一度の危機」として世間の耳目を集めた。多くの政治経済学が，この危機のうちに新自由主義や市場原理主義の限界を見出し，あるいは金融主導型資本主義の危機を確認した。同時にまた，この危機のうちに，何らかの時代の転換ないし屈折を予感した。

　しかし，リーマンショック後 10 年以上たった今日，新自由主義の思想と政策は，一部に排外主義やポピュリズムの動きを誘発させつつも，依然として支配的な思想であり続け，アメリカではウォール街の政治支配が継続している。あるいは金融が主導する資本主義の形態が消滅したようにもみえない。新自由主義の政治経済システムやイデオロギーに代わる新しいそれらは，はたして本当に芽生えているのだろうか。そしてそれは，現代にふさわしい民主主義への道を用意するものであろうか。

　たしかに危機のなかでいくつかの制度改革がなされてきたのは事実である。しかし，それらは全体として，新しい経済社会レジームの形成に向かっているものなのか。危機後 10 年，今日に生きるわれわれの眼には推移の方向性は「よくみえない」というのが正直なところである。この時われわれに必要なのは，制度やレジームの変わりにくさ（粘着性）と変化可能性の両面をしっかりと理解することである。それはまた，制度変化を規定する力とは何かを問うことでもある。

　本章 [1] は，今日の新自由主義を念頭におきつつ，このレジームの危機とは何でありうるかを展望する。そして，そのための大前提として，代表的な制度変化理論を振り返りみることによって，そもそも制度変化とは何なのかについて再考する。そのさい本章は「制度の内部代謝」という視点を積極的に取り入れたい。要するに本章は，制度変化に関

---

1) 本章は Yamada（2018）に収めた拙稿 'The Neoliberal Regime and its Possible Crisis' をベースにして，これに大幅な改訂を加えたものである。

する理論史的な省察をふまえつつ，今日の新自由主義的レジームの政治的経済的危機の可能性について基礎的な展望を得ることを目的とする。

　なお，ここに「レジーム」とは一般に，国際面であれ国内面であれ，特定のまとまりをもった政治的・経済的あるいはイデオロギー的な体制を意味し，それは諸制度の相互補完的かつ階層的な総体からなるものと理解されている。そして本章は，とりわけレギュラシオン学派のいう「成長レジーム」（「成長体制」）に多くの示唆を得ており，そこではこの概念は，一国一時代のマクロ経済的諸変数間の規則的・全体的な構図を指すものとされる。そして，この成長レジームは，適切な制度や「調整様式」[2)]に支えられれば活力ある「発展様式」を生み出すが，そうでない場合には発展様式は衰退し危機に陥るものとされる（Boyer & Saillard, 1995）。ただし本章では，成長レジームの語をむしろ発展様式に近いものとして拡張的に使用する。以下では当然ながら，ヘゲモニー国アメリカに焦点を当てて，主に金融主導型成長レジームを視野におく。

2 出発点としての経路依存論

　近年の制度変化論に大きな刺激を与えたのは経路依存（path dependence）の理論である。事実，成長レジーム論においても，少なくとも当初期に伏在していた歴史認識のパターンを抽出してみると，ある種の経路依存説的な構図を読み取ることができる。すなわちそこには大略的にみれば，構造的な危機→持続的成長（成長レジーム）→新たな構造的危機，という歴史的経路が想定されていた。

　ここにみられるものは，ある決定的な時期（レジーム危機の時代）において従来の諸制度が再検討に付され，さらには新しい諸制度の萌芽が形成され，そしてやがてそのなかから，適切な制度や政策によって経済発展や政治的安定が支えられる時期（持続的成長期）が到来するが，しかし時代の推移とともに，最後にはそれらも行き詰って新しい

2）レギュラシオン理論において「調整様式」の概念が当初のものからある種のずれが生じたことによって，制度変化の理論を見失ったということについて，アマーブルは次のように批判している。「レギュラシオン理論においては当初，調整様式の概念は，ある社会の再生産可能性を，またその社会を特徴づける特殊な支配関係を説明するために作られたのであるにもかかわらず，その調整様式は経済の調整様式ということになってしまった。そこから，なぜレギュラシオン理論が残酷にも制度変化の理論を欠くことになったかが説明されうる。レギュラシオン理論にとって制度は政治的妥協の産物――「制度化された妥協」――なのであり，そのおかげでほとんどの経済理論を特徴づける機能主義的仮説を採用しないですんでいた。制度変化の分析は，経済的軌道に対する社会的・政治的インパクトを説明するよう要請することになろう」（Amable & Palombarini, 2005：248–249，強調は原著者）。

レジーム危機ないし制度イノベーションの時代を迎えるという歴史認識である。例えばボワイエは次のようにいう。「ある制度的構図が外見的に安定する長い時期〔持続的成長期ないし発展軌道〕ののちには，一般に，以前の規則性を不安定化させる急激な危機〔構造的危機ないし決定的転機〕がやってくる」（ボワイエ, 2005：240）。

このように成長レジーム論の歴史認識は，後述するようにやがて修正されていくとはいえ，少なくともかなりの期間，意識すると否とにかかわらず，何らかの程度において経路依存論を下敷きにしていた。その意味で経路依存論は制度変化やレジーム変化への認識を深めていく場合の出発点の位置にあった。その経路依存論にはすでに膨大な文献が蓄積され，しかも多様な分野で多様な学説が展開されているので[3]，その全貌をここでフォローすることは不可能でもあり，また不必要でもある。経路依存説は制度研究の分野では，とりわけ「歴史制度主義」（historical institutionalism）の潮流に多大な影響を与え，またこの潮流のなかで経路依存説自体もいっそうの彫琢を受けてきた。そこで以下では，この潮流を中心にしてごく簡単な予備的考察をしておこう。

経路依存論に特徴的な歴史認識は，以下のように表現できる（Pierson, 2000；Mahoney, 2000；Deeg, 2001）。すなわち，歴史の経路は「決定的転機」（critical juncture）と呼ばれる時代をもって始まる。そこでは，危機と混乱のなかさまざまな将来的可能性がひしめきあっているが，そのなかからやがて，どれか一つないし少数の可能性（それ自身は小事象を契機とすることが多い）が選択されてゆく。どの制度や経路が選択されるかを決定するものは，多くの場合「偶然的」ないし「外生的」なショックである。しかしいったんある経路が選択されると，その経路はポジティブ・フィードバックないし収穫逓増の効果[4]を発揮し，自らを比較的長期にわたって「再生産」（reproduction）していき，さらに諸制度や経路は特定の型に「ロックイン」（lock-in）される。このような自己強化的連鎖の時期が制度の安定期である。しかしやがて，新しい事態の出現によってその経路は不安定になり，経路の急激な崩壊と新しい模索の時代，つまり新たな決定的転機を迎える。

上記のように経路依存論は，決定的転機→発展軌道（経路再生産）→決定的転機，という構図で歴史を理解する。これを縮約表現すれば「急進的変化によって周期的に阻止される長期的連続」（Pempel, 1998：3；Thelen, 2004：28）という歴史認識である。制度理論の領域におけるこの経路依存説の功績は，(1) 制度を固定的・静態的にしか扱わない議論を脱して，制度の歴史的・動態的理解（つまり制度変化論）に道を開いたこと，(2) そして歴史理解としては，単調な量的変化の継続という連続史観に代えて，経済社

3）近年における経路依存論の原点は，テクノロジー軌道論における David（1985），および複雑系経済学における Arthur（1994）にあろう。

4）経路依存を積極的に「収穫逓増を示す社会的過程」として概念化したのが，政治学者ピアソンである（Pierson, 2000）。

会の質的転換を内包する歴史的な起伏を描き出したこと，(3) 制度の機能主義的説明（制度 A が存在するのはそれが A′ という機能を果たすからであるという制度理解）を排して，制度の発生原因と存続原因を区別したこと，(4) 個別具体的な歴史事象とそれがもつ経路創設的な意味を強調することによって，各国資本主義の特殊性ないし「資本主義の多様性」へのパースペクティブを開いたこと，にあろう。

　こうして経路依存説は制度変化論という領域を事実上切り開いたのではあるが，その制度変化理解は必ずしも説得的であるわけではない。すでに多くの批判が提起されている。なかでも以下の点は重要であろう。(1) 制度変化の原因をもっぱら「外生的」および「偶然的」なショックに求めた点，(2) 当初の小事象による後代の大きな結果しか視野におさめられておらず，当初の大事象の効果をみていない点（Schwartz, 2001：4；Deeg, 2001），(3) 制度変化を決定的転機における「急進的」な変化に求め，制度の「漸進的」「内生的」変化をみていない点，(4) 歴史を制度変化期（決定的転機）と制度安定期（再生産期）に二分した点。これらの点は，制度変化論の深化のために克服されていかねばならない。

　以上のように経路依存説は，一方で，静態的制度観を排して動態的制度観を主題化し，その延長上に，中長期的に特定の画期をともなう質的転換としての歴史観を打ち出した点で多大な功績を残す。しかし他方，この説は制度動態に関してごく限定された諸相しか扱っておらず，また歴史変化の経路についてもきわめて機械的な二分法に陥っている。それはレジーム危機を画期とする歴史認識を開拓したにもかかわらず，どのようにしてレジーム危機が生ずるかについては示唆しない。そこで，まずは次節で，制度変化の諸類型論を手がかりにしながら，制度変化とは根本的にどういうことか，特に制度の内部代謝とはどういうことかについて考えてみたい。

3 制度変化の諸類型

　制度変化についてはさまざまな基準からいくつかの類型化が可能であろう。いちばんよく知られているのは，主としてセーレンによって提起された以下の表 6-1 であり，これは制度変化をその「過程」（漸増的 incremental か突発的 abrupt か）と「結果」（以前と連続的か非連続的・断絶的か）の観点から四つに分類するものである（Streeck & Thelen, 2005；Thelen, 2009）。

　表 6-1 において「A 適応による再生産」とは，時代の推移に対して既存の制度が適応しつつ自らを維持・存続させている状態である。「B 存続と復帰」とは，突発的な制度改革などがなされ一時的に制度変化が起きたかもしれないが，やがてすぐにその試みも失敗して元の制度に復帰するケースである。しかし，この二つはいずれも「結果」が以前と「連続的」であるという点では，制度変化でなく制度不変のケースである。した

表 6-1　制度変化の諸類型：過程と結果

| | | \multicolumn{2}{c}{変化の結果} | |
		連続的	非連続的
変化の過程	漸増的	A　適応による再生産	C　漸進的変容
	突発的	B　存続と復帰	D　崩壊と置換

出典：Streeck & Thelen（2005：9）

表 6-2　制度変化の諸類型：原因と過程

| | | 変化の原因 | |
		内生的	外生的
変化の過程	漸進的	A　内部代謝 制度の機能それ自体による制度の漸次的変質	C　ハイブリッド化 対外的・国際的影響の漸次的浸透と混成化
	急進的	B　閾値効果 内部代謝の閾値到達による制度の内部崩壊	D　大事件 国際ショック，戦争，革命，等

　がってこの表では，制度変化の類型としては「C 漸進的変容」と「D 崩壊と置換」のみが挙示されているということになる。前者 C は，変化の過程は部分的・漸増的でありながら，それが長期的に累積した結果，制度は当初とは非連続的な断絶をこうむるケースであり，セーレンらがとくに重視する制度変化のあり方である。後者 D は，突発的な変化の過程をたどりつつ以前とは断絶した結果に至りつくものであり，戦争・大恐慌・革命など，危機的な決定的転換の時代において，旧制度が一気に新制度に置換されるといった変化類型である。全体として結局，表 6-1 の分類にあっては事実上，制度変化が漸進的か突発的かの区別がなされているのみで，変化類型論としていささか粗略である。

　そこで，もう少し立ち入った類型化を提起してみたい。制度変化の「過程」に着目してこれを「漸進的」「急進的」に分類する視点はセーレンらから受け継ぎつつも，やはり問われるべきは制度変化の「原因」である。もっとも，ひとくちに「原因」といっても無数に存在しうるが，ここではきわめて大局的に「内生的」と「外生的」に区別する。現実の変化過程をそう簡単に「漸進」「急進」に二分できないのと同様，変化原因も複雑に絡みあっていて単純に「内生」「外生」の区別を許さないこともあろう。がしかし，あえて単純化した形で変化諸類型を示せば，表 6-2 のようになろう。

　最も重要で，かつ制度変化論の中心にすえられるべきは，「A 内部代謝」（endometabolism）すなわち「内生的原因による漸進的な制度変化」である。内部代謝はレギュラシオン学派から提起された概念であり，ごく一般的には「構造の機能が構造それ自体を変質させるような過程」（Boyer & Saillard, 1995：337）を意味する。政治経済学に引きつけていえば，「発展様式がそれ自身の内的力学のインパクトを受けて自らを変容させていくこと」（ボワイエ，2005：260–261）である。端的にいって，生物体がその

日々の新陳代謝機能の発揮を通して，中長期的には生体構造が幼・青・壮・老と変質を
とげていくように，制度が自己固有のダイナミクスによって漸次変化していくのが「内
部代謝」である。ボワイエはまた，「内部代謝，すなわち，所与のアーキテクチャーの内
部で緊張が内的に展開していくこと」（Boyer, 2005：70）ともいっている。経済学におけ
る「内部代謝」の語は，おそらくロルドンの学位論文（1993 年）で最初に用いられたと
思われるが，そのロルドンはこれを「構造変化の内生的過程」「長期にわたる局面の反復
によって次第に構造が変形されていくこと」（Lordon, 1995：178）と定義している。

　くわしくは次節で述べるが，このとき「制度」を広く「制度構造」のなかで理解する
と，内部代謝の全体的構図がわかりやすい。すなわち制度は，（1）制度の機能作用に
よって制度そのものを変質させていくのはもちろん，その結果として一方で，（2）制度
を取り巻く外的環境を変化させ（あるいは制度の内部代謝と関係なく制度環境が変化す
る場合もあろう），他方で，（3）制度の下で行動する各種アクターの戦略を変化させてい
く。制度はその内部代謝や大状況の変化によって，制度環境－制度そのもの－アクター
の戦略，からなるものとしての制度構造を不断に変化させてゆく。アクターの戦略とは，
当該の制度に利害関係をもつ各種社会グループの意思と行動であり，それは政治的連合
の形をとることによって強化される。制度の変化ないし内部代謝においては，こうした
政治的契機が重要な媒介となるであろう。

　さて，制度の内部代謝は，しかし一定の閾値を超えると急速な制度崩壊やレジーム危
機（さらには転換）に直面することがある。内部代謝しつつも全体として安定性を保っ
ていた制度が，ついに不安定圏へと突入するという事態であり，「内生的原因による急進
的な制度変化」である。それが表 6-2 における「B　閾値効果」（threshold effect）である。
これは「非線形性をもたらす転換点」（tipping point）の効果といってもよい（ピアソン，
2010：110）[5]。その意味で，「内部代謝の過程は，ある蓄積体制に特徴的なパラメーター
のゆっくりとした変化が，どのようにして構造的安定性の閾値を超え，マクロ経済的諸
変数の急激な調整に至るのかについて描写する」（ボワイエ, 2019：372）ものでもある。
そして閾値点に達すると経済危機のみならず，従来の支配的政治連合が分裂するなど，
政治危機が生ずることが多い。

5）内部代謝がやがてもたらすこの閾値効果を勘案するとき，決定的転機（急進的変化）は
　外生的にしか生じないという経路依存説は事態の一面（しかも相対的に小さな一面）し
　かみていないという点で，やはり批判されるべきである。「公式の経路依存論にあっては，
　決定的転機は経路内の正常な変化過程からは出現しえない。……〔しかし〕新しい決定
　的転機は，外生的に生ずるというよりも，経路自体の内的論理から内生的（かつ弁証法
　的）に生ずる」（Schwartz, 2001：11–12）。「外生的ショックは，経路が攪乱され，つまり
　は根本的な制度変化が開始される唯一の道ではない。……内生的および外生的な圧力が
　混合して一連の経路変換的イニシアチブが導かれるのである」（Deeg, 2001：11）。

1970年代のスタグフレーションは，フォーディズム的成長レジームの内部代謝がある閾値を超えたがゆえに招来された急進的変化の局面であり（ボワイエ，2005：260），そこにおいて従来のフォーディズム的労使連合は崩壊した。また，現代経済社会における制度やレジームの内部代謝的な変化としては，例えば都市化，グローバル化，脱工業化，金融化，高齢化，格差社会化，そして（制度そのものではないが）地球温暖化など，多々指摘できようが，今日，そのうちのいくつかは閾値を超えて急激な非線形的変化を迎えつつあるのかもしれない。

第三の制度変化類型は「C　ハイブリッド化」（hybridization）である。「外生的原因による漸進的な制度変化」と特徴づけられる。制度内であれ国内であれ，内部代謝がひとまず特定の同一空間内部の原因による変化であるとすれば，ハイブリッド化は対外関係ないし国際関係という，他空間との関係のなかで生ずる制度変化である。そして，ここにいうハイブリッド化は，そういった対外環境の影響による制度変化のなかでも漸進的なものを指すことにする[6]。多くの場合，一国が他国のある制度を模倣し自国に移植しようとしても，他国とまったく同じ制度にはならず，時間の経過のなかで自国の旧来の制度・慣行との混成化が生じ，ある独自な制度が生みだされてゆく。アメリカ・フォード方式を模倣しつつも日本に生まれたのがトヨタ方式という独自な制度であったことなどは，その好例である（ボワイエ，2005：261）。

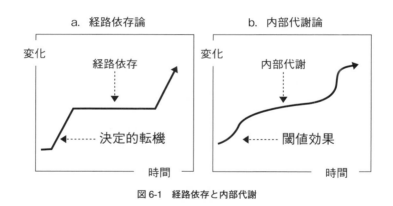

図6-1　経路依存と内部代謝

6）定義からして「ハイブリッド化」とは，外生的なものと内生的なものの混成であるから，これを一義的に「外生的原因」のうちに押し込めるのは問題もあろう。しかし「内部代謝」が同一空間内の通時的過程における内的変化に照準を合わせているのに対して，「ハイブリッド化」は他空間との接触という契機を重視するという意味で，これを「外生的」と位置づけておく。

　最後に第四の変化類型として「D 大事件」を挙げることができる。これは「外生的か
つ急進的な制度変化」につながることが多い。戦争，革命，恐慌，外国での政策大転換，
自然災害など，各種の国際的ないし経済外的ショックである。例えば1930年代恐慌，第
二次世界大戦，ニクソンショック，石油ショック，アジア通貨危機，リーマンショック
などなどが想起されよう。もっとも，ショックといっても，どこまでが外生的（大事件）
でどこまでが内生的（閾値効果）かは，これをみるさいの視角や時間幅によって異なっ
てくるのであり，機械的に分類できない。例えばニクソンショックなどにしても，寝耳
に水の金・ドル交換停止宣言としてみれば外生的な大事件であろうが，他方，アメリカ
における金準備の継続的減少とドル価値の漸次的低下という中長期的文脈でみれば内生
的な閾値効果的現象であろう。同じことは他の諸例についてもいえる。そして，閾値効
果や大事件はレジームの危機や転換につながることが多い[7]。

　以上のように制度変化を四つに類型化してみるとき，経路依存説は急進的変化（B, D）
を「決定的転機」として重視し，漸進的変化（A, C）はむしろ制度不変の安定期つまり
経路依存的な「発展軌道」として描いたことになる。経路依存説と内部代謝説の制度変
化観のちがいを図示すれば図6-1のようになろう。図6-1b中「内部代謝」を意味する部
分がなだらかな右上がり曲線を描いているが，これは制度安定期のなかにあっても不断
に生じている漸進的変化を示している。

4 制度変化の概念的理解

　経路依存説の功績を評価しつつも，セーレンらは制度変化の基本はむしろ漸進的変化
にあるとして，経路依存説を批判的に乗り越えようとする。われわれもセーレンらとと
もに，漸進的変化を制度変化の基本におきたい。表6-2でいえば「A 内部代謝」と
「C ハイブリッド化」にまず注目するということである。重ねていうが，このことは急

---

7) 調整様式の変化をめぐる内生的な閾値効果と外生的な急進的変化の関係について，ボワ
　イエは，両者ともども重視している発言を残している。「調整様式の変容を説明するため
　に，当初は急進的変化の必然性という見方を特権化していたが，その後，レギュラシオ
　ンの研究は次第に，内部代謝，すなわち一連の周縁的変化が蓄積された結果としての調
　整様式の急激な変質の可能性を探るようになった」（ボワイエ，2005：271）。こう述べつ
　つも，急進的・偶然的事件が成長レジームおよび調整様式に及ぼす決定的作用という見
　方を放棄したわけではないことは，最近の次の文からも明らかである。「最初にアメリカ，
　次いでフランスを対象とした〔レギュラシオン学派の〕創成期の研究では，レギュラシ
　オン理論の研究者たちは，戦争や大危機が蓄積体制と調整様式の大転換における決定的
　なエピソードであったということを発見して驚いたものだった。実際に，これらのエピ
　ソードは……正真正銘の社会的な実験室であった」（ボワイエ，2016：89）。

124

進的変化や経路依存説にいう決定的転機が重要でないということではない。決定的転機
というものも，よほどの偶然的大事件を別とすれば，多くの場合，漸進的変化があるク
リティカル・マスに達した転換点に相当する。そういう展望をもった漸進的変化論が求
められている。はじめにまず，セーレンらによる漸進的変化論を検討することにしよう。

　あらかじめ一言しておけば，制度変化の漸進的性格はすでに早く North（1990）によっ
て強調されていた。制度を「ゲームのルール」として定義したノースは，同時に「フォー
マルなルール」（憲法，法律，条令，個別的契約，等々）に対する「インフォーマルな制
約」（ルーティン，習慣，伝統，慣習，文化，等々）の強さに注目し，この「インフォー
マルな制約」のもつ粘着性ないし不変性（tenaciousness or adhesiveness）を強調した。そ
の結果，仮に公式のルールが変更されても，あるいは革命や征服などによる急進的制度
変化が実施されても，インフォーマルな制約は変化しにくいので，結果として制度変化
は漸進的になるという。そこには，ルールそのものと，アクターによるその解釈・運用
との乖離という問題も意識されている。

　さて，漸進的変化論におけるセーレンの貢献点はいくつかあるが[8]，さしあたり注目
すべきは，漸進的変化の諸様態を析出しこれを類型化した点である。彼女が最初に提起
した漸進的変化の様態は制度の「重層」（layering）と「転用」（conversion）の二つであっ
た（Thelen, 2003；2004）。制度重層とは，既存の制度を除去することなく，むしろその
いくつかの要素を温存したまま，同じ制度領域に新しい制度要素を付加することであ
る[9]。これに対して制度転用とは，一連の目的を達成すべく考案された制度が別の目的
へと方向転換されることをいう。すなわち環境が変化するとともに，当初の制度が公式
には（例えば法律文面上は）変更されることがなくても，変化した環境のもとでの新し
い目的に向かって新しく解釈しなおされ，運用が変更されていくことである。当然なが
らこの場合，制度の役割や機能は当初のそれらからは変化する[10]。

8）セーレンはその主著において，制度変化論に関する自らの積極的主張として，以下の諸
　点を挙げている。（1）制度安定性の分析と制度革新の分析を分離する議論や，制度変化
　要因を外生的とみる見解を批判して，制度の漸増的変化のパターンを示すこと，（2）機
　能主義にも断続均衡モデルにも反対し，また経路依存論における自動的制度再生産論に
　も反対し，制度の安定要因と変化要因の連関性を示すこと，（3）制度は不断に政治的異
　議申し立てを受けているものであり，制度の基盤をなす政治連合は変化するものである
　点を示すこと（Thelen, 2004：30–31）。
9）例として，ドイツにおける職業訓練対象が当初の職人セクターから次第に基幹産業セク
　ター（金属・機械製造業など）へと拡張されていったことによって，当初の職業訓練制
　度が漸次変質していったことが，挙げられている（Thelen, 2003：226）。日本における会
　社法の改正によって，監査役設置会社と並んで委員会設置会社が認められたのも，重層
　的制度変化の一例であろう。

　その後セーレンは，いくつかの共著論文のなかで漸進的制度変化の様態につき追加的に補足をするとともに，それらを一定の基準から分類する。Streeck & Thelen（2005b）で追加された諸様態としては，制度の「漂流」（drift）と「置換」（displacement）が重要であろう。制度置換とは，旧制度の廃止と新制度の導入という，制度の新旧入れ替えを指しているが，これは一般的には漸進的変化でなくむしろ急進的変化に分類すべきものであろう。これに対して制度漂流とは，外的環境が変化したにもかかわらず制度そのものは不変にとどまって環境不適応となり，その結果，制度の実効力が失われて制度が空洞化することである。そういう形での制度の漸次的・実質的な変化である[11]。

　以上をふまえつつセーレンは，政治的文脈が現状維持的か否か，制度の解釈・運用におけるアクターたちの自由裁量余地が大きいか小さいかを基準にしつつ，漸進的制度変化の諸様態を分類する（Thelen, 2009：489；Mahoney & Thelen, 2010：19）。この点はよく知られている。

　しかしここでは，漸進的制度変化の本質を「内部代謝」（および「ハイブリッド化」）に求める立場に立って，セーレンとは異なった観点から制度変化の諸様態を概念的に整理しておこう。漸進的変化の三様態（重層，転用，漂流）は制度の内部代謝のどのようなあり方の差異に基づいているのか。しかも先に示したように，制度の内部代謝とは，制度それ自体の機能作用によって，制度そのものが変化するとともに，それとの因果関係をなしつつ，制度の外的環境（制度が埋め込まれている文脈）が変化し，また，制度の下で行動する各種アクターの戦略（制度の解釈・運用・諾否）が変化することでもあった。制度というものをこのように広く「環境」（制度をとりまくコンテキスト），「制度」（テキストとしての制度），「運用」（アクターによるテキストの解釈・運用）という三相からなる「制度構造」として把握するとき，内部代謝（およびハイブリッド化）すなわち漸進的制度変化の諸形態は，三相間のずれのあり方の相違として概念把握されることになる。それを示したのが表6-3である。

　いま仮に当初期（第1期）において制度構造 I_1 は，環境 A のもと a という制度をとり，それはαという形で運用されていたとする。これを I_1（A, a, α）と表現する。この状態では三相間にずれは存在せず，制度は安定的に再生産されている。しかし同時に，制度はつねに内部代謝のもとにある。それがある程度行きついた点（場合によってはある閾

10）制度転用について Thelen（2003）は多くの例を挙げている。その一つとして，第二次世界大戦期に軍需生産のために発展させられた制度が，戦後の平時になって積極的産業政策のための制度へと転用されたことも指摘されている。

11）例えば，アメリカにおける企業年金制度の不安定化（401（k）条項による拠出建て化）にもかかわらず，公的年金制度が不変にとどまったことによって，年金制度全体としては当初目的を果たせなくなったことなど（Hacker, 2005；Béland & Shinkawa, 2007）。

表6-3　制度構造論からみた制度変化の諸様態

	第1期	第2期	変化の諸様態	変化の緩急
環境	A	B		
制度	a	b	置換I（B, b）	急進的
	a	a + b	重層I（B, a + b）	
	a	a	漂流I（B, a）	漸進的
制度	a	a	転用I（B, a, β）	
運用	α	β		

値を超えた点）を第2期とし，そこでは制度環境がAからBに変化しつつある（あるいは変化した）とする。ここに環境変化とは，大状況の変化でもよいし，個々の制度をめぐる新しい事態の出現でもよい。あるいは，単純に環境の側のみの変化でなく，制度そのものの変質による環境とのずれと考えてもよい。とにかく制度的文脈の何らかの変化をBで示す。このとき，新環境Bに対応して直ちに新制度bが確立してI_2（B, b）ないしI_2（B, b, β）という制度構造が出現すれば，それは制度の「置換」であり，これは先にも述べたとおり漸進的というよりは急激かつ徹底的な制度変化であろう（したがって，これは当面の考察対象ではないが，参考のため表6-3には書き入れておく）。漸進的変化が問題となるのは，新環境Bが出現しているのに，制度aが新環境に適合した新制度bによってとって代わられない場合である。つまり在来の制度aが何らかの形で粘着性を示す場合である。

　まず考えられるのは，環境Bのもと，在来的制度aに加えて新制度bが追加され，両者が並存するケースである。あるいは新制度bが制定されるが，在来的制度aも存続し，両者が対抗しつつも共存する場合である。このI（B, a + b）という制度状況が「重層」である。新制度bの追加に際して経過措置や緩和措置が講じられるとしたら，例えばI（B, $\frac{2}{3}$a + $\frac{1}{3}$b），I（B, $\frac{1}{3}$a + $\frac{2}{3}$b）といった重層形態として示されよう。

　次に，逆に，そのような制度併設が存在せず，変化した環境Bのもとで旧来の制度aが依然として存続する場合には，「漂流」が起こる。政策担当者の無為・無能によってであれ，制度aの利益に浴していた社会政治グループによる制度改変の拒否によってであれ，制度が漂流すると当然ながら制度は実質的機能を果たさなくなる。制度aが残存していてもそれがこのように実質的に機能不全化し漂流することも，まちがいなく制度変化なのである。つまり漂流とはI（B, a）で示される制度構造を意味することになる。

　ただし第三に，その状況にあっても，もし制度運用において自由裁量の余地があれば，あるいは強力な利害グループが自らの制度解釈を政治的・社会的に押しつけることができるならば，制度aを環境Bに適応した形βとして解釈・運用することによって，制度を実質的に変化させうるのであって，このI（B, a, β）が「転用」である。

　要するに制度の漸進的変化とは，新環境Bのもとで旧制度aが何らかの形で残存する

状態を指す。そして，そのaの残存のあり方には，さしあたり三つの形態が識別される。つまり，I（B, a）＝漂流，I（B, a, β）＝転用，I（B, a＋b）＝重層の三つである。これら三者のうちどれが支配的になるかは個々の制度ごとに異なるであろうし，場合によっては，この三者が一連の過程のなかで連続的または並行的に発現することもあろう[12]。加えて，制度変更への社会的政治的拒否が大きいほど新制度は樹立されがたく，したがって政治的無為のもとでは，制度漂流が起こりやすい。変更への拒否が強い制度とは，一般に在来の支配的な政治的連合にとって死活的な制度であり，その意味で制度階層性の上位に位置する制度である場合が多い。

このように漸進的制度変化とは，I₁（A, a, α）とI₂（B, b, β）という，二つの理念型的制度布置の間に介在する流動的な中間的様態として理解することができる。制度の粘着性や支配的政治連合の強弱がこれら諸様態を生み出す。そして重要なことは，この中間形態こそ制度構造の常態であり，しかもそれぞれの中間形態は短期的には安定を保ちつつも，ゆっくりと内部代謝をとげているということである。つまり安定のなかにも漸進的な制度変化が起こっていることこそ，制度――およびその総体としての成長レジーム――の常態なのである。

以上のように，制度は内部代謝とハイブリッド化を通じて漸進的に変化する。その変化が一定の閾値に到達したり，突発的な大事件に遭遇したりすると，変化は急進化することがある。漸進的であれ急進的であれ，制度変化を背後で規定しているものは，制度のもとで活動している人間すなわちアクターである。制度のもとでのアクターの活動の結果，制度そのものに部分的改訂が加えられていくのはもちろん，制度を取り巻く環境が変化し，環境変化に応じてアクターによる戦略が変化し，それゆえ制度の解釈・運用も変化する。一部改訂されつつも全体としては安定的に再生産されていた制度も，やがては不安定化し崩壊や大改変に至ることがある。

このとき決定的に重要な役割を果たすのが政治的媒介である。少なくとも経済的に重

---

12) 制度の重層・転用・漂流の同時並行的進行という事態は，制度を狭い範囲で考察するか広い範囲で考察するかによって，多様に検出することができよう。この点，アメリカにおける年金制度改革を例にとった新川敏光らの次の指摘が示唆的である。「時として，制度の重層化・転用・ドリフトは，個別独立に生ずるのではなく，一つのプロセスのなかで密接不可分な形で進行する。例えばアメリカの年金の例では，ハッカー〔Hacker（2004）〕はこれを政策ドリフト〔漂流〕として説明しているが，企業年金をみれば401（k）という新たな制度の導入によって私的年金空間のなかで制度の重層化がなされ，多くの企業年金がそちらに移行していった結果として，企業年金の老後保障機能が低下し，リスクを被用者個人に負わせ，個人投資家を増やす機能を促進することになったのである。これは企業年金という制度の転用（目的転換）と考えることもできる」（新川・ベラン, 2007：189–190,〔　〕および強調は引用者）。

要な制度に関しては，政治の役割は決定的である。つまりアクターたちは，新しい環境的条件のもと，自らの戦略を再検討し変化させる。そして新しい戦略に適合的な制度の実現を目指して，あるいは自らに不利な制度の撤廃を目指して，「社会的連合」ないし「政治的連合」を組織する[13]。もちろん組織化の程度と形態は，明確な結託によるものから暗黙的・一時的なものまで，あるいは理念の共有から贈収賄によるものまで，多様であろうが，とにかく自らの利害が貫徹するよう，多数派ないし支配的社会政治グループの結成を目指す。その過程では，グループ構成の再編ないし連合の組替えも当然に生ずる。

5 新自由主義における経済と政治

　以上，制度やレジームの変化を規定する諸契機について，理論的な反省を試みてきた。その上に立って本節では，今日の新自由主義レジームについて，その経済的背景と政治的契機を中心に，一つの批判的視角を提起しておこう。

　金融が主導する新自由主義のレジームは，かつてのフォード＝ケインズ主義的成長レジームの墳墓のうえに築かれた。もちろん，こうした再構築は自動的・自然的なものではありえず，そこには特定の支配的社会グループによる明確な意図と，これを実現するための政治的連合の組替えが働いていた。と同時に，かつてのフォード＝ケインズ主義的レジームの内部代謝の結果として，主要資本主義諸国では旧来の制度文脈が大きく変質したという客観的な制度構造的要因も見逃せない。フォーディズムはその成功ゆえに自らの存立環境を掘り崩したのである。まずは経済的側面から。

　フォーディズムの諸制度および成長レジームの内部代謝によって，先進資本主義諸国で工業化が進展した結果，一方で過剰生産能力をかかえて国際競争が激化し，他方で生産性上昇が鈍化しインフレおよび賃金上昇が加速した。1970年代のニクソンショックおよび石油ショックという国際的大事件も，この傾向を促進するものであった。国際競争激化の延長上にやがて企業の多国籍化や経済のグローバル化が，また工業生産性の鈍化や新興工業諸経済の登場とともに先進諸経済の脱工業化が，そしてこの両者の結果として，ヘゲモニー国では経済の金融化が出現した。グローバル化，脱工業化，金融化は，いずれも経済的コンテキストの大変化であるが，それは多分にフォーディズム的成長レジームの内部代謝がある閾値に到達した結果でもあった。

　脱工業化は，これまで製造業大企業を中心に組織されていた労働者の減少と組合組織

---

13) この点はすでに，アマーブルが「制度」の基礎に「支配的社会ブロック」を基盤とする「政治的連合」を指摘し（アマーブル，2005：第2章），またセーレンが「制度が立脚する政治連合的基礎」を重視したとおりである（Thelen, 2014）。

率の低下をもたらし，こうして労働者階級の勢力は明確に減退した（ライシュ, 2008：9；クラウチ, 2007：3, 18, 20）。雇用はサービス部門へと移動し，サービス部門の特徴たる小規模性と経営不安定性のゆえ，さらにはまた雇用の非正規化を含む雇用形態の多様化のゆえに，従業員の利害は分散し分裂した。かつての労働者の団結なるものは消失した。

　加えて，かつては狭義の労働者を囲むように，技術者や公務員なども労働者と同じ隊列に加わっていた。さらにいえば，かつては労働所得稼得者のみならず，福祉国家を通して非労働者をも巻き込んだ「資本と市民の合意」「国家と市民の合意」が存在していた（ボールズほか, 1986：77–81）。それほどに広範な労働者・市民と資本家的経営者が連合していたのが，戦後期の「フォーディズム連合」ないし「ケインズ主義連合」であった。しかしこの労使連合は，経済の脱工業化や雇用の非正規化による労働者の力の減退とともに崩壊した。

　国際競争の激化と経済のグローバル化も制度環境を大きく変えた。そして，労働者階級の衰退にともなう賃金停滞を穴埋めしたのは，まずは，対外開放による安価な輸入消費財であった。それらは主として中国をはじめとする新興工業諸国から供給された。先進諸国民は「労働者」として失ったものを，安い輸入品を享受する「消費者」として取り戻した（ライシュ, 2008：第 2 章；ボワイエ, 2011：308–311）。と同時にそこには，先進国 対 新興国の貿易関係という単純な枠組みを超えて，先進国企業の多国籍化と強大化という新たな政治経済環境が形成されていた。

　この多国籍企業は，新たな金融技術や金融商品の開発によって飛躍的に拡大した金融業とあいまって，経済のグローバル化を大きく推進した。グローバル金融業の発展と経済の金融化は，少なからぬ労働者を自らのうちに巻き込んでいった。高齢化とともに年金収入に依存する層が増え，大量の退役労働者はいわば金利生活者となり，ここに年金基金の影響力が増大した。また現役の労働者は，とりわけ好況期には各種の金融所得を得るという形で，賃金所得の停滞を穴埋めした。こうして「労働者」に代わって，人びとは「投資家」として登場するようになった。

　要するに，今や労働者はより多く「消費者」および「投資家」の規定性を帯びたが，それは同時に「債務者」としての役割を担うことでもあった。クラウチはこれを「民営化されたケインズ主義」（privatized Keynesianism）と皮肉ってこう語る。「経済を刺激するために政府が借金をするのでなく，貧困層を含む諸個人や諸家族が借金をするようになった」（Crouch, 2011：114），と。そして，こうした新たな規定を帯びた大衆の登場が，新自由主義ないし金融主導型のレジームを最も外側から支えることになる。

　このようにフォーディズム的レジームの内部代謝は，結果的に制度環境の脱工業化，グローバル化，金融化への前提条件を生み出した。しかし，それが特定の方向性をもって本格的に実現したのは，何といってもケインズ主義に代わって登場した新自由主義の

思想と政策が一定の支持を得たからであり，そして，これを推進する新しい政治的連合
——すなわち「新自由主義連合」——が構築されたからである。この新自由主義連合は，
自らに好都合な新制度の創設はもちろん，既存制度の解釈・運用のレベルにおいても，
自らの利害を戦略的に強力に貫徹していった。つまり自らに好都合な新制度の創設戦略
のみならず，重層・漂流・転用という形における制度の漸進的変化戦略が進められて
いった [14]。

　新自由主義は，自由競争，市場の効率性（規制緩和），国家の撤退（減税・民営化）と
いうその標語とは裏腹に，その実質は徹底的に上層階級の権力の回復の運動である
（Harvey, 2005）。権力の回復は何よりも金融収益が爆発的に増大するシステム（金融主
導型レジーム）の構築を基盤としていた。事実，新自由主義は，生産性上昇や経済成長
の面ではみすぼらしい成果しか挙げていないが，上層階級への富の分配の面では大きな
成果を挙げた。その帰結は「社会的不平等の拡大」「経済格差の拡大」として，現在，世
界的に大問題となっているとおりである（Piketty, 2013；Boyer, 2013）。上層階級は確実
に経済権力を奪回した。

　その上層階級の中核に位置するのは，大資産家およびグローバル金融企業・巨大多国
籍企業のトップ経営陣である。この両者の結託が新自由主義連合の核心をなす。そして
その周囲に，企業の中堅幹部や官僚層，会計士・法律家・各種コンサルタント，エコノ
ミストやマスコミ関係者，自営業者などが位置する。これらを加えても，その限りでは
新自由主義連合は少数派であり，連合の幅は狭い [15]。しかし新自由主義連合の強みの一
つは，その「同心円構造」のいちばん外側に多数の消費者および投資家を引き寄せたこ
とにある（Martinelli, 2014：295）。

　もちろん，ここに取りこまれた消費者および一般投資家は，必ずしも連合の中核層と
利害が一致するわけでなく，多くの場合むしろ，新自由主義政策の犠牲者となることが
多い。しかし，脱工業化とサービス化のもと，製造業労働者はもちろん，これに代わっ
て新たに形成された多様な職業に従事する人びとは，賃金所得が停滞するなか，安価な
消費財を提供するグローバル企業や，魅力的な金融所得の機会を提供する金融市場との
関係を強めざるをえない。こうして新自由主義連合は，その最外周に広範な消費者およ
び投資家という，脆くあいまいな支持層を引き寄せた限りでは，広い連合を築くことが
できた。

14）制度の漸進的変化の例としては，さきの注 12 にみたように，アメリカの年金制度改革
　　などを挙げることができよう。
15）「新しい新自由主義的階級連合は 1980 年代にヘゲモニー的位置を占めるようになったが，
　　この連合は幅の狭いものであって，レント型資本家，高額稼得の金融業者および彼らの
　　富を管理するトレーダー，巨大多国籍企業のトップ経営陣に限られる」（Bresser-Pereira,
　　2014：60）。

　新自由主義連合は，その広がりのある外周部においてはきわめて脆いが，しかし中核部はきわめて強力であり，それは彼らが強大な政治権力を手に入れたからである。それがこの連合のもう一つの，そして決定的な強みである。大企業という経済権力が政治権力を手に入れたのである（Reich, 2007；クラウチ, 2007：79）。すなわち，巨大諸企業は経済的競争で優位に立つために，行政・立法など，政治的意思決定のレベルでの影響力行使を強化し，いわば政治的競争へと踏み込むようになった。その手段は企業がもつ膨大な資金であり，それをもとにした強力なロビー活動である。他方，政治の側でもとりわけ選挙資金がますます増大するという事情のなか，政治家は企業からの政治資金を頼りにすることになる（Reich, 2007；Crouch, 2011；Martinelli, 2014）。こうして新自由主義連合の中核層は，自らの支配的利害を貫徹し，そのための制度改変を遂行する。要するにカネが政治を支配し，政治は特権階級に奉仕する道具となる。まさしくここに，近年の世界金融危機にもかかわらず，新自由主義と金融主導の政治経済レジームが存続しえている理由がある。

6　おわりに

　新自由主義はその「自由競争」「国家の撤退」という外向きの顔の背後で，このように巨大企業＝金融連合による徹底した「政治独占」と「国家の買収」という隠された顔によって存続してきた。このことは単に経済的不平等の拡大をもたらすだけでなく，政治的に民主主義の空洞化ないし崩壊をもたらす。この点はすでに多くの論者によって指摘されているとおりである。例えばライシュは，新自由主義のもとでの「資本主義の勝利と民主主義の衰退」を看破しつつ，「消費者および投資家としての私たちは飛躍的に成長した。しかし一方で，公共の利益を追求するという市民としての私たちの力は弱くなってしまった」（ライシュ, 2008：6-7, 68）と批判する。クラウチは，「よくあることだが，富者の利害によって富が政治権力に転換されるとしたら，それは市場経済と民主主義をともども歪めることになる」（Crouch, 2013：vii）と警告する。

　つまり，新自由主義レジームは，その根底において民主主義と両立しない。それどころか民主主義の破壊者として存在する。あるいは金融主導型レジームは，金融バブルを起動因としているかぎり，つねに経済的不安定のなかにある。その不安定な動態ゆえに現存の新自由主義連合はつねに分裂のリスクにさらされている。だが，もう一度根底的な問題に戻っていえば，新自由主義が真にレジーム危機に陥るとしたら，それは民主主義を求める市民の力が大きく復活するときであろう。

　新自由主義は，2008年金融危機といういわば「経済的」危機を経験したのち，今日，政治的にますます民主主義を衰退させている。広がりすぎた経済的不平等，空洞化しすぎた民主主義に対して，市民の側から権利の回復と拡充の運動が一定の高さに達すると

き，危機は単に「経済的」であるのみならず同時に「政治的」なものとなろう。そのためには新しい市民社会を求める新しい政治連合が形成されねばならない。いずれにしても，新自由主義と民主主義とのこの矛盾がやがてこのレジームを深い構造的危機へと追いやることになるのではなかろうか。

【参考文献】

新川敏光・ベラン, D.（2007）.「自由主義福祉レジームの多様性――断続均衡と漸増主義のあいだ」『法学論叢』*160*（5・6), 184–220.

Amable, B.（2003）. *The diversity of modern capitalism*. Oxford University Press.（アマーブル, B. ／山田鋭夫・原田裕治・木村大成・江口友朗・藤田菜々子・横田宏樹・水野有香 ［訳］（2005）.『五つの資本主義――グローバリズム時代における社会経済システムの多様性』藤原書店）

Amable, B., & Palombarini, S.（2005）. *L'Economie politique n'est pas une science morale*. Raisons d'Agir.

Arthur, W. B.（1994）. *Increasing returns and path dependence in the economy*. University of Michigan Press.（アーサー, W. B. ／有賀裕二［訳］（2003）.『収益逓増と経路依存――複雑系の経済学』多賀出版）

Béland, D., & Shinkawa, T.（2007）. Public and private policy change: Pension reform in four countries. *Policy Studies Journal, 35*(3).

Bowles, S., Gordon, D. M., & Weisskopf, T. E.（1983）. *Beyond the waste land: A democratic alternative to economic decline*. Anchor Press/Doubleday.（ボールズ, S.・ゴードン, D. M・ワイスコフ, T. E. ／都留　康・磯谷明徳［訳］（1986）.『アメリカ衰退の経済学――スタグフレーションの解剖と克服』東洋経済新報社）

Boyer, R.（2004）. *Une théorie du capitalisme est-elle possible?* Odile Jacob.（ボワイエ, R. ／山田鋭夫［訳］（2005）.『資本主義vs資本主義――制度・変容・多様性』藤原書店）

Boyer, R.（2005）. Coherenece, diversity, and the evolution of capitalisms: The institutional complementarity hypothesis. *Evolutionary and Institutional Economics Review, 2*(1), October.

Boyer, R.（2011）. *Les financiers détruiront-ils le capitalisme?* Economica.（ボワイエ, R. ／山田鋭夫・坂口明義・原田裕治［監訳］（2011）.『金融資本主義の崩壊――市場絶対主義を超えて』藤原書店）

Boyer, R.（2013）. Capital in the twenty-first century: A régulationist view. *Revue de la régulation*, 14, en ligne, 2ᵉ semester/ Autumn.（ボワイエ, R. ／横田宏樹［訳］・山田鋭夫［監修］（2016）.「ピケティ『21世紀の資本』を読む」『作られた不平等――日本，中国，アメリカ，そしてヨーロッパ』藤原書店）

Boyer, R.（2015）. *Economie politique des capitalismes: Théorie de la régulation et des crises*. La Découverte.（ボワイエ, R. ／原田裕治［訳］（2019）.『資本主義の政治経済学――調整と危機の理論』藤原書店）

Boyer, R., & Saillard, Y.（eds.）（1995）. *Régulation theory: The state of the art*. Routledge.

Bresser-Pereira, L. C.（2014）. The hegemony constraints in the neoliberal years of capitalism. in H. Magara（ed.）*Economic crises and policy regimes: The dynamics of policy innovation and paradigmatic change.* Edward Elgar.

Crouch, C.（2004）. *Post-Democracy.* Polity.（クラウチ, C. ／近藤隆文［訳］（2007）.『ポスト・デモクラシー──格差拡大の政治を生む'政治構造'』青灯社）

Crouch, C.（2011）. *The strange non-death of neoliberalism.* Polity.

Crouch, C.（2013）. *Making capitalism fit for society.* Polity.

David, P. A.（1985）. Clio and economics of QWERTY. *American Economic Review, 75*（2）, 332–337.

Deeg, R.（2001）. Institutional change and the uses and limits of path dependency: The case of German finance. *Max-Plank-Institut für Gesellschaftsforschung Discussion Paper*, 01/6, November.

Hacker, J. S.（2004）. Privatizing risk without privatizing the welfare state: The hidden politics of social policy retrenchment in the United States. *American Political Science Review, 98*（2）.

Hacker, J. S.（2005）. Policy drift:The Hidden Politics of US Welfare State Retrenchment. in W. Streeck, & K. Thelen（eds.）*Beyond continuity: Institutional change in advanced political economies.* Oxford University Press.

Harvey, D.（2005）. *A brief history of neoliberalism.* Oxford University Press.（ハーヴェイ, D. ／渡辺　治［監訳］（2007）.『新自由主義──その歴史的展開と現在』作品社）

Lordon, F.（1995）. Formalising regulationist dynamics and crises. in R. Boyer, & Y. Saillard（eds.）*Régulation theory: The state of the art.* Routledge.

Magara, H.（ed.）（2014）. *Economic crises and policy regimes: The dynamics of policy innovation and paradigmatic change.* Elgar.

Mahoney, J.（2000）. Path dependence in historical sociology. *Theory and Society, 29*（4）.

Mahoney, J., & Thelen, K. A.（eds.）（2010）. *Explaining institutional change: Ambiguity, agency, and power.* Cambridge University Press.

Martinelli, A.（2014）. A political analysis of the global financial crisis: Implications for crisis governance. in H. Magara（ed.）*Economic crises and policy regimes: The dynamics of policy innovation and paradigmatic change.* Elgar.

North, D. C.（1990）. *Institutions, institutional change and economic performance.* Cambridge University Press.（ノース, D. C. ／竹下公視［訳］（1994）.『制度・制度変化・経済成果』晃洋書房）

Pempel, T. J.（1998）. *Regime shift: Comparative dynamics of the Japanese political economy.* Cornell University Press.

Pierson, P.（2000）. Increasing return, Path dependence, and the study of politics. *American Political Science Review, 94*（2）.

Pierson, P.（2004）. *Politics in time: history, institutions, and social analysis.* Princeton University Press.（ピアソン, P. ／粕谷祐子［監訳］（2010）.『ポリティクス・イン・タイム──歴史・制度・社会分析』勁草書房）

Piketty, T.（2013）. *Le capital au XXIe siècle.* Seuil.（ピケティ, T. ／山形浩生・守岡　桜・藤本

正史［訳］（2014）.『21 世紀の資本』みすず書房）

Reich, R. B.（2007）. *Supercapitalism: The transformation of business, democracy, and everyday life*. Vintage Books.（ライシュ, R. B.／雨宮　寛・今井章子［訳］（2008）.『暴走する資本主義』東洋経済新報社）

Schwartz, H.（2001）. *Down the wrong path: Path dependence, markets, and increasing returns*. Unpublished Manuscript, University of Virginia.

Streeck, W., & Thelen, K.（eds.）（2005a）. *Beyond continuity: Institutional change in advanced political economies*. Oxford University Press.

Streeck, W., & Thelen, K.（eds.）（2005b）. Introduction: Institutional change in advanced political economies. in W. Streeck, & K. A. Thelen（eds.）*Beyond continuity: Institutional change in advanced political economies*. Oxford University Press.

Thelen, K.（2003）. How institutions evolve: Insights from comparative-historical analysis. in J. Mahoney, & D. Rueschemyer（eds.）*Comparative historical analysis in the social sciences*. Cambridge University Press.

Thelen, K.（2004）. *How institutions evolve: The political economy of skills in Germany, Britain, the United States, and Japan*. Cambridge University Press.

Thelen, K.（2009）. Institutional change in advanced political economies. *British Journal of Industrial Relations, 47*(3).

Thelen, K.（2014）. *Varieties of liberalization and the new politics of social solidarity*. Cambridge University Press.

Yamada, T.（2018）. *Contemporary capitalism and civil society: The Japanese experience*. Springer.

07 グローバル化・金融化時代における日本企業の利潤と投資

宇仁宏幸

1 はじめに

　本章では，日本の非金融上場企業の 1992–2012 年度の連結決算データを使って，資本蓄積と利潤との間のミクロ的関係を実証的に分析する。次の二つの関係に焦点を当てる。第一は企業規模と利潤率との関係である。本章では企業規模を総資産額で測るが，総資産額は資本蓄積の累積的結果にほかならない。企業規模すなわち総資産額が大きいほど，利潤率は増加するのか（収穫逓増），あるいは減少するのか（収穫逓減），あるいは変わらないのか（収穫一定）を計測し，その理由について考察する。製造業企業ではゆるやかな収穫逓増傾向がみられ，非製造業企業ではゆるやかな収穫逓減傾向がみられることもあるが，全体ではほぼ収穫一定であるという計測結果が得られる。また，公益事業の部分的規制緩和が公益企業の利潤率に及ぼした影響を数量的に明らかにし，制度変化が利潤率に及ぼす影響が大きいことを説明する。企業規模が大きいほど，同様の規模をもつ諸企業間での利潤率のばらつき（標準偏差）は，減少する傾向（利潤率の収れん傾向）があるという事実も，企業規模と利潤率との関係をみるうえで重要である。この事実を実証的に確認したうえで，企業が直面する将来に関する不確実性を考慮に入れて，この利潤率の収れん傾向の理由と含意について考察する。

　本章で分析する第二の関係は，総資産成長率で測られる資本蓄積率と利潤率との関係である。具体的には，個々の企業の実物的利潤率と金融的利潤率が，当該企業の実物的投資と金融的投資に対してどのような影響を与えるのかを計測する。実物的投資については，個々の企業は，自身の数か月先の利潤率を予想し，その予想された将来利潤率に基づいて，実物的投資の量を決定しており，金融的投資については，1，2 年前に実現された利潤率をみて，金融的投資の量を決定しているという計測結果が得られる。このような違いが生じる理由について考察したうえで，非金融企業の「金融化」（金融的資産が総資産に占める割合の上昇）が進行すると，第一の関係すなわち企業規模と利潤率との関係にどのような影響が現れるのかについても考察する。

　これら二つの関係は，ともにマクロ経済レベルではなく，企業あるいは企業間という
ミクロ経済レベルに存在する関係であるが，後でもくわしく説明するように，その性格
はかなり異なる。第一の，企業規模と利潤率との関係は，同じ時間と空間において競争
し合っている諸企業間で成立する共時的関係であり，第二の，資本蓄積率と利潤率との
関係は，不確実な将来に直面する個々の企業が，過去，現在，将来という時間の流れを
考慮して行う投資判断によって主に規定される通時的関係である。したがって，分析方
法も異なる点に留意が必要である。

　本章の構成は次のとおりである。上記の二つの関係を，それぞれ第 3 節と第 4 節にお
いて分析する。これら二つの関係は，さまざまなかたちで結びついているが，その結び
つきの一つについては第 4 節の最後で説明する。本章の分析をよりよく理解できるよう
に，第 2 節では，日立製作所を例にとり，現代の企業集団の組織，資産，利潤がどのよ
うに構成されているのかを概観する。最後の第 5 節では，本章で得られた諸結果を要約
したうえで，不完全な知識や情報，個人の合理性の限界，将来の不確実性，制度が果た
す重要な役割など，これまで制度学派，ケインズ派，ポストケインズ派の経済学者たち
が主張してきた諸原理の妥当性が，ミクロ分析によって，より明確なかたちで示される
ことを指摘する。

2　現代の大企業の組織，資産，利潤

　本章のようなテーマに関する欧米の研究では，個別企業の連結決算データというミク
ロ・データを用いた研究が多くなってきているが，日本では「法人企業統計」という集
計データを用いた研究（例えば佐藤, 2016；西, 2012；嶋野, 2015）が多い[1]。「法人企業
統計」は，連結決算データではなく単体決算データを集計したものであり，以下で述べ
るように，金融的資産や金融的利潤の把握において難点がある。この点を説明するため
に，また，本章で採用した実物的資産と金融的資産との区分，実物的利潤と金融的利潤
の区分や利潤率の定義を具体的に説明するために，この節では，日立製作所の 2018 年 3
月期の連結財務諸表を例にとって，現代の企業集団の組織，資産，利潤がどのように構
成されているかをみておこう。現代の大企業とその関連会社の組織構造を正確に理解す

---

1) 中野（2009；2010），亀田・高川（2003）は，上場企業の財務データというミクロ・デー
　タを使って，利益率（ROA，ROE など）に関する企業間格差を分析した，日本では数少
　ない研究である。ただし，ともに計測している格差は，企業規模の違いによる利益率の
　差ではなく，全サンプルの利益率の標準偏差などで測られる，利益率の上場企業間での
　ばらつきの程度である。日本におけるこの格差は，欧米と比べて小さいという結果が得
　られており，上場企業に占める損失計上企業の割合の小ささなど，この結果をもたらし
　た諸要因について考察が行われている。

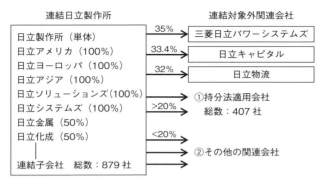

図7-1　日立製作所とその関連会社の組織構造（2018年3月）

注：%の数字は日立製作所の持株比率である。連結貸借対照表では、①持分法適用会社への投資と②その他の関連会社への投資は、ともに「投資その他の資産」に計上される。

出所：2018年3月期の日立製作所の有価証券報告書をもとに筆者が作成。

ることは、第3節以下の分析結果とその含意を理解することにも役立つだろう。

図7-1に示すように、日立製作所は879社もの連結子会社を擁する巨大企業集団である。従業員数でみると、単体の日立製作所においては34,925人であるが、連結子会社を含めると307,275人である。したがって従業員の約9割は連結子会社で働いている。連結子会社の中には、例えば日立製作所が100%の議決権を有して、完全に支配する日立アメリカ、日立ヨーロッパ、日立アジアなどの世界各地域の統括会社や、日立ソリューションズや日立システムズといったソフトウェア開発会社があり、また日立製作所が約50%の議決権を有して支配力をもつ日立金属、日立化成などが含まれる。おおむね議決権の50%以上を有する会社が連結対象となる。連結子会社は、企業経営のグローバル化や多角化にともなって、形式上は別組織として設立されているものの、実質的には、日立製作所グループとして一体となって運営されている単一の組織体とみる方が適切であろう。連結財務諸表はこのような見地から、企業集団全体の事業活動を捉えるために作成される。連結財務諸表は、単体財務諸表の単なる合算だけによって作成されるのではなく、いくつかの項目で相殺消去が行われる点に留意すべきである。親会社の単体貸借対照表の「投資その他の資産」に含まれる連結子会社の株式と、子会社の単体貸借対照表の資本とは、連結の際に相殺消去される。例えば日立製作所が100%保有する日立アメリカの株式は、日立製作所の単体貸借対照表においては「投資その他の資産」という金融資産として計上されている。日立アメリカがその資金を有形固定資産に投資していた場合、日立製作所グループの連結貸借対照表においては、単体日立製作所がもつこの株式は、単体日立アメリカの資本と相殺消去され、単体日立アメリカがもつこの有形固定資産だけが計上される。このようにして、日立製作所の単体貸借対照表では金融的資

産として現れていたものが，連結貸借対照表では実物的資産に変わる。また，連結子会
社から親会社に支払われる配当は，子会社の単体損益計算書では支払配当金として計上
され，親会社の単体損益計算書では「営業外収益」の受取配当金として計上されるが，連
結の際に相殺消去される。例えば日立アメリカから日立製作所へ支払われる配当金は，
日立製作所の単体損益計算書では「営業外収益」という金融収益として現れるが，日立
製作所グループの連結損益計算書では，消えてしまう。このように，実質的には実物的
資産であったり，企業集団の内部取引であったりするものが，単体財務諸表では，形式
上，金融的資産や金融的収益として現れることがある点に注意すべきである。

　日立製作所は，連結子会社以外の会社に対しても多くの投資を行っている。これらは
連結貸借対照表において「投資その他の資産」に計上される。図7-2に示すように，そ
れは日立製作所では約1.5兆円にも達する。「投資その他の資産」1.5兆円のうち，約半
分が「有価証券およびその他の金融資産」であり，残りの半分が「持分法で会計処理さ
れている投資」である。前者は，日立製作所が投資先会社の経営方針の決定に重要な影
響を与えることのできない純粋な意味での金融資産である（この金融資産に基づく金融
収益は受取配当金や受取利子である）。後者は，日立製作所が投資先会社を支配しては
いないものの，投資先会社の経営方針の決定に重要な影響を与えることのできる投資で
ある（概ね議決権の20％以上を基準に判定される）。この後者の投資先会社は「持分法
適用会社」と呼ばれ，連結子会社と純粋な意味での金融資産との間のグレーゾーンに位
置する。日立製作所の持分法適用会社は407社もある。このなかには，35％の議決権を
有する三菱日立パワーシステムズ，33.4％の議決権を有する日立キャピタル，32％の議

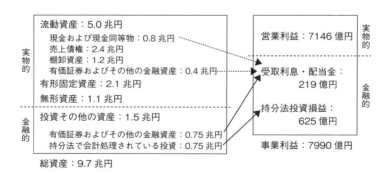

図7-2　日立製作所の連結貸借対照表（2018年3月）と連結損益計算書（2017年度）

注：一般的には，点線の矢印で示すように，流動資産のうち，預金や短期保有有価証券なども受取利息・配当金
　　をもたらすので，金融的資産として分類すべきであるが，これらの項目に関してはデータが欠けているサン
　　プルが多いために，流動資産全体を実物的資産に区分した。
出所：2018年3月期の日立製作所の有価証券報告書をもとに筆者が作成。

決権を有する日立物流などがある。くわしい説明は省略するが，持分法適用会社の利潤は次のような方法で，日立製作所の連結財務諸表に計上される。例えば持分法適用会社の三菱日立パワーシステムズの場合，その当期純利益に，日立製作所の持分35％を乗じた金額が，日立製作所の連結損益計算書において，「持分法投資損益」として計上され，その分，日立製作所の当期純利益が増える。グレーゾーンに位置づけられるものではあるが，本章では，この「持分法投資損益」と「受取利息・配当金」との和を「金融的利潤」と呼ぶ[2]。また，「営業利益」を「実物的利潤」と呼ぶ[3]。図7-2に示すように，日立製作所の2018年3月期の持分法投資損益は約625億円であった。ちなみに受取利息・配当金は約219億円であった。また営業利益は7146億円であった。なお支払利息や為替差損などからなる金融費用は約318億円であり，上記の受取利息・配当金との差し引きはマイナスであるから，このケースにおいては，金融的利潤における持分法投資損益の重要性が際立つ。

　上記のような実物的利潤と金融的利潤との区分については正確であると思われるが，本章で採用する実物的資産と金融的資産との区分については，不正確な部分が若干残されている。図7-2にも示すように，金融的利潤をもたらす資産としては，「流動資産」のなかの預金と短期保有有価証券と，「投資その他の資産」がある。しかし，本章で使用するデータベースでは，現金と預金とは区別されていないし，また，約半数のサンプルで，短期保有有価証券のデータが欠けている[4]。そのために，本章では，「流動資産」のなか

---

2) 本章で分析対象とするサンプル企業全体の連結子会社数と持分法適用会社数の推移をみると，次のような顕著な違いがある。経営のグローバル化による海外子会社の設立や非中核的事業の分社化などを反映して連結子会社数はほぼ一貫して増加している。1998年の日本の銀行危機やアジア通貨危機，2008年の世界金融危機が起きても，それは連結子会社数の増加傾向にはほとんど影響しない。しかし，持分法適用会社数は，これらの金融的危機が起きると，それを契機に減少に転じ，数年間減少し続ける。連結子会社と違って，持分法適用会社に関しては，その株式の売却による，親会社経営からの切り離しが比較的容易に行えるからであろう。このような点において，持分法適用会社への投資は，純粋な意味での金融資産に近い性格をもつので，本章ではそれを金融的資産とみなし，持分法投資損益を金融的利潤とみなした。Orhangazi（2008）も，持分法投資損益を金融的利潤とみなしている。

3) したがって，本章の実物的利潤は，減価償却費を含まない。減価償却費の一部は利潤としての性格をもつという主張（大橋（1993）など）もあるが，「償却前営業利益」のデータは欠損値が非常に多い。また，過大償却の割合は企業によってかなり異なるという事情も考慮し，本章では，減価償却費を利潤には含めていない。

4) 2002年度データでみると，非金融上場企業2,812社のうち，流動資産の「短期保有有価証券」のデータがあるのは1,257社にすぎない。この1,257社について，「短期保有有価証券」の合計と「投資その他の資産」の合計を算出すると，前者は後者の11％にすぎない。

の預金と短期保有有価証券とは金融的資産として扱わず，「投資その他の資産」だけを金融的資産として扱う。つまり，図 7-2 では点線の矢印で示した資産と利潤との関係は捨象し，実線の矢印で示した資産と利潤との関係だけを分析対象とする。しかし，次の理由により，この捨象の影響は小さいと考えられる。第一に，超低金利時代の日本においては，預金がもたらす利息はきわめて少ない。第二に，本章で使用するデータベースでは，「短期保有有価証券」は「投資その他の資産」の約 10 分の 1 であるので，それを捨象しても，金融的資産は 1 割程度過小評価されるだけであり，また，金融的利潤率は 1 割程度過大評価されるだけである [5]。以下の分析では，金融的資産＝「投資その他の資産」と定義し，金融的利潤率＝金融的利潤÷金融的資産，と定義する。また，「投資その他の資産」以外の資産を「実物的資産」と定義し，実物的利潤率＝実物的利潤÷実物的資産，と定義する。なお，このような区分をしない場合の全体の利潤率＝（営業利益＋持分法投資損益＋受取利息・配当金）÷総資産，である。一般に，（営業利益＋持分法投資損益＋受取利息・配当金）は「事業利益」と呼ばれるので，本章での全体の利潤率は，総資産事業利益率（いわゆる ROA）に当たる。

日立製作所を例にとり，簡単に数字をみておこう。図 7-2 に示すように，2017 年度の日立製作所の連結決算データでは，流動資産 5.0 兆円，有形固定資産 2.1 兆円，無形資産 1.1 兆円，投資その他資産 1.5 兆円の合計である 9.7 兆円が総資産である。そのうち実物的資産は，投資その他資産を除く 8.2 兆円であり，金融的資産は投資その他資産の 1.5 兆円である。全体の利潤は，営業利益 7146 億円，受取利息・配当金 219 億円，持分法投資損益 625 億円の合計である 7990 億円である。そのうち実物的利潤は営業利益の 7146 億円であり，金融的利潤は 844 億円である。このケースでは，全体の利潤率は 7990 億円÷9.7 兆円＝約 8.2％であり，実物的利潤率は 7146 億円÷8.2 兆円＝約 8.7％であり，金融的利潤率は 844 億円÷1.5 兆円＝約 5.6％である [6]。

3 企業規模と利潤率との関係

企業規模が大きい企業ほど，生産した商品の販売や原材料の購買の際に，強い価格交渉力をもつと，一般的には考えられてきた。この価格交渉力は「寡占力」や「価格支配力」と呼ばれることもある。例えば，旧制度学派の創始者のひとりである J. R. コモンズは，小規模な取引相手と比べて，商品の販売や原材料の購買をより長期間留保する能力

---

5) 近年の「法人企業統計」の集計結果では，短期保有有価証券が総資産に占める割合は，2％以下である。
6) 本章の実際の計算では，分母の総資産は，貸借対照表にある当期末の値ではなく，当期の期央値（前期末値と当期末値の平均値）を使った。

をもつ大規模企業の方が，取引において強い価格交渉力をもつと考えた。そして，「適正価値」の実現のためには，法制度や社会的慣習を通じた交渉力の平等化が必要であり，20世紀初頭以降，さまざまな集団的行動を通じて，そのような法制度や社会的慣習が徐々に成立しつつあると捉えた（Commons, 1934：342–348）。このように一般的には，規模が大きい企業ほど，強い価格交渉力をもつので，その利潤率は小規模企業よりも高いと予想されるが，現代では独占禁止法のような法律や規制による制度的な抑制効果も作用している。以下の第1項で説明するように，企業規模と利潤率との関係の計測は，企業規模区分ごとの集計という伝統的方法を使って，1960年代の英米を中心に数多く行われ，さまざまな結果が得られている。第2項では，1990年代以降の日本の上場企業における企業規模と利潤率との関係を，伝統的方法によって計測し，その結果は，1960年代の英米の計測結果とも整合的であることを説明する。さらに，ミクロ・データを使った回帰分析は，1960年代の先行研究では十分に明確な結論が得られていないが，第3項では，推定式を工夫することにより，1990年代以降の日本の上場企業に関して，回帰分析による計測を試みる。その際，公益事業規制緩和という制度変化が利潤率に及ぼした影響についても分析する。第4項では，Shaikh（2016）が，パネルデータ分析という方法を使って示した，急速な収穫逓減傾向という計測結果は，計測方法における三つの誤りに起因している可能性が高いことを説明する。

■ 3-1　イギリスとアメリカの企業規模別利潤率に関する先行研究

　1960年代に，イギリスとアメリカを中心に，上場企業の財務データを用いて，利潤率と企業規模との関係を統計的に明らかにしようとする研究が多く蓄積された[7]。Whittington（1971）と，シャーマン（1971）が，この時代の先行研究の代表的成果である。

　Whittington（1971）は，イギリス製造業，建設業，流通業の企業のうち，下記の二つの期間に継続的に上場していた企業（製造業と流通業の約2,400社）の財務データを使った統計的分析を行った。彼が使用している主な方法は，各企業の諸データの7年間の期間平均値を計算し[8]，さらに，この企業別の期間平均値から，21種の産業毎の産業別平均値および全産業平均値を計算し，それをクロスセクション・データとして分析す

---

7) Eatwell（1971）は，1960年代における多くの実証研究を網羅するサーベイ論文である。また，Sherman（1968）の第1章は，アメリカの研究をサーベイしている。わたしがみた限りでは，1970–80年代は，利潤率と企業成長との関係を統計的に明らかにしようとする研究は少なくなったように思われる。その一因は，おそらく，先進国でのインフレの激化により，とりわけ資産の評価が困難になったことにあるように思われる。

8) 各企業の7年間平均利潤率＝7年間の利潤合計÷7年間の総資産合計，という計算方法が採用されている。本章では，各企業の10年間平均利潤率を計算するが，同様の方法を採用した。

るという方法である。平均をとる期間は1948–54年（前期）と，1954–60年（後期）の二期間であり，この二つの期間における分析結果の比較による，時間的変化の分析も行われている。彼の定義する利潤率は税引前利益÷純資産（Pre-tax rate of return on net assets）である。図7-3は，各企業の利潤率の期間平均値を，初期時点の資産額で測った六つの企業規模区分毎に集計した値を示したものである。上記の二つの期間について，企業規模区分ごとの，利潤率の全産業平均値と標準偏差が示されている。各区分に含まれるサンプル数は約200–600である。

　この図7-3において，実線で示されている利潤率の平均値は，企業規模に関わりなく，ほぼ均等である。つまり，収穫一定である。彼によれば「われわれが採用した大まかな産業区分内では，諸企業の平均収益性（profitability）とその規模との間に，規則的な関係は存在しない」（Whittington, 1971：46）。また，彼は被説明変数を利潤率とし，説明変数を総資産額の対数値とする回帰分析（産業別のプーリング・データ分析）を行ったが，21産業のうち，3産業でしか，説明変数の係数が有意とならなかった。他方，図7-3において点線で示されている利潤率の標準偏差については，企業規模が大きいほど減少する傾向，つまり利潤率の収れん傾向がみてとれる。このように企業規模が大きいほど，利潤率のばらつきの程度が小さくなる理由として，彼が挙げているのは，「大企業は，独立的な小企業のランダムな集合体であるという仮説」である（Whittington, 1971：51）。つまり，「もし，大企業を独立的な小企業の集合体であるとみなすことができるならば，大企業の収益性の企業間の分散は，小企業のそれよりも小さくなるはずである。なぜなら，大企業の収益性は，その独立的な構成要素の平均値であるからである。また，それ

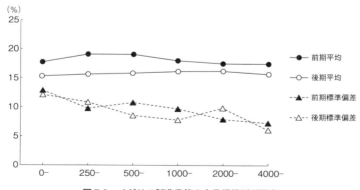

図7-3　イギリス製造業等の企業規模別利潤率

注：横軸が資産額区分を示し，例えば「0–」は「0–250千ポンド」，「250–」は「250–500千ポンド」を表す。
　　1948–54年を「前期」，1954–61年を「後期」と表示している。
出所：Whittington（1971）Table 3.3 Pre-tax rate of return on net assets by opening size class, Sub-Period 1: 1948–54 および
　　　Table 3.4, 同 Sub-Period 2: 1954–61 の All Industries の数値をもとに筆者が作成。

ゆえ，大企業の収益性は，すべての企業の平均値に近づく傾向をもつからである」
（Whittington, 1971：66–67）。

　シャーマン（1971）は，アメリカ国税局が収集した法人企業の1931–1961年の財務
データを使って，Whittingtonと同様の分析を行っている。シャーマンも，Whittingtonと
同じく利潤率＝税引前利益÷純資産と定義したうえで，企業規模区分毎の利潤率の平均
値と標準偏差を，産業別に計測している。製造業全体の結果は図7-4の通りである。企
業規模の上昇にともなって利潤率の標準偏差が小さくなる点は，Whittingtonの計測結果
と同様である。その理由について，シャーマン（1971）も，Whittington（1971）と同様
のことを述べている（シャーマン, 1971：145）。他方，図7-4では，かなりの部分で，収
穫逓増傾向がみられる（ただし，1000億ドルを超えると収穫一定となり，最大規模では
収穫逓減となる）。シャーマン（1971）は，その理由を，企業規模に応じて大きくなる
「寡占力」「独占力」にあると考えて，産業グループごとの8社集中度と利潤率との関係
などについて検証している（シャーマン, 1971：105–125）。彼は，1954年の製造業の産
業中分類別の利潤率と上位8社集中度というクロスセクション・データを使い，利潤率
を被説明変数とし，集中度を説明変数とする回帰分析を行っている。この回帰分析では
十分に有意な結果は得られていないが，さまざまな追加的分析を経て，彼は「高い利潤
率は，おそらく独占力の行使を反映して，高い産業集中度と結びついている」と結論づ
けている（シャーマン, 1971：125）。また，彼は産業別の考察も行い，製造業は全般的に
集中度が比較的高いこと，非製造業のうち商業とサービス業は集中度が低いこと，非製
造業のうち公益事業には小規模の水道会社や大規模の電力，ガス，電話会社が含まれる

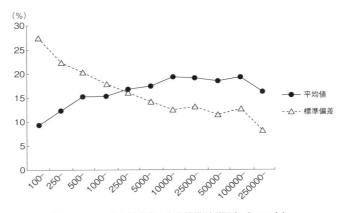

図7-4　アメリカ製造業の企業規模別利潤率（1955年）

注：横軸が資産額区分を示し，例えば「250–」は「250–500千ドル」を表す。
出所：Sherman（1968）のTable 4-6のデータをもとに筆者が作成。

が，料金規制によって，最大規模階層で利潤率がやや低くなっていることなどについて
言及している（シャーマン，1971：88–91）。

■ 3-2　日本の企業規模別利潤率の計測

以上述べたように，1960 年代以前のイギリスおよびアメリカにおける，損失計上企業
を含む上場企業に関するクロスセクション・データを使った計測結果では，企業規模別
平均利潤率は，ほぼ一定であるか，あるいはゆるやかな逓増傾向がみられる。この項で
は，Whittington らが使用した伝統的方法により，1990 年代以降の日本の非金融上場企業
の財務データを使って，企業規模と利潤率との関係を分析する。

まず，日本に関する先行研究の結果を確認しておこう。財務省「法人企業統計」の集
計データを使って，非上場企業を含めて，利潤率の企業規模別格差を計測した研究とし
ては佐藤（2016）がある。佐藤は，資本金規模 10 億円以上を「大規模」，5000 万円 –10
億円を「中規模」，5000 万円未満を「小規模」として，1960–2005 年の各年について各規
模区分の平均利潤率を計算し，比較している。佐藤は，（付加価値額 − 従業員給料手当 −
福利厚生費）÷（有形固定資産 + 無形固定資産）という古典派的な定義の利潤率に加え
て，本章の利潤率定義と近い「資本利益率」（＝経常利益 ÷ 総資産）についても企業規模
別格差を計算している。前者の古典派的定義による利潤率は，企業規模が大きいほど小
さく，大規模企業の利潤率は小規模企業のそれを約 30–50％ポイントも下回る（佐藤，
2016：12）。後者の資本利益率については，規模間格差は小さく，1980 年代以降は，大
規模企業が小規模企業を 0–2％ポイント上回る程度である（佐藤，2016：29）。このよう
な佐藤の計測結果は，子会社や関連会社への投資が広範に行われている現代においては，
利潤を営業利益に限定し，資本を固定資本に限定した古典派的な利潤率概念は，現代資
本主義の分析概念としてきわめて不十分なものであることを示している。J. R. コモン
ズは古典派経済学を批判したが，その論点の一つは，古典派は有体財産だけを分析対象
とし，無形財産や無体財産を捨象したという点である（Commons, 1934：76）。

Whittington と同様の方法により，「1990 年代」（1992–2001 年度の 10 年間）と「2000
年代」（2003–2012 年度の 10 年間）に分けて，日本の非金融上場企業の企業規模別利潤
率を計測した結果を，図 7-5（製造業），図 7-6（非製造業[9]）に示す[10]。分析対象とし
たのは，東洋経済新報社『会社財務カルテ CD-ROM 2003 年版』のデータのうち，1991–
2001 年度の 11 年間，継続的に上場していた企業と，同『企業財務データ・ダイジェス

---

9) 付録で説明するように，本章の「非製造業」には銀行，保険会社，証券会社は含まれて
いない。
10) 企業規模区分毎の平均値や標準偏差の計算には，ウェイトは使っていない。また，各企
業の初年度の資産額によって，その企業が属する企業規模区分を決めた。

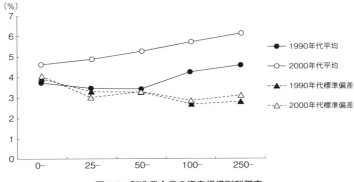

図 7-5　製造業企業の資産規模別利潤率

注：横軸が資産額区分を示し，単位は 10 億円である。例えば「0–」は「0–250 億円」，「25–」は「250–500 億円」
　　を表す。1992–2001 年度の 10 年間の平均値を「1990 年代平均」，2003–2012 年度の 10 年間の平均値を「2000
　　年代平均」と表示している。1990 年代のデータについては 1991 年度の総資産額を使って，また 2000 年代の
　　データについては 2002 年度の総資産額を使って区分した。
出所：東洋経済新報社『企業財務カルテ CD-ROM 2003 年版』および同『財務データ・ダイジェスト 2013 年版』
　　より筆者が計算。

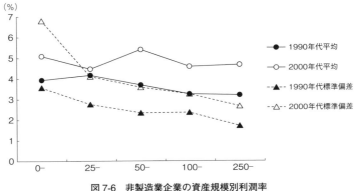

図 7-6　非製造業企業の資産規模別利潤率

注と出所：図 7-5 と同じ。

ト 2013 年版』のデータのうち，2002–2012 年度の 11 年間，継続的に上場していた企業
である。詳細は本章の付録「データの出所」に記している。またサンプル企業数は後掲
の表 7-1 に示されている。

　まず，実線で示されている利潤率の 10 年間平均値をみると，製造業企業では，2000
年代において企業規模に応じて逓増している。また 1990 年代においては，総資産額 500

億円以上で，収穫逓増傾向がみられる。非製造業企業では，1990年代においてゆるやかに逓減し，2000年代においては明確な傾向は認められない。また，図では示さないが，製造業企業と非製造業とを合わせた全サンプルでは，ほぼ収穫一定である。これらの日本企業に関する計測結果は，Whittington（1971）が示した製造業企業と流通業企業とを合わせたサンプルでの収穫一定傾向，およびシャーマン（1971）が示した製造業企業での収穫逓増傾向とほぼ整合している。また点線で示されている利潤率の標準偏差は，図7-5，図7-6の両方において，企業規模が大きくなればなるほど小さくなっていて，利潤率の収れん傾向を示している。つまり，利潤率の収れん傾向に関しても，日本企業の計測結果はWhittington（1971）とシャーマン（1971）の英米企業に関する計測結果と一致している。

　企業規模別平均値が企業規模に関係なく，ほぼ均等であり，標準偏差が企業規模に応じて逓減するという特徴をもつ分布はどのような形をしているだろうか。図7-7は，縦軸を利潤率，横軸を資産額の対数値とする平面上に，1996年度の日本の非金融上場企業の全サンプル2,047社（製造業825社＋非製造業1,222社）[11]のデータをプロットした散布図である。図の中の水平な実線AA′の高さは，利潤率の平均値を示している。これらのサンプルの分布は，水平直線AA′を中心軸とする横向きの二等辺三角形の形状をしている。上場企業のうち比較的小規模の企業が位置する左寄りでは，上下のばらつきが大きい。企業規模が大きくなればなるほど，つまり右にいけばいくほど，ばらつきはしだいに小さくなる。これが企業規模に応じた標準偏差の逓減，すなわち利潤率の収れん傾向をもたらす。この傾向は「大企業は，独立的な小企業のランダムな集合体であるという仮説」（Whittington, 1971：51）によって説明される。具体的にいえば，第2節の日立製作所の例が示すように，現代の大企業は，多様な事業を展開し，多様な製品を生産している。このように事業や製品を多角化する理由の一つは，将来の収益性に関する不確実性に対処するためである。個々の事業や製品の収益性は，需要や技術の変化や競合他社の戦略など，さまざまな理由で，大きく変動する可能性がある。図7-7の左寄りに位置する比較的小規模の企業の多くは，事業や製品を多角化していないので，将来の収益性に関する大きな不確実性に直面している。したがって，これらの企業における利潤率は，上下に大きくばらつく。しかし，大企業は，事業や製品を多角化することによって，一部の事業や製品の収益性が低下しても，その低下を，他の事業や製品の高い収益性によって相殺することが可能となり，企業全体としては，それなりの高さの利潤率を確保することができる。第2節の日立製作所の例が示すように，事業や製品を多角化するための投資の形態としては，単体内部での投資，連結子会社の投資，持分法適用会社への投資，その他関係会社への投資などがありうる。第4節で説明するように，この順に，

11）11年間継続的に上場していない企業も含む。

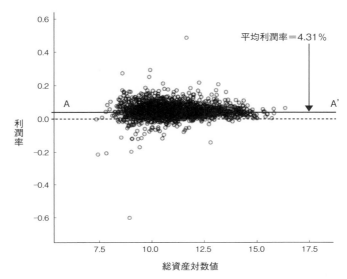

図 7-7　1996 年度の全サンプルの分布（縦軸：利潤率，横軸：資産額の対数値）

注：2047 サンプル全体に関して，利潤率の平均値は 4.31％，標準偏差は 4.36％である。
出所：東洋経済新報社『企業財務カルテ CD-ROM 2003 年版』のデータから筆者が作成。

投資の適時性（timeliness）は低下する。すなわち，収益性の変動に応じてタイムリーに投資量を調整することは困難になる。したがって，大企業における金融化（金融的資産が総資産に占める割合の上昇）とともに，事業の多角化が，単体内部や連結子会社の投資という実物的投資を通じてではなく，むしろ，持分法適用会社やその他関係会社への投資という金融的投資を通じて行われる傾向が強まると，これまでも存在した比較的小規模の企業における収益性の不確実性は，かえって高まる可能性がある。

■3-3　日本の規制緩和が利潤率に及ぼした影響の計測

　図 7-5 と図 7-6 は 5 つの企業規模区分と利潤率との間の大まかな関係を示唆しているが，同じ規模区分に属する諸サンプルが有する企業規模と利潤率との間の関係については，この区分に属する諸サンプルの平均値を求めるという処理によって，分析の枠外に置かれている。全サンプルがもつ情報をすべて活かすかたちで，企業規模と利潤率との間の関係を分析する方法としては，回帰分析が有効である。推定式としては，次のような式が考えられる。

$$r_i = a + bK_i + u_i \tag{1}$$

変数 r_i は企業 i の 10 年間平均利潤率，K_i は企業 i の 10 年間平均総資産額，u は誤差項，添え字の i は企業である。これに似た推定式は，Whittington（1971）が使い，十分に有意な結果を得られなかったが，日本企業のデータを使って推定しても，まったく有意な結果は得られない[12]。

以下では，利潤額を π で表し，$r_i = \pi_i / K_i$ という関係式を利用し，(1)式を変形した次の (2)式を推定式として使用する。

$$\pi_i = aK_i + bK_i^2 + u_i' \tag{2}$$

推定に使ったサンプルは図7-4，図7-5 のサンプルと同じく，11 年間，継続的に上場していた企業である。表 7-1 のうち (1)列～(4)列がその推定結果である。すべての係数推定値が 1％ の有意水準で有意であり，また決定係数の値も 0.8–0.9 と大きい。係数 a の値は企業規模の影響を受けないベースとなる利潤率を示す。その値は時代と産業によって少し異なるが，2.4–5.2％ である。係数 b の値が正の場合，企業規模に応じて利潤率が逓増することを意味し，係数 b の値が負の場合，企業規模に応じて利潤率が逓減することを意味する。表 7-1 をみると，(2)列の 2000 年代の製造業企業を除いて，係数 b の値は正であり，収穫逓増傾向を示す。しかし，係数 b の大きさは，非常に小さく，-1.55×10^{-10} ～ 1.19×10^{-9} である。例えば，$b = 1.0 \times 10^{-9}$ ケースにおいて利潤率に及ぼす企業規模の効果を測ると，総資産が 1 兆円の企業において，ベースとなる利潤率 a に 0.1％ ポイントが上乗せされ，総資産が 10 兆円の企業において，ベースとなる利潤率 a に 1％ ポイントが上乗せされる。したがって，企業数でみて，上場企業の約 95％ を占める総資産 1 兆円未満の企業[13]にとっては，ほぼ収穫一定とみてよいだろう。ただし，約 5％ を占める総資産 1 兆円以上の企業にとっては，この収穫逓増効果は，無視できない大きさである。また，この収穫逓増効果を，経済全体に及ぼすマクロ的効果として捉える場合にも，この効果は無視できない。なぜなら，経済全体で見た場合，資産の約 65％ はこの少数の総資産 1 兆円以上の企業に集中しているからである。

---

12) 例えば，図 7-5 では明確な収穫逓増傾向がみられる 2000 年代の製造業企業のデータを使って，(1)式を推定した推定結果では，自由度調整済み決定係数は 0.0009 にすぎず，説明力はほとんどない。また，総資産額の係数 b の推定値は正であるが，その t 値は 0.99 であり，まったく有意ではない。
13) 2000 年代の分析対象会社 1974 社のうち，総資産額が 1 兆円以上の会社は 99 社，10 兆円以上の会社は 7 社である。総資産額が 1 兆円以上の 99 社は，総資産の 1974 社合計の約 65％ を所有する。また，10 兆円以上の 7 社は総資産合計の約 19％ を所有する。

表7-1　回帰分析結果（被説明変数は利潤率）

	製造業企業		非製造業企業		非製造業企業	
	(1)	(2)	(3)	(4)	(5)	(6)
	1992-2001	2003-2012	1992-2001	2003-2012	1992-2001	2003-2012
総資産額 (b)	6.13 e-10*** (3.78)	-1.55 e-10*** (-2.87)	1.19 e-09*** (12.75)	4.47 e-10*** (3.29)	3.82 e-10*** (2.90)	1.51 e-09*** (10.25)
公益事業ダミー (c)					0.011*** (8.15)	-0.025*** (-13.31)
定数項 (a)	0.035*** (26.07)	0.052*** (45.69)	0.024*** (24.38)	0.047*** (27.02)	0.027*** (27.59)	0.051*** (31.63)
サンプル数	806	1085	385	889	385	889
自由度調整済み 決定係数	0.8099	0.8641	0.9316	0.8104	0.9416	0.8418

注：この表のうち (1) 列～(4) 列は，推定式(2)の回帰分析結果を示す。(5) 列と(6) 列は，推定式(4)の回帰分析結果を示す。上段の数値は係数推定値であり，下段の括弧内は t 統計量である。また，*** は $p < 0.01$，** は $p < 0.05$，* は $p < 0.1$ を意味する。

　回帰分析を使った計測方法の利点の一つは，制度変化が利潤率に及ぼした影響についても，容易に計測できる点にある。コモンズが分析した 20 世紀初めは，公益事業規制が次第に確立・整備されていく時代であったが，現代はその規制の多くが次第に緩和・廃止されていく時代である[14]。日本では 1980 年代以降，電気通信業，鉄道業，航空業，電力・ガス業などで次々と規制緩和が実行された。以下ではこの規制緩和が利潤率に及ぼした影響を回帰分析によって計測する。

　J. R. コモンズは，大規模企業がもつ強い価格交渉力を抑制し，「適正価値」を実現するための必要条件の一つとして，交渉力を平等化するための制度が必要であると考えた。実際，19 世紀末以降，さまざまな集団的行動を通じて，そのような法制度や社会的慣習が実現していった。公益事業規制もこの時期に確立した制度の一つである。鉄道，電話，電力，ガスなどは，規模の経済性が作用する典型的な産業である。そして生産や生活のインフラストラクチャーとして公共的役割も有している。このような性質をもつ公共的サービスを，効率的に，安定的に，平等な条件で提供するために，参入・退出の規制によって 1 企業の地域独占を容認し，それと引き換えに，価格を，総括原価（＝必要コスト＋適正報酬）で規制するという制度的しくみが，確立していった。しかし，1980 年頃から，前者の参入・退出の規制は次第に緩和されていった。他方，価格規制については，

14) 規制緩和を導いた政治的・経済的構図については，山田鋭夫執筆の本書第 6 章を参照されたい。また日本の規制緩和の推進力と内容に関しては，筆者も参加した共同研究の成果（松葉, 1997；宇仁, 1997；新納, 2009；高松, 2009；宇仁, 2009a）を参照されたい。

既存事業者に関してはかなりの部分が温存された。

　このような意味での公益事業の部分的規制緩和が利潤率に及ぼした影響を計測するために，説明変数に制度的変数を追加して，推定を行う。公益事業規制緩和は，主に，公益事業に関わる既存の地域独占企業に大きな影響を及ぼす。したがって，このような大きな影響を受けた企業では値が1，その他の企業では値が0となる変数を新たに作る。具体的には，1990年代〜2000年代において公益事業規制緩和の影響が大きかったと考えられる電力，ガス，鉄道，航空，固定電話という五つのサービスを提供し，かつ，2500億円以上の総資産をもつ企業については，1という値を有し，それ以外の企業については0という値を有するダミー変数を作成する。そして，このダミー変数（*dummy*）を説明変数として（1）式に追加して，次の（3）式をつくる。それを変形した（4）式を，1992–2001年度，2003–2012年度という二つの推定期間について，推定することによって，規制緩和が既存公益企業の利潤率に及ぼした影響を数量的に分離抽出できる。

$$r_i = a + bK_i + c \cdot dummy_i + u_i \text{————————}(3)$$

$$\pi_i = aK_i + bK_i^2 + c \cdot dummy_i K_i + u_i' \text{————————}(4)$$

　その推定結果は，すでに示した表7-1の(5)列と(6)列に表示されている。公益事業ダミーの係数推定値は，1990年代においては，0.011と正で有意な値となっている。これは，1990年代においては，規制緩和の対象となる公益企業であることが，利潤率を，他の企業と比べて1.1％ポイント高める効果をもったことを意味する。その要因としては，民営化以前には政治家が強要した政治的目的での投資や資材購入が，民営化後はある程度減少したことや，労働組合が弱体化したので人件費の削減が容易になったことなどが挙げられる。しかし，公益事業ダミーの係数推定値は2000年代においては，−0.025と負で有意な値となっている。これは，2000年代においては，規制緩和の対象となる公益企業であることが，その利潤率を，他の企業と比べて2.5％ポイントも低める効果をもったことを意味する。このように公益事業ダミーの係数の符号が逆転したことは注目すべき事実である。なぜ，2000年代において，公益企業の多くで，利潤率の低下が起きたのだろうか。NTTを例にとり，簡単に説明しておこう[15]。光ケーブルによるブロードバンドインターネット接続が2000年頃には主流になると予想して，また政府の情報化戦略に忠実にしたがうかたちで，1990年代にNTTは加入者系光ケーブルとその伝送装置への巨大投資を行った。しかし，実際に需要が早期に拡大したのは従来の銅ケーブルの両

15）詳細な説明は宇仁（2009a）で行っている。また鉄道業については新納（2009），電力業，ガス業については高松（2009）を参照されたい。

端に安価な設備を付加して伝送速度をある程度高める ADSL サービスであった。しかもソフトバンクはこれを非常に安価な料金で提供した。NTT の巨大投資のおかげで，加入者系光ケーブルの利用可能世帯数は 2004 年 2 月には 1800 万世帯を超えた。しかし，実際の契約数は，その 1 割にも満たない 114 万世帯に留まった。他方 ADSL の契約数は1120 万世帯に達し，その大部分はソフトバンクなど新規参入事業者が獲得した。このような部分的規制緩和下の競争の結果，日本の電気通信事業者全体の収入は 2001 年度をピークに減少傾向に陥った。その結果，NTT は赤字経営を避けるための経費削減，とくに人件費の削減に追い込まれていった。既存サービスの料金値上げによって赤字を回避するという方策は，非対称規制によって NTT には禁じられていたからである。

　この例が示すように，参入規制の緩和に対応して，既存事業者，新規参入事業者ともに，規制緩和されたサービスに関わる設備投資を，当初は活発化させた。しかし，その多くは過剰な需要期待に基づく過剰投資であることが数年後には判明した。他方，既存の公益企業については，価格規制の多くは残存していたので，過剰投資に起因する損失を料金値上げでカバーすることはできず，利潤率は低下した。表 7-1 の (5) 列と (6) 列の推定結果において，公益事業ダミーの係数の符号が，2000 年代において負になったことの背後にあるのは，公益事業の部分的規制緩和という制度変化に起因するこのような投資と利潤の動きである。このような意味で，ミクロレベルの企業の投資行動や収益性は，マクロレベルの制度変化の影響を受けて，かなり大きく変動する。

■ 3-4　Shaikh（2016）の計測方法の問題点

　これまで説明してきた，イギリス，アメリカ，日本の上場企業に関する計測結果では，全企業に関しては収穫一定傾向，および製造業企業に関してはゆるやかな収穫逓増傾向が，共通してみられた。ところが，最近，Shaikh（2016）は，アメリカの上場企業のパネルデータ分析（固定効果推定法）によって，急激な収穫逓減傾向を示す結果を得た。彼は，具体的には，Standard & Poor's 社の Compustat Segment File データベースにおける，非金融上場企業の 1976–2009 年の総費用，売上げ，利潤（＝売上げ－総費用），総資産のデータを 2005 年の固定価格に変換して使った。また，上記の四つのデータのうち，いずれかが負であるサンプルは除外した [16]。最終的には 38948 のサンプルサイズをもつアンバランスド・パネルデータを使用して，彼は，次の式を固定効果推定法により推定した。

$$\log(\text{利潤}) = a + b \cdot \log(\text{総資産})$$

そして

$$\log(\text{利潤率}) = \log(\text{利潤} / \text{総資産}) = \log(\text{利潤}) - \log(\text{総資産}) = a + (b\text{-}1) \cdot \log(\text{総資産})$$

であるから，$(b-1)$ の値が，利潤率の総資産額に関する弾力性を示す。彼の計測結果では，この弾力性は-0.263 である。この結果は，図 7-8 のように，企業規模が大きくなるほど，利潤率は急速に低下することを意味する。

　彼は，この負の弾力性の理由として，大企業における「攻撃的な値下げ行動」（aggressive price-cutting behaviour）を挙げている。この大企業による値下げ行動が，彼独自の競争理論である「現実的競争」（real competition）論を特徴づける。彼によれば，ポ

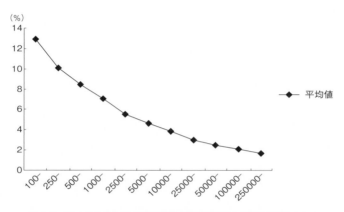

図 7-8　アメリカ非金融企業の企業規模別利潤率（1976-2009 年）
注：横軸が資産額区分を示し，例えば「250–」は「250–500 千ドル」を表す。
出所：Shaikh（2016）のパネルデータ分析の結果をもとに筆者が作成。

16）中野（2009）によると，アメリカの上場企業に占める，当期純損失を計上する企業の割合は 1990 年代末までは，日本と同様に 1–2 割程度であったが，1999 年以降は 3 割を超えている（中野, 2009：29）。中野（2010）は，Fama & French（2004）に基づいて，アメリカの上場企業に占める損失計上企業の割合の増加の理由として，第一に，エクイティ資金の供給関数の下方シフトによる IPO 企業への資金供給量の増加と，第二に，株式資本コスト（株主の要求リターン）の低下によって低収益企業（あるいは損失計上企業）でも資金調達が可能になったことを挙げている。このような事情に起因する時系列方向のバイアスを除去するために，Shaikh（2016）は，損失計上企業を分析対象から除くという選択を行ったのかもしれない。

17）Shaikh（2016）と同じく，サンプルから損失計上企業を除外し，同じ利潤率定義，同じ推定式，同じ固定効果推定法というパネルデータ分析法を用いた。ただし，日本の 1990年代以降は，物価変動は非常に小さいので，Shaikh が行ったようなインフレ調整は行っていない。

18）t 統計量は 29.19，自由度調整済み決定係数は 0.7271 である。

ストケインズ派などの不完全競争論でも，企業間での価格格差や利潤率格差は考慮されるが，その要因としては，コストの差やマークアップ率の差しか挙げられない。大企業による「攻撃的な値下げ行動」こそが，不完全競争理論から，彼独自の「現実的競争」（real competition）論を区別する特徴であるという。しかし，以下で説明するように，Shaikh（2016）の計測結果は，彼の推定方法に含まれる三つの欠陥によってもたらされた可能性が高い。つまり，適切な方法で計測すれば，ほぼ水平あるいはゆるやかな右上がりの回帰線となる可能性が高い。

　東洋経済新報社『会社財務カルテ CD-ROM 2003 年版』に収録されている日本の非金融上場企業の 1992–2001 年度のアンバランスド・パネルデータ（サンプルサイズ 20291）を用いて，Shaikh（2016）と同様の方法[17]で企業規模と利潤率との関係を計測してみた。利潤率の総資産額に関する弾力性は−0.172 であり，Shaikh（2016）の結果と同じく，収穫逓減という結果が得られた[18]。先に示したように，同じ日本のデータを使って，Whittington の方法で計測すると，全企業ではほぼ収穫一定という結果が得られた。したがって，Shaikh（2016）が得た急激な収穫逓減という結果は，時代や国の違いに起因するのではなく，計測方法の違いに起因する可能性が高い。

　Shaikh（2016）が使った計測方法は次の 3 点に関して不適切であると考えられる。第一は，損失計上企業をサンプルから除外した点である。第二は，利潤率の分母としては金融的資産を含む総資産を使いながら，分子としては，金融的利益を無視して，営業利益だけを採用する点である。第三は，主に個々の企業の時間的軌道を追跡するのに適したパネルデータ分析を，企業規模と利潤率との関係という共時的関係の推定に使った点である。順に説明しよう。

　第一の点は，図 7-7 に示したように，縦軸を利潤率，横軸を総資産額の対数値とする平面における全企業サンプルの分布の形状は，横向きの二等辺三角形であることを念頭におくと理解しやすい。損失計上企業はこの二等辺三角形の下半分に分布している。これらを除外すると，二等辺三角形は，下半分の大部分を失い，直角三角形に近い形に変わる。横向きの二等辺三角形の形状の分布においては，その回帰直線は，ほぼ水平な直線となるだろうが，直角三角形に近い形状の分布においては，その回帰直線は右下がりの直線となるであろう[19]。

　資本主義の競争プロセスでは，損失計上企業も不可欠な構成要素であり，それを排除した競争理論は考えられない。Whittington も，損失計上企業をサンプルから除外して，利潤率の企業規模に関する逓減傾向を見出した先行研究である Samuels & Smyth（1969）

19）中野（2009：2010）によると，アメリカの上場企業に占める損失計上企業の割合は，日本よりもかなり多いために，サンプルから損失計上企業を除外することによる，回帰直線の傾きの変化は，日本よりも大きいと推測できる。

を批判して次のように述べている。「企業規模が大きくなるにつれて，平均利潤率が逓減する傾向を彼らが見出した点に関して，彼らの結果はわれわれの結果とは異なる。この結果の根拠は，彼らが損失計上企業を除外したという事実に求めることができるだろう。より小規模な企業は，大企業よりも利潤率の企業間のばらつきが大きいことをわれわれは発見した。しかし，利潤率の平均値は，どの企業規模においても同じである。このことは，小規模企業には利潤率が高い企業も多いが，損失計上企業も多いことを意味する。したがって損失計上企業の排除は，大規模企業と比較して小規模企業に対して有利に作用する。しかし，このような方法で，母集団を制限することに関して，明確な経済学的正当化はできない。」（Whittington, 1971：73）

　第二に，Shaikh（2016）の利潤率の定義（利潤率＝営業利益÷総資産）も，回帰直線を右下がりにすることに寄与していると考えられる。この定義では，利潤には営業利益しか含まれていない。しかし，企業規模が大きいほど，関係会社への投資や短期の株式投資など金融的資産が総資産に占める割合が大きく，またそれから得る利子・配当，持分法投資損益などの金融的利潤が総利潤に占める割合が大きいと考えられる。この利潤率定義では，利潤率の分母である総資産額には上記の金融的資産が含まれているが，分子には金融的利潤は含まれていない。したがって，企業規模が大きいほど，利潤率は過小評価されることになるだろう。とくに，金融化がかなり進行しているといわれているアメリカの企業に関しては，この過小評価の程度は大きいであろう。

　第三に，われわれが明らかにしようとしている企業規模と利潤率との関係は，同じ時間と空間において競争し合っている諸企業間で成立する共時的関係であるが，このような関係を計測する方法としては，パネルデータ分析の有効性は低い。図 7-9 に示すように，パネルデータ分析で得られる回帰直線は，主として，個々の企業サンプルの時間的な軌道を反映する。Shaikh（2016）が分析対象とした 1976–2009 年のアメリカ企業の利潤率の時間的推移は長期的な低下トレンドをもつ。また総資産額は，資本蓄積を通じて

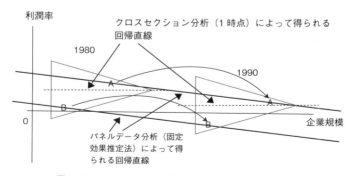

図7-9　クロスセクション分析とパネルデータ分析の比較

増加していく。この場合，縦軸を利潤率，横軸を総資産額の対数値とする平面上で，全サンプルの分布の形状を示す右向きの二等辺三角形は，時間の経過とともに，右下方向に移動していくと考えられる。この二等辺三角形の中での個々の企業の相対的位置（図7-9では，1980年の分布と1990年の分布とを二つの二等辺三角形で示し，それぞれの中での，企業Aと企業Bという二つの企業の位置を，A，Bという文字で示している）が大きく変わらないとすれば，この平面上での個々の企業の座標は，時間の経過とともに，右下方向に移動していく可能性が高い。したがって，パネルデータ分析（固定効果推定法）で得られる回帰直線は，個々のサンプルの時間的な動きを強く反映するので，右下がりの直線となるだろう。この右下がりの回帰直線が主に表しているのは，個々の企業における利潤率と総資産額との通時的関係であり，同じ時間と空間において競争し合っている諸企業間で成立する共時的関係ではない。

　このような共時的関係を明らかにするためには，パネルデータ分析ではなく，シャーマン（1971）やWhittington（1971）が採用した，1時点のクロスセクション・データ，あるいは特定の期間の平均値というクロスセクション・データを使った分析が適切であろう。図7-9に示すように，時間の経過とともに，右向きの二等辺三角形の形状の分布が，右下方向に移動していく場合でも，右向きの二等辺三角形という分布の形状が維持されている限り，クロスセクション分析で得られる回帰直線は，ほぼ水平な直線となるだろう。

4　実物的投資と金融的投資の決定プロセス

　この節では，総資産成長率で測られる資本蓄積率と利潤率との関係を分析する。具体的には，個々の企業の実物的利潤率と金融的利潤率が，当該企業の実物的投資と金融的投資に対してどのような影響を与えるのかを計測する。このような利潤率と投資との関係は，不確実な将来に直面する個々の企業が，過去，現在，将来という時間の流れを考慮して行う投資判断によって主に規定される通時的関係である。したがって，このような関係の解明にとっては，パネルデータ分析は非常に有効である。

　資本主義企業の活動の第一の目的は利潤の追求である。外的，内的環境条件が日々変化するなかで，利潤を維持し，高めるために，企業はさまざまな決定や調整を行う。利潤に関係する最も重要な決定は，投資，すなわち資産の成長（資本蓄積）に関する決定である。とはいえ，現代資本主義においては，主に現時点の投資が現時点の利潤をもたらす，あるいは現時点の利潤が現時点の投資を主に規定する，という単純な因果関係は成立しない。現代の企業は，根本的に不確実な将来を予想しながら，どのような事業に，どれくらいの投資を行うかを決定する。この現時点での将来予想に基づいて行われる投資判断の適否が，将来に実現される利潤率の大きさを左右する。金融制度が十分に発達

156

していなかった 19 世紀においては，投資の大きさは，過去や現在の利潤の大きさによっ
てかなり制約されていた。金融制度が発達し，外部資金調達が容易になった現代におい
ては，現在の投資は過去や現在の利潤にそれほど従属していない。このような制度的変
化によって，また生産設備が大規模化し，その建設期間が長くなったという技術的変化
によって，投資は，過去や現在の利潤の制約からかなり独立し，将来の利潤の予想に基
づいて行われるようになった。宇仁（2020）では，個別企業が，数か月先の利潤率を予
想し，この予想された将来利潤率に基づいて，現在の投資量を決定するプロセスを，景
気循環を明示的に考慮して，実証的に分析した。本章では，総資産を実物的資産と金融
的資産とに分け，また利潤を実物的利潤と金融的利潤とに分けて，企業レベルの投資決
定のプロセスを分析する。その結果，次のような興味深い事実が明らかになる。宇仁
（2020）で実証した投資全体の決定プロセスと同じく，実物的投資については，個々の企
業は，自身の数か月先の利潤率を予想し，その予想された将来利潤率に基づいて，実物
的投資の量を決定している。しかし，金融的投資については，1–2 年前に実現された
利潤率をみて，金融的投資の量を決定している。このように実物的投資の決定は，将
来を考慮した（forward-looking）行動であり，金融的投資の決定は，過去を考慮した
（backward-looking）行動となる理由についても考察する。これを踏まえて，金融化[20]の
進行がもたらす不確実性の増加について考察する。

■4-1　金融化が投資に及ぼす影響に関する先行研究

　まず，金融化が投資に及ぼす影響に関する先行研究を簡単に紹介し，先行研究に存在
するいくつかの限界を確認しておこう。Orhangazi（2008）は，アメリカの非金融上場企
業の 1973–2003 年の連結決算データを使って，金融的収益額の前年値と金融的支出額の
前年値を説明変数に含む投資関数モデルを推定し，金融化が実物的投資に及ぼす影響を，
パネルデータ分析によって計測した。彼が使用したデータベース（Standard & Poor's 社
の Compustat annual industrial database）には，キャピタル・ゲインと受取配当金のデータ
が欠けており，彼は受取利息と持分法投資損益だけを金融的利潤とみなしている。また，
金融的利潤率を計算するのに必要な金融的資産のデータも欠けているために，金融的利
潤率ではなく，金融的利潤額を説明変数として採用した（Orhangazi, 2008：877）。また，
彼は，最低 10 年間のデータをもたない企業の削除，収録期間すべてで赤字の企業の削除，
説明変数が外れ値となる企業の削除を行ったうえで，全サンプル共通のデフレータを
使って名目データの実質化を行うなど，多くの加工をデータに加えている。非金融企業
全体，製造業，非製造業，大企業，小企業などに区分して，投資関数の推定を行い，金

20）本章では，非金融企業の金融的資産が総資産に占める割合の上昇を非金融企業の「金融
　　化」と定義する。

融的支出額の係数については，ほとんどの推定で，符号は負の有意な値が得られている。他方，金融的収益額の係数については，ほとんどの推定で有意な結果は得られていないが，非金融企業の大企業と，製造業の大企業に関する推定で，符号は負の有意な値が得られている。このような推定結果に基づいて，彼は「金融的投資の増加と金融的利潤機会の増加は，実物的投資をクラウドアウトしているかもしれない」と述べている（Orhangazi, 2008：863）。

Orhangazi（2008）の方法に含まれている最も大きな問題点は，金融的収益額と金融的支出額の1時点の値だけを説明変数として採用していることである。彼は，このような処理を次のような言葉で説明している。「期待収益性は投資の主要決定諸要因の一つである。したがって，過去の収益性は将来の収益性に関する指標となるので，過去の収益性は投資の重要な決定要因である」（Orhangazi, 2008：873）。しかし，過去や現在の収益性が，将来の収益性に関する指標となるためには，最低でも二つの時点の収益性データが必要である。二つの時点の収益性データがあれば，この二時点間の変化の方向を知ることができ，それをもとにして将来の収益性を予想できる。宇仁（2020）において明らかにしたように，当期の利潤率と前期の利潤率を説明変数とする投資関数の推定では，当期の利潤率の係数推定値は正となり，前期の利潤率の係数推定値は負となることが多い。このような推定結果は，前期の利潤率が投資を減らす効果をもっていることを意味するのではなく，適応的期待形成仮説が示すように，利潤率の2時点間の差の情報が将来の利潤率の予想に利用されていることを意味すると解釈するほうが現実的である。金融的収益の1時点の値だけを説明変数として採用しているという問題点は次に説明する西（2012）の方法にも当てはまる。

西（2012）は，「(a) 非金融企業による金融資産への投資の趨勢的上昇，(b) 金融取引による収入の増大」など，金融化のさまざまな側面を数量的に示す日本のマクロ経済的指標の1980–2009年の推移を提示したうえで，日本の金融化について次のように述べている。「付加価値および利潤形成における金融部門の貢献割合は日本においても高まっている」とはいえ，「日本では金融資産への投資，金融的支出や収益の割合はむしろ低下しており，金融上の所得分配の変化においても利潤分配率や配当性向の趨勢的な上昇を示しているわけではない」（西, 2012：56）。西はさらに，金融的収益額（当年値または前年値）と金融的支出額（当年値または前年値）を説明変数に含む投資関数モデルを設定し，金融化が日本の製造業，非製造業の資本蓄積行動に及ぼす影響を，産業単位のパネルデータ分析によって計測している。非製造業については，有意な結果が得られていないが，製造業については，金融的収益額の係数は正，金融的支出額の係数は負という有意な結果が得られている。

いくつかの限界が，この研究にも存在する。西（2012）は，流動資産を金融資産として捉え，営業外収益を金融的の収益として捉えている。この捉え方では，金融資産と金融

的収益とは，ほとんど対応していない。第2節で例示した日立製作所の資産構成でも，あるいは「法人企業統計」の統計表でも確認できるように，流動資産の大部分は，「現金・預金」「売掛金」「棚卸資産」が占める。低金利時代においては，預金がもたらす金融的収益はきわめて少ないし，現金，売掛金，棚卸資産はそもそも金融的収益をもたらさない。流動資産の中で金融的収益をもたらすのは「有価証券」であるが，近年の『法人企業統計』の集計結果でも確認できるように，流動資産の有価証券が流動資産合計に占める割合は，5%以下であり，総資産に占めるその割合は，2%以下である。低金利時代における金融的収益の大部分は，「固定資産」に含まれる「投資有価証券」がもたらしていると考えられる。近年の「法人企業統計」の集計結果では，「投資有価証券」が総資産に占める割合は15–20%である。しかし，この「法人企業統計」の「投資有価証券」には，第2節で述べたように，連結決算では相殺消去されてしまう親会社が保有する連結子会社の株式も計上されているかもしれないという問題点がある。また，「法人企業統計」では，製造業，非製造業を問わずすべての純粋持株会社が，非製造業の一産業部門として集計されており，非製造業全体の投資有価証券の約40%が，この「純粋持株会社産業」に属していることも問題である。西（2012）も，このような諸問題などをおそらく考慮して，「投資有価証券」のデータを分析対象から外している。その結果として，分母のデータがないので，金融的利潤率が計算できなくなる。西（2012）の投資関数の説明変数に入っている利潤率は営業利益÷（土地を除く有形固定資産＋無形固定資産）であり，実物的利潤率である。本来，この実物的利潤率と並んで説明変数に採用すべきなのは，金融的利潤÷金融的資産という金融的利潤率であろう。しかし「投資有価証券」のデータを分析対象から外しているために，金融的利潤率は計算できず，西が投資関数の説明変数に加えているのは，金融的収益額と金融的支出額である。製造業におけるその推定結果は，金融的収益額が投資額に及ぼす影響は正，金融的支出額の影響は負というものであるが，これはかなりあたりまえの投資決定行動を裏づけているにすぎない。

■4-2　日本の非金融企業における金融化

　第2節で説明したように，以下では営業利益を実物的利潤とみなし，受取利息・配当金＋持分法投資損益を金融的利潤とみなす。また金融的資産＝「投資その他の資産」と定義し，金融的資産以外の資産を「実物的資産」と定義する。本項では最初に，非金融上場企業における，金融的資産が総資産に占める割合を計測する。以下ではこの割合を「金融的資産割合」と呼び，この割合の上昇を，本章では「非金融企業の金融化」と定義する。まず，1992–2012年度の各年度について非金融上場企業の財務データを集計して，製造業企業全体と非製造業企業全体の金融的資産割合を算出し，その時間的推移を図示する。次に金融的利潤率と実物的利潤率の推移を明らかにし，両者の比較も行う。最後に，金融的利潤率と実物的利潤率の当年値と前年値とを説明変数とする投資関数を，パ

ネルデータ分析を使って推定する。

　アメリカの非金融企業全体における金融的資産が総資産に占める割合，つまり金融的資産割合は，FRB, *Financial Accounts of the United States*（旧名称は *Flow of Funds*）の Historical Data, Table B.103 から容易に計算できる。金融的資産割合は 1980 年までは約 27％で安定的に推移していたが，1980–2000 年にかけて，21％ポイントも増加し，2000 年には約 48％に達した。その後は約 44–49％の間で変動している。このデータに基づくと，アメリカでは 1980–2000 年に非金融企業の金融化が起きたと判断できるかもしれない。しかし，このデータを参照している幾人かの研究者（Crotty, 2005；Lapavitsas, 2013；小倉, 2016）が指摘しているように，このデータは次のような問題点を含んでいるので，このデータだけでは，アメリカの非金融企業の金融化を実証したことにはならない。この Table B.103 の金融的資産（financial assets）の内訳をみると，「雑多な資産」（miscellaneous assets）が，近年では金融的資産の約半分を占めるようになるほど，急増した[21]。それは 1980–2000 年に約 20％ポイント増加した。つまり，上記の金融的資産割合の増加は，もっぱら「雑多な資産」の増加によって引き起こされている現象であり，それ以外の金融的資産，つまり現金，預金，売掛金，海外直接投資などが総資産に占める割合は，約半世紀にわたり 20％前後で安定的に推移している。このように，アメリカの先行研究においても，非金融企業の金融的資産割合については，不明確な部分が残されているので，日本の全非金融企業の金融的資産割合を連結決算データから計算することには意義があると考えられる。

　図 7-10 は，1991–2001 年の 11 年間，継続的に上場していた製造業企業全体（806 社）と非製造業企業全体（385 社）の金融的資産割合と，2002–2012 年の 11 年間，継続的に上場していた製造業企業全体（1085 社）と非製造業企業全体（889 社）の金融的資産割合を，一つの図で示したものである[22]。非製造業の上場企業数の傾向的増加を反映して，非製造業のサンプル数が大きく増えているために，とくに非製造業の数値には大きな不連続がある。この不連続を無視して，この図 7-10 をみると，製造業，非製造業とも，1999–2006 年にかけて，金融的資産割合は約 7％ポイント上昇し，2007–2009 年にかけて約 2％ポイント低下した。それ以外の期間においてはほぼ横ばいである。したがって，金融的資産割合はこの 20 年間において持続的に上昇したわけではないが，累計で約

---

21) Crotty（2005）は，この「雑多な資産」の内容に関して，FRB のエコノミストに個人的に質問した結果,「FRB 自身も，この「その他」金融資産にどのような種類の資産が入っているかを知らないし，さらにこのカテゴリーに含まれる資産のすべてが金融的資産であるかどうかも知らないことが判明した」と述べている（Crotty, 2005：104）。
22) 各企業の 10 年間平均金融的資産割合 ＝ 10 年間の金融的資産合計 ÷ 10 年間の総資産合計，という式で，各企業の金融的資産割合を計算し，それをもとに製造業企業全体および非製造業企業全体で単純平均を計算した。

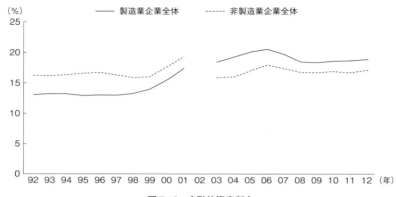

図 7-10　金融的資産割合

出所：東洋経済新報社『企業財務カルテ CD-ROM 2003 年版』および同『財務データ・ダイジェスト 2013 年版』より筆者が計算。

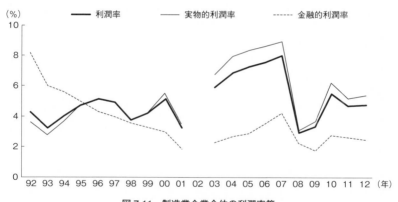

図 7-11　製造業企業全体の利潤率等

出所：図 7-10 と同じ。

5％ポイント上昇しているので，日本において非金融企業の金融化は起きていると判断できる[23]。

23）西は，総資産に占める流動資産の割合の低下や，金融的収益，支出，所得分配といったフロー面の動きを根拠として，「日本経済は中長期的な金融化の波に飲み込まれているとはいいがたい」（西, 2012：54）と判断しているが，すでに述べたように，この金融資産＝流動資産という定義は不適切である。

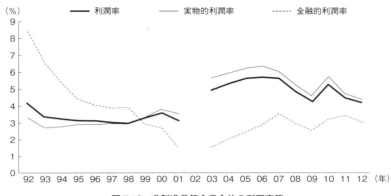

図7-12　非製造業等企業全体の利潤率等

出所：図7-10と同じ。

　図7-11と図7-12は，それぞれ製造業企業全体と非製造業企業全体の，利潤率，実物的利潤率，金融的利潤率の推移を示している。これらの利潤率は，景気循環に対応して，上下に数％ポイント変動している[24]。この変動幅は非製造業と比べて製造業の方が大きい。このような景気循環に対応する変動に加えて，金融的利潤率は，金融資産バブルの崩壊後の1990年代において，約10年間連続して低下している。これは，バブルによる上昇分が消滅するプロセスとみることができる。そして2000年代に入ると，金融的利潤率は回復プロセスに入る。しかし，世界金融危機によってこの回復は数年間中断された。金融的利潤率の水準を実物的利潤率の水準と比較すると，1990年代の前半においては，前者が後者を上回り，後半においては下回る。2000年代においても前者が後者を下回る状態が続くが，その差はしだいに縮まっている。

■**4-3　日本企業における実物的投資と金融的投資の決定プロセス**

　以上のような製造業全体や非製造業全体という集計データの分析によって，集計値としての金融的資産割合の上昇が，製造業全体の利潤率や非製造業全体の利潤率にどのような影響を及ぼすかについては，ある程度の推測を行うことができる。例えば，2000年代のように全体の実物的利潤率が金融的利潤率をかなり上回っている状況では，金融的資産割合の全体的な上昇は，全体の利潤率を引き下げる効果をもつだろう。また逆に1990年代の非製造業のように，ほとんどの年において全体の実物的利潤率が金融的利潤

24）1990年代，2000年代における景気循環をもたらした国内的，国外的要因については，宇仁（2020）に記したので，本章では説明を省略する。

率をかなり下回っている状況では，金融的資産割合の全体的な上昇は，全体の利潤率を引き上げる効果をもつ可能性が高いと予想できる。しかし，このような全体の平均値に基づく推論は，個々の企業の投資に関する判断においてはほとんど役立たない。なぜなら金融的資産割合はすべての企業で等しいわけではなく，かなりの格差がある。実物的利潤率と金融的利潤率についても，企業間でのばらつきは大きい[25]。そして，個々の企業経営者が，実物的資産にどれくらい投資するか，金融的資産にどれくらい投資するかを判断する際に，主に考慮に入れるのは，当該企業の過去あるいは現在あるいは将来の実物的利潤率と金融的利潤率である。したがって，金融化の影響を明らかにするためには，個別企業における実物的投資と金融的投資の決定プロセスをモデル化して，そのモデルを，ミクロ・データを使って推定することが，有効な方法であると考えられる。

　先に述べたように，予想された将来利潤率に基づいて投資判断が行われると想定する場合，最低必要とするのは現在や過去の二つの時点の利潤率である。したがって，投資関数の推定式として，次のような単純な固定効果モデルが考えられる。(5)式が実物的投資関数，(6)式が金融的投資関数の推定式である。

$$g_{it}^r = a + b_1 r_{it}^r + b_2 r_{it-1}^r + c_1 r_{it}^f + c_2 r_{it-1}^f + d_1 D_1 + d_2 D_2 + d_3 D_3 + \cdots + u_{it} \text{————————(5)}$$

$$g_{it}^f = a + b_1 r_{it}^r + b_2 r_{it-1}^r + c_1 r_{it}^f + c_2 r_{it-1}^f + d_1 D_1 + d_2 D_2 + d_3 D_3 + \cdots + u_{it} \text{————————(6)}$$

　変数 g_{it}^r は，企業 i における実物的資産の成長率の当年値，g_{it}^f は金融的資産の成長率の当年値，r_{it}^r は実物的利潤率の当年値，r_{it-1}^r はその前年値，r_{it}^f は金融的利潤率の当年値，r_{it-1}^f はその前年値，D は企業ごとのダミー変数，u は誤差項を示す。このような固定効果モデルにおいては，説明変数の影響を受けない各企業が有する特性は，企業毎の切片の大きさの違いとして確定的に数量化されることになる[26]。

　推定結果は，次の表 7-2 に示されている。(5)式，(6)式は，個々の企業の個々の時点の投資行動（具体的には実物的資産成長率と金融的資産成長率）を統一的に説明する変数として，当年と前年の実物的利潤率と金融的利潤率しか含まない単純なモデルである。企業および年の違いによる資産成長率の差異を完全に説明するためには，マクロ経済レ

25）すでに，図 7-7 の散布図に示したように，利潤率のばらつきは企業規模が小さいほど大きい。

26）当年度の値および 1 年前の値に加えて，2 年前の値も説明変数として採用した推定も行ったが，2 年ラグの値は，まったく有意にはならなかった。また固定効果モデルに加えて，変量効果モデルとプーリング回帰モデルを使った推定も行い，F 検定，Hausman 検定，Breusch and Pagan 検定の結果に基づいて，最も望ましいモデルの推定結果を採用した。

表 7-2　投資関数の推定結果

	製造業 (1993–2001)		製造業 (2004–2012)		非製造業 (1993–2001)		非製造業 (2004–2012)	
	(1) 実物的資産成長率	(2) 金融的資産成長率	(3) 実物的資産成長率	(4) 金融的資産成長率	(1)′ 実物的資産成長率	(2)′ 金融的資産成長率	(3)′ 実物的資産成長率	(4)′ 金融的資産成長率
実物的利潤率 当年値	1.198*** (31.02)	0.655*** (6.15)	1.135*** (43.45)	0.791*** (12.31)	1.005*** (9.71)	0.356* (1.95)	0.842*** (22.02)	0.620*** (10.41)
実物的利潤率 前年値	-0.552*** (-13.76)	0.223** (2.01)	-0.499*** (-18.85)	-0.152** (2.34)	0.156 (1.50)	0.376** (2.09)	0.021 (0.54)	-0.073 (-1.23)
金融的利潤率 当年値	0.146*** (5.41)	-0.776*** (-10.39)	0.137*** (4.11)	-0.292*** (-3.55)	0.309*** (4.17)	-0.046 (-0.34)	-0.007 (-0.33)	-0.189*** (-5.53)
金融的利潤率 前年値	-0.100*** (-4.40)	0.791*** (12.64)	-0.121*** (-3.62)	0.446*** (5.41)	-0.153** (-2.37)	0.320*** (2.74)	-0.017 (-0.81)	0.239*** (6.49)
定数項	-0.022*** (-12.94)	-0.011*** (-2.40)	-0.019*** (-11.94)	-0.045*** (-11.39)	-0.043*** (-8.75)	-0.015** (-2.25)	-0.029*** (-10.37)	-0.033*** (-9.13)
サンプル数	7254	7254	9765	9765	3465	3465	8001	8001
自由度調整済み決定係数	0.1470	0.0401	0.1914	0.0273	0.0709	0.0160	0.0962	0.0353
推定モデル	プーリング	プーリング	プーリング	プーリング	固定効果	プーリング	固定効果	プーリング

注：この表は，表頭の変数を被説明変数とし，表側の変数を説明変数とする推定式の回帰分析結果を示す。上段の数値は係数推定値であり，下段の括弧内は t 統計量である。また，*** は $p < 0.01$，** は $p < 0.05$，* は $p < 0.1$ を意味する。

ベルで作用する政治経済的諸変数，産業レベルで作用する政治経済的諸変数，利潤率以外の企業レベルで作用する政治経済的諸変数などを説明変数に追加する必要がある。これらの諸変数のなかには，さまざまな制度的変数も含まれるだろう。マクロ経済レベルで作用する制度もあるし，産業レベルで作用する制度もあるし，企業レベルで作用する制度もあるだろう。しかし，(5)式，(6)式はこれらの変数をすべて捨象しているので，表 7-2 に示されている (5)式，(6)式の推定結果の決定係数は低い。しかし，資産成長率と利潤率との関係は，資本主義企業のいわば骨格に相当する基軸的関係であり，それが利潤率の係数推定値の有意性の高さに現れている。

　まず (1)列と (3)列に示されている製造業企業の実物的投資関数の推定結果をみてみよう。すべての説明変数の係数推定値が有意となっている。また係数推定値の大きさから判断して，当年と前年の実物的利潤率が，実物的投資に大きな影響を与えることがわかる。当年と前年の金融的利潤率は係数の大きさが小さく，実物的投資にはあまり影響しない。さらに，実物的利潤率，金融的利潤率ともに，当年の係数は正であり，前年の係数は負であることも興味深い。このことは，適応的期待形成仮説に基づいて将来の実物的利潤率を予想し，その予想された将来利潤率に基づいて投資判断がなされていると解釈できる。くわしい説明は宇仁 (2020) で行っているので，ここでは簡単な数値例で説明しておこう。例えば当年の実物的利潤率の係数が 1.5 であり，前年の実物的利潤率

の係数が-0.5 である場合，$1.5r_t^r - 0.5r_{t-1}^r = r_t^r + 0.5\,(r_t^r - r_{t-1}^r)$ である。この式の右辺は，当年の利潤率に，前年から当年への利潤率の変化幅の半分を加えたものを，翌年の利潤率と想定するという，よくある将来予想の方法（適応的期待形成と呼ばれる）を意味している。0.5 は調整パラメータであり，企業の内外の事情を反映してさまざまな値をとりうる。宇仁（2020）では，景気循環を明示的に考慮して，この二つの係数から，投資循環と利潤率循環の間にあるリードあるいはラグの長さを計算する方法も提示している[27]。それに基づいて計算すると現在の実物的投資の決定は，主に，予想された数か月先の実物的利潤率を参照して行われていることになる。

　次に，表 7-2 の(2)列と(4)列に示されている製造業企業の金融的投資関数の推定結果をみてみよう。ここでも，すべての説明変数の係数推定値が有意となっている。係数推定値の大きさから判断して，当年と前年の金融的利潤率が，当年と前年の実物的利潤率と並んで，金融的投資に大きな影響を与えることがわかる。また，当年の金融的利潤率の係数が負であり，前年の金融的利潤率の係数が正である[28]。上記の実物的投資関数における実物的利潤率の係数の符号とはまったく逆になっていることは興味深い事実である。(2)列に示す結果のようにこの二つの係数の絶対値がほぼ同じケースは，宇仁（2020）で説明している計算方法に基づくと，景気循環の周期が 5 年の場合[29]，現在の金融的投資の決定は，1–2 年前の金融的利潤率を参照して行われていることになる。

　このように，実物的投資の決定は，主に将来の実物的利潤率の予想に基づいて行われ，金融的投資の決定は，主に過去の金融的利潤率の実績に基づいて行われていることは，一見，意外な結果にみえるが，次のように知識や情報の限定性や不完全性をふまえると当然の結果である。実物的投資とは，当該企業の中核事業に関わる設備投資や当該企業が支配力をもつ連結子会社が行う設備投資などであり，このような事業に関しては，その企業は多くの知識や情報をもち，それを将来の予想に使うことができる。他方，金融

27）宇仁（2020）では，景気循環の変動が正弦波で表されると仮定し，三角関数の合成という方法で，これら二つの係数がもたらす総合的効果を導き，投資循環と利潤率循環との間のリードあるいはラグの長さを測る方法を説明している。

28）Orhangazi（2008）の推定式にならって，(5) 式の説明変数から当年の実物的利潤率と金融的利潤率を除外した推定も行った。前年の金融的利潤率の係数推定値は，1990 年代の製造業企業に関しては，有意にはならなかったが，2000 年代の製造業企業に関しては，符号は負で，有意となり（係数 -0.321，t 値 -8.05），Orhangazi（2008）の結果と類似した結果が得られた。したがって，Orhangazi（2008）の結果は，金融的収益の 1 時点の値だけを説明変数として採用するという推定式の定式化における欠陥によって生じた可能性もある。

29）内閣府「景気基準日付」によると，分析対象とした期間（1991–2012 年）にある四つの循環の平均周期は，4.77 年である。

的投資とは，中核事業との関係をあまりもたない他の企業の株式や債券への投資や，持分法適用対象となる関係会社への投資である。これらの関連性の低い企業の事業の将来に関しては，多くの知識や情報を得ることが困難である。したがって，このような知識や情報の限定性や不完全性を考慮すると，金融的投資がもたらす将来の金融的利潤率の予想は，現実的にはかなり難しい。その結果，金融的投資の決定に関しては，将来の金融的利潤率を予想するのではなく，過去に実現した金融的利潤率を参照して行われると考えられる。表 7-2 の製造業の投資関数の推定結果が示しているのは，このような実物的投資の決定原理と金融的投資の決定原理との非対称性である。

　表 7-2 の（1）′列，（2）′列，（3）′列，（4）′列に示されている非製造業の投資関数の推定結果では，有意でない係数推定値もいくつかあるが，有意である係数推定値の符号は，製造業の推定結果と同じである。したがって，上記の実物的投資の決定原理と金融的投資の決定原理との非対称性は，非製造業に関しても，おおむね当てはまると考えられる。

　図 7-11 と図 7-12 に示したように，実物的利潤率も金融的利潤率も循環的に変動する。実物的投資の決定は，予想された数か月先の実物的利潤率を参照して行われ，金融的投資の決定は，約 1–2 年前の金融的利潤率を参照して行われることが，どのような含意をもつかについて，景気循環にともなう収益性の変動を考慮に入れて，考えてみよう。実物的投資は，将来の実物的利潤率の予想が外れることによって過剰投資または過少投資となる可能性はあるが，収益性の変動と投資調整とのタイミングのずれは小さい。すなわち投資調整の適時性（timeliness）は高い。他方金融的投資は，この適時性は低い。例えば金融的利潤率が，循環的変動の山を越えて下がり始めたとしても，金融的投資は，なお 1–2 年間増加し続ける。また，金融的利潤率が，循環的変動の谷を越えて，上り始めたとしても，金融的投資は，なお 1–2 年間，減少し続ける。このように金融的投資は，金融的利潤率の動きと乖離して変動するというかたちで，過剰投資または過少投資となる可能性をもつ。ただし，実際には，表 7-2 の（2）列や（3）列に示された金融的投資関数の推定結果をみてわかるように，説明変数のうち当年の実物的利潤率の係数も，正で有意であり，その係数の大きさもかなり大きい。つまり当年の実物的利潤率も，金融的投資に対してある程度の影響力をもつので，上記のような金融的投資の過剰あるいは過少投資傾向は抑制されている。しかし，この抑制効果は，図 7-10 に示すように総資産に占める金融的資産の割合が，現状では低い（約 2 割）ことに依存していると思われる。金融化が進むと，つまり金融的資産割合が高まると，金融的投資に対する実物的利潤率の影響は小さくなり，上記の金融的投資の過剰あるいは過少投資傾向は顕著になっていくだろう。したがってこの傾向を抑制するためには，中央銀行によるベースレートのコントロールなどのマクロ経済レベルでの制度的調整の必要性が高まると考えられる。

　第 3 節の第 2 項で説明したように，大企業は事業や製品を多角化することによって，一部の事業や製品の収益性の低下を，他の事業や製品の高い収益性によって相殺するこ

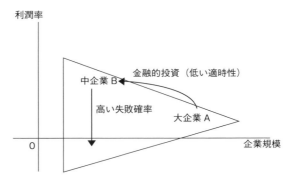

図7-13 大企業における金融化と事業の多角化

とが可能となり，企業全体としては，それなりの高さの利潤率を確保できる。このような事業や製品の多角化は，大企業が，将来に関する不確実性に対処する方法の一つである。しかし，大企業における金融化（金融的資産が総資産に占める割合の上昇）の進行は，事業の多角化が，単体内部や連結子会社の投資という実物的投資を通じてではなく，むしろ，図7-13に示すように持分法適用会社やその他関係会社への投資という金融的投資を通じて行われる傾向が強まることを意味する。上記のように，金融的投資の場合，投資対象事業に関する知識や情報の限定性や不完全性によって，金融的利潤率の予想が困難であるために，景気変動に応じたタイムリーな金融的投資量の調整が困難である。このような金融的投資の適時性の低さのために，投資対象事業が失敗して，その収益性が低下する確率は高いと考えられる。したがって，第3節の第2項で実証したように，これまでも，比較的小規模の企業の収益性の不確実性は，大企業と比べて高かったと考えられるが，今後，大企業の金融化が進行して，金融的投資を通じた事業の多角化が拡大すると，比較的小規模の企業の収益性の不確実性は，さらに高まる可能性がある。その結果，事業の多角化によって，企業全体として，それなりの高さの利潤率を確保するという大企業の意図に反する結果がもたらされるかもしれない。

　経済主体が将来を正確に予想できるという「完全予見」（perfect foresight）仮説が妥当するとすれば，利潤率のラグ変数（前年利潤率）ではなく，リード変数（翌年利潤率）を説明変数に用いた投資関数の推定の方が，高い説明力をもつだろう。そこで，製造業企業に関して，(5)式と(6)式の説明変数のうち，利潤率の1年ラグ変数を利潤率の1年リード変数に置き換えた推定も行った。その推定結果が，表7-3である。表7-2の(1)列と(3)列に示した実物的投資関数の推定結果では，実物的利潤率の前年値の係数推定値は負で有意であり，これは適応的期待形成仮説が1990年代にも2000年代にも妥当することを意味した。表7-3の(3)列に示す実物的投資関数の推定結果では，実物的利潤率

表7-3　リード変数を使った投資関数の推定結果

	製造業（1992–2000）		製造業（2003–2011）	
	(1) 実物的資産成長率	(2) 金融的資産成長率	(3) 実物的資産成長率	(4) 金融的資産成長率
実物的利潤率 当年値	0.796*** (20.41)	1.190*** (11.23)	0.767*** (26.10)	0.260*** (3.91)
実物的利潤率 翌年値	0.018 (0.48)	−0.535*** (−5.24)	0.301*** (10.37)	0.715*** (10.91)
金融的利潤率 当年値	−0.081*** (−3.66)	0.630*** (10.51)	−0.004 (−0.10)	0.156* (1.86)
金融的利潤率 翌年値	0.108*** (4.09)	−0.824*** (−11.52)	0.163*** (4.23)	−0.443*** (−5.27)
定数項	−0.025*** (−15.28)	0.016*** (3.51)	−0.050*** (−21.62)	−0.048*** (−12.02)
サンプル数	7254	7254	9765	9765
自由度調整済み 決定係数	0.1281	0.0368	0.1507	0.0419
推定モデル	プーリング	プーリング	固定効果	プーリング

注：表7-2と同じ。

　の翌年値の係数推定値は正で有意であり，これは翌年に実際に実現する実物的利潤率に応じて当年の実物的投資が調整されることを示しており，2000年代には完全予見仮説が妥当する可能性を示唆する。しかし，表7-3の(1)列に示す推定結果では，実物的利潤率の翌年値の係数推定値は正ではあるが，その値は小さく有意ではない。つまり，完全予見仮説は1990年代には妥当しないことを意味する。このような結果は，完全予見仮説は，適応的期待形成仮説と比べて，現実妥当性が低いことを示している。また，表7-3の(2)列と(4)列に示す金融的投資関数の推定結果では，金融的利潤率の当年値の係数推定値は正であり，翌年値の係数推定値は負であり，ともに有意となっている。このことは，表7-2の結果と同じく，金融的投資は，1–2年前の金融的利潤率を参照して行われることを示している。

5　おわりに

　本章では，日本の非金融上場企業の1992–2012年度の連結決算データを使って，企業規模と利潤率との関係および，資本蓄積率と利潤率との関係を分析した。この分析によって，次のような一連の発見が得られた。

・企業規模と利潤率との関係を，企業規模区分ごとに利潤率の平均値と標準偏差を計算するという伝統的方法で計測した結果，1960年代の英米企業に関する先行研究と

ほぼ同様の結果が得られた。つまり，製造業企業ではゆるやかな収穫逓増傾向がみ
られたが，全体でみれば，収穫一定である。また，利潤率の標準偏差は，企業規模
が大きくなればなるほど低下する，すなわち利潤率の収れん傾向がみられる。これ
は，比較的小規模の企業は将来の収益性に関する大きな不確実性に直面しているが，
大企業は事業や製品を多角化することにより，不確実性に対処していることで説明
できる。

・推定式を工夫して，企業規模と利潤率との関係を回帰分析により計測した。その結
果，ほぼ収穫一定であるという結果が得られた。さらに大規模公益企業を識別する
ダミー変数を追加した回帰分析によって，公益事業規制緩和という制度変化が利潤
率に及ぼした影響を計測した。その結果，1990年代においては，規制緩和は，大規
模公益企業の利潤率を，他の企業と比べて 1.1 ％ポイント高める効果をもったが，
2000年代には，2.5 ％ポイント低める効果をもった。このことは，参入・退出規制は
緩和されたが，既存の公益企業については，価格規制の多くが残存したことによる
と考えられる。

・非金融企業の総資産に占める金融的資産の割合は 2000 年代前半に約 5 ％ポイント
上昇しており，日本でも非金融企業の金融化が起きていると判断できる。

・実物的利潤率および金融的利潤率の当年値と前年値を説明変数とする実物的，金融
的投資関数をパネルデータ分析によって推定した。その推定結果から，実物的投資
の決定は，主に，予想された将来の実物的利潤率を参照して行われ，金融的投資の
決定は，主に過去の金融的利潤率の実績に基づいて行われていることがわかった。
この投資決定原理の非対称性は，次のような知識や情報の限定性や不完全性によっ
て説明できる。実物的投資の対象となる事業に関しては，その企業は多くの知識や
情報をもち，それを将来の予想に使うことができる。他方，金融的投資の対象とな
る事業の将来に関しては，知識や情報は比較的少なく，予想は困難である。

・このような投資決定原理の非対称性により，金融的投資は，実物的投資と比べると，
投資の適時性が低い。事業の多角化は，大企業が，将来に関する不確実性に対処す
る方法の一つであるが，金融化が進行して，金融的投資を通じた事業の多角化が大
企業で拡大すると，比較的小規模の企業の収益性の不確実性は，さらに高まる可能
性がある。

・適応的期待形成仮説に基づく推定結果と完全予見仮説に基づく推定結果とを比較す
ることにより，適応的期待形成仮説の方が，現実妥当性が高いことがわかった。

以上のような本章での一連の発見が有する理論的含意は次のとおりである。新古典派
経済学のコアにある仮説は，経済主体は完全な知識，完全な合理性，完全な将来予見能
力をもつというものである。したがって，新古典派経済学においては制度や慣習が果た

す役割はほとんどない。他方，制度学派，ケインズ派，ポストケインズ派の経済学は，個人が有する不完全な知識や情報，個人の合理性の限界を基礎に据えて，理論が構築されている。そこでは，将来は根本的に不確実なものである。その不確実性に対処するために，またさまざまな利害対立のなかから社会秩序を生み出すために，制度や慣習が重要な役割を果たす。不完全な知識や情報，個人の合理性の限界，制度の重要な役割，将来の不確実性など，制度学派，ケインズ派，ポストケインズ派の経済学の基礎的原理は，直観的にはより現実的なものであり，経験的にも真実に近いと考えられるが，長らくその妥当性を実証することは困難であった。そのために「ミクロ的基礎」を欠くと，新古典派から長らく批判されてきた。しかし，近年の経済学実験の発展によって，これらの基礎的な原理の妥当性が次々と実証されている。本章で得られた諸結果は，ミクロ・データの分析によっても，これらの諸原理の妥当性を実証できることを示している。

付録　データの出所

　東洋経済新報社『会社財務カルテ CD-ROM 2003 年版』に収録されているのは，東京，大阪，名古屋，札幌，福岡の 5 市場およびナスダック・ジャパン市場ならびに JASDAQ に株式を上場している全事業会社（保険会社と典型的な証券会社を除く）のうち，1991 年 4 月期から 2002 年 3 月期において有価証券報告書で情報を開示した企業の財務データである。各企業は製造業，非製造業，銀行の三つに分類されているが，本章で使用するのは製造業と非製造業のデータから，「業種区分」が「証券，商品先物取引業」「保険業」「その他金融業」のサンプルを除いたデータである。また，事業利益に占める法人税等の比率が 9 割を占めるために，税引き前利益で計算する利潤率が約 40％と異常に高くなる 1 社（アラビア石油）も除外した。

　また，東洋経済新報社『財務データ・ダイジェスト 2013 年版』に収録されているのは，日本国内の証券取引所（東証 JASDAC，東証マザーズ，名証セントレックス，札証アンビシャス，福証 Q-Board 等の新興市場を含む）に上場する企業のうち，2002 年 4 月期から 2013 年 3 月期において有価証券報告書で情報を開示した企業の財務データである。各企業は一般事業会社，銀行，証券，損害保険，生命保険の五つに分類されているが，本章で使用するのは一般事業会社の企業データであり，「業種区分コード」を使って製造業と非製造業に分類した。また一般事業会社に一部属している「証券，商品先物取

30）宇仁（2020）も，東洋経済新報社『会社財務カルテ CD-ROM 2003 年版』と同『財務データ・ダイジェスト 2013 年版』のデータを用いている。宇仁（2020）の分析テーマの一つは，人件費の変化であるので，「人件費合計」が全年度または一部の年度において欠落している，あるいは明らかな不接続がある企業（『会社財務カルテ CD-ROM 2003 年版』では製造業で 28 社，非製造業で 23 社）は分析対象から除外した。人件費を扱わない本章では，これらの企業も分析対象に含めている。

引業」「保険業」「その他金融業」のサンプルは除いた[30]。

　単独決算と連結決算の両方が収録されている企業が多いが，本章で使用するのは，連結決算データである。

　本章では，1992–2001 年度を「1990 年代」，2003–2012 年度を「2000 年代」として，この二つの期間を比較する分析も行うが，その場合，比較可能性を確保するために，分析対象とするのは，1991–2001 年度の 11 年間，継続的に上場していた企業（製造業で 806 社，非製造業で 385 社）と 2002–2012 年度の 11 年間，継続的に上場していた企業（製造業で 1085 社，非製造業で 889 社）に限定した。

【謝　　辞】
本章の構想段階で京都大学大学院経済学研究科藤井秀樹教授から有益なアドバイスをいただいた。また，本研究は JSPS 科研費 18K01530 の助成を受けた。記して感謝したい。

参考文献
宇仁宏幸（1997）.「国鉄民営化と労働運動」中岡哲郎［ほか編］『大阪社会労働運動史（第 7 巻）』pp.202–232.
宇仁宏幸（2009a）.「NTT 西日本の構造改革」玉井金五［ほか編］『大阪社会労働運動史（第 9 巻）』pp.64–77. 宇仁（2009b），第 5 章として再録.
宇仁宏幸（2009b）.『制度と調整の経済学』ナカニシヤ出版
宇仁宏幸（2020）.「景気循環のミクロ分析」『季刊経済理論』56（4），54–67.
大橋英五（1993）.「現代企業の蓄積構造」『立教経済研究』46（3），97–126.
小倉将志郎（2016）.『ファイナンシャリゼーション──金融化と金融機関行動』桜井書店
亀田制作・高川　泉（2003）.「ROA の国際比較分析──わが国企業の資本収益率に関する考察」『日本銀行ワーキングペーパー』No. 03–11，2003 年 11 月.
佐藤真人（2016）.『戦後日本の資本利益率格差』関西大学出版部
嶋野智仁（2015）.「金融化が日本経済の資本蓄積に与える影響に関する実証分析──日本企業における「株主価値志向」浸透の観点から」『季刊経済理論』51（4），70–82.
高松　亨（2009）.「電力・ガス産業の競争」玉井金五［ほか編］『大阪社会労働運動史（第 9 巻）』pp.146–156.
中野　誠（2009）.『業績格差と無形資産──日米欧の実証分析』東洋経済新報社
中野　誠（2010）.「利益率格差構造の国際比較分析」桜井久勝［編著］（2010）.『企業価値評価の実証分析──モデルと会計情報の有用性検証』中央経済社，pp.381–406.
新納克広（2009）.「運輸業──規制緩和と輸送需要への対応」玉井金五［ほか編］『大阪社会労働運動史（第 9 巻）』pp.130–146.
西　洋（2012）.「金融化と日本経済の資本蓄積パターンの決定要因──産業レベルに注目した実証分析」『季刊経済理論』49（3），52–67.

松葉誠一郎（1997）.「電電公社の民営化と労働運動」中岡哲郎［ほか編］『大阪社会労働運動史（第 7 巻）』pp.178–197.

Commons, J. R.（1934）. *Institutional economics: Its place in political economy*. Macmillan.（コモンズ, J. R.［著］／中原隆幸［訳］（2016）.『制度経済学——政治経済学におけるその位置 上』ナカニシヤ出版；コモンズ, J. R.［著］／宇仁宏幸・坂口明義・高橋真悟・北川亘太［訳］（2019）.『制度経済学——政治経済学におけるその位置 中』ナカニシヤ出版；コモンズ, J. R.［著］／宇仁宏幸・北川亘太［訳］（2019）.『制度経済学——政治経済学におけるその位置 下』ナカニシヤ出版）

Crotty, J.（2005）. The neoliberal paradox: The impact of destructive product market competition and 'modern' financial markets on nonfinancial corporation performance in the neoliberal era. in G. A. Epstein（ed.）, *Financialization and the world economy*. Edward Elgar,　pp.77–110.

Eatwell, J.（1971）. Growth, profitability and size: The empirical evidence, in R. Marris & A. Wood（eds.）, *The corporate economy: Growth, competition, and innovative potential*. Macmillan, pp.389–421.

Fama, E. F., & French, K. R.（2004）. The capital asset pricing model: Theory and evidence. *Journal of Economic Perspectives*, *18*（3）: 25–46.

Lapavitsas, C.（2013）. *Profiting without producing: How finance exploits us all*. Verso.（ラパヴィツァス, C.／斉藤美彦［訳］（2018）.『金融化資本主義——生産なき利潤と金融による搾取』日本経済評論社）

Orhangazi, Ö.（2008）. Financialization and capital accumulation in the non-financial corporate sector: A theoretical and empirical investigation on the U.S. economy: 1973–2003. *Cambridge Journal of Economics*, *32*（6）, 863–886.

Samuels, J. M., & Smyth, D. J.（1969）. Profits, variability of profits and firm size. *Economica*, *35*（138）, 127–139.

Shaikh, A.（2016）. *Capitalism: Competition, conflict, crises*. Oxford University Press.

Sherman, H. J.（1968）. *Profits in the United States: An introduction to a study of economic concentration and business cycles*. Cornell University Press.（シャーマン, H. J.／玉垣良典・吉家清次・平川東亜［訳］（1971）.『寡占経済と景気循環』新評論）

Whittington, G.（1971）. *The prediction of profitability and other studies of company behaviour*. Cambridge University Press.

08 日本の分配レジームの変化に関する産業別分析

薗田竜之介

1 はじめに

　本章では，日本の製造業とサービス業のデータを用いて，需要変動が所得分配に影響を与える制度的構造を産業別に実証・比較する。

　近年のポスト・ケインズ派経済学，その中でもカレツキ派と呼ばれる一派は，階級間の所得分配と有効需要とを結びつけるマクロ構造に焦点を当てており，レギュラシオン理論とも高い親和性をもつ。カレツキ派の理論は，1. 資本ストックの不完全稼働と数量調整による需給一致，2. 企業のマークアップによる価格決定，3. 貯蓄から独立した投資関数，などの基本的性質から構成されている。これらの想定に基づき，カレツキ派は階級間の所得分配の変化が投資関数を通じて有効需要と資本稼働率を変動させるメカニズムを描写し，これを「需要レジーム」として定式化する。Bhaduri & Marglin（1990）によって，利潤主導型需要レジームと賃金主導型需要レジームの双方が成立しうるという可能性が示されて以来，カレツキ派はさまざまな需要レジームの可能性に関して，理論・実証の双方で分析を蓄積してきた。これらの研究成果は，レギュラシオン理論が重視する「資本主義の多様性」を裏づけるものといえるであろう。

　しかし，カレツキ派の基本モデルにおいては，所得分配率は外生的なものとして扱われており，所得分配が需要形成に及ぼす影響に焦点が当てられる一方で，需要変化の影響を受けた分配率の内生的変動を扱っていないという問題点が存在した。そのため，需要レジームとは逆の経路，すなわち需要の変動が労働市場を介して労使間の所得分配に影響する構造を「分配レジーム」として定式化・分析する試みが重要となってくる。分配レジームの理論の重要な源泉の一つは，Goodwin（1967）に代表される古典派の成長循環理論である。こうした分配レジームに関しても，多様なレジームの可能性が示されており，その分類は労働市場など所得分配に関わる制度的特質によって規定される。

　こうした需要レジームと分配レジームの多様性は，資本主義経済の安定性・不安定性を分析する上で，きわめて重要な意味をもつ。所得分配と需要形成が相互作用する動学

体系として資本主義を捉えた場合，体系の安定性を満たしやすいレジームの組み合わせと，逆に体系を不安定化させやすい組み合わせが存在するからである。

　例えば，賃金シェア（賃金分配率）の上昇が有効需要の増大をもたらすような賃金主導型の需要レジームと，有効需要の変動に対して賃金シェアが逆方向に動く分配レジームとの組み合わせからなる社会であれば，賃金シェア上昇→有効需要増大→賃金シェア低下→有効需要減少→賃金シェア上昇……という安定的な循環が生じる可能性が高くなる。同様に，賃金シェアの低下すなわち利潤シェア（利潤分配率）の上昇が有効需要の増大をもたらすような利潤主導型の需要レジームと，有効需要の変動に対して賃金シェアが同方向に動く分配レジームとの組み合わせからなる社会においても，賃金シェア上昇→有効需要減少→賃金シェア低下→有効需要増大→賃金シェア上昇……という安定的な動学が実現する可能性が高い。

　しかし，上記の二つとは異なる組み合わせの下では，資本主義経済は不安定化する危険性を内包することとなる。賃金主導型の需要レジームと，有効需要の変動に対して賃金シェアが同方向に動く分配レジームとが組み合わさった場合，賃金シェアがいったん低下すると，賃金シェア低下→有効需要減少→さらなる賃金シェア低下→さらなる賃金シェア低下……という累積的な不安定化を招く可能性がある。同様に，利潤主導型の需要レジームと，有効需要の変動に対して賃金シェアが逆方向に動く分配レジームとが組み合わさった場合も，いったん賃金シェアが上昇，つまり利潤シェアが低下すると，賃金シェア上昇→有効需要減少→さらなる賃金シェア上昇→さらなる有効需要減少……という不安定な過程が発生する恐れがある。こうした組み合わせが成立している社会においては，不安定性を緩和し社会を安定化させるための，何らかの調整メカニズムが必要とされるであろう。

　したがって，さまざまな時代・国において，需要レジームと分配レジームの性質を調べる実証研究を行う作業は，資本主義の不安定性や調整メカニズムに関心を寄せる社会経済学にとって，非常に有益である。しかし，需要レジームと比較すると，分配レジームに関する実証分析はいまだ十分に蓄積されているとは言い難い。Barbosa-Filho & Taylor（2006）や Tavani et al.（2011）など，需要レジームと分配レジームの双方を扱った実証研究もいくつか存在するものの，それらの分析対象は欧米に偏る傾向にある。そこで筆者は Sonoda（2017）において，日本のマクロ経済データを用いて需要レジームと分配レジームを推計した。その結果，日本の分配レジームは 1977–2007 年の長期で推計すると，有効需要の変動を表す資本ストック稼働率の動きに対して，賃金シェアがカウンターサイクリカルに変動するという特徴を有しており，これが利潤主導型の需要レジームと組み合わさることによって不安定性を引き起こしている可能性がある，という結論を得た。

　だが，Sonoda（2017）は全産業を集計したマクロ・データを用いた実証であり，産業間の異質性を捨象してしまっているという限界を抱えている。レギュラシオン理論におい

ては，さまざまなレベルでなされる多元的な経済調整が重視される。同じ日本の中におい
ても，個々の産業ごとにさまざまな制度的差異が存在し，雇用調整や賃金決定のメカニズ
ムも決して一様ではない。これらの差異によって，産業ごとに多様な分配レジームが併存
している可能性があり，これらを個別に抽出して，産業間の特質を比較する作業を行うこ
とが，日本の分配レジームの実態をより詳細に解明していく上では重要であろう。

そこで本章では，日本の製造業とサービス業のそれぞれについて分配レジームを個別
に推計し，その比較を試みる。本章の構成は，以下のとおりである。第2節では，分配
レジームの定式化を行う。所得分配の動学は，名目賃金の決定・企業の価格設定・労働
生産性の変化によって規定されるため，これらのメカニズムをそれぞれ定式化した上で，
分配レジームを導出する。第3節では，そのモデルに基づいて，日本の製造業とサービ
ス業に関するデータを用いた推計を行う。第4節では，それぞれの産業について時代を
区分した推計を行い，制度上の構造変化が分配レジームにもたらした影響を分析する。
第5節では，各産業の分配レジームを比較分析して得られた知見と，今後の課題を示す。

2 モデル

まず，第 i 産業における有効需要の変動を示す資本稼働率 u_i は，以下のように定式化
される。

$$u_i = \frac{X_i}{K_i} \tag{1}$$

ただし，X_i は第 i 産業における実質付加価値，K_i は第 i 産業における資本ストック量で
ある[1]。

次に，第 i 産業における所得分配を示す賃金シェア Ψ_i は，以下のように定義される。

$$\Psi_i = \frac{w_i L_i}{p_i X_i} \tag{2}$$

ただし，w_i は第 i 産業における名目賃金率，L_i は第 i 産業における労働投入量，p_i は第 i
財の価格である。

ここで，第 i 産業における労働生産性を $a_i = \frac{X_i}{L_i}$ とすると，(2)式より，

---

1) 正確に定義すれば，資本ストックの稼働率 u_i は，潜在産出を X_i^* とした場合，$u_i = X_i/X_i^*$
と表される。しかし本章では，以後の推計に必要なデータを得る関係上，付加価値と資
本ストック量の比率を稼働率の代理変数とみなす。技術的な資本生産性 X_i^*/K_i が一定で
あるとするならば，これを1と置くことによって，$u_i = (X_i/X_i^*) \cdot (X_i^*/K_i) = X_i/K_i$ を得る。

$$\Psi_i = \frac{w_i L_i}{p_i X_i} = \frac{w_i}{p_i a_i} \quad\text{————————————————————}\quad (3)$$

変数の時間変化率を上付きハットで表すと，(3)式より，賃金シェアの時間変化率$\hat{\Psi}_i$は，次のように分解される。

$$\hat{\Psi}_i = \hat{w}_i - \hat{p}_i - \hat{a}_i \quad\text{————————————————————}\quad (4)$$

続いて，賃金シェアの変化率を構成する価格・名目賃金率・労働生産性変化率について，各々の決定メカニズムを定式化する[2]。

まず価格については，一般的なカレツキ派の想定と同様，企業が単位労働コストに一定のマークアップを施すことによって決定していると考える。したがって価格変化率$\hat{p}_i$は，名目賃金変化率$\hat{w}_i$，および労働生産性変化率$\hat{a}_i$を反映する。また企業の価格設定行動は，財市場の市況に応じて変化するものと思われる。したがって，財市場の需要水準を示す資本稼働率u_iも，価格変化率$\hat{p}_i$を左右する変数となる。以上を踏まえて，時点tにおける価格変化率$\hat{p}_i$の決定メカニズムを，以下のように定式化する。

$$\hat{p}_{it} = \alpha_{1i}(u_{it} - \bar{u}_i) + \alpha_{2i}\hat{w}_{it} + \alpha_{3i}\hat{a}_{it} + C_{p_i} \quad\text{————————}\quad (5)$$

(5)式の右辺第1項において，$\bar{u}_i$は標準稼働率であり，これは時点tにおける実際の稼働率と標準稼働率の乖離に応じて，企業が価格設定を行うことを意味している。財市場が逼迫し，稼働率が高まる好況期に企業が価格を引き上げるならば，$\alpha_{1i} > 0$となるであろう。逆に，他企業が新規参入してくる可能性が高まる好況期ほど，既存企業がそれを阻むためにマークアップ率を引き下げ，独占傾向が強まる不況期には逆に利潤確保のためにマークアップ率を引き上げるという行動を取るならば，$\alpha_{1i} < 0$となるであろう[3]。

(5)式の右辺第2項は，名目賃金の変化に対応して企業が価格を変化させるメカニズムを表しており，企業が名目賃金の変化を価格に転嫁するならば，$\alpha_{2i} > 0$となると考えられる。

---

2) 以下の定式化は，Chiarella et al.（2005），Asada et al.（2006）などで示されたモデルを参考にしている。同種の定式化に基づいて，アメリカやユーロ圏の分配レジームに関する実証を試みた研究として，Flaschel et al.（2007），Proaño et al.（2007），Proaño et al.（2011）がある。

3) 例えば Kalecki（1971）の第5章においては，基本的には$\alpha_{1i} < 0$となるマークアップ行動が想定されているが，一方で不況期の値下げ競争など$\alpha_{1i} > 0$となる可能性についても言及されており，カレツキがこうした企業の価格設定行動の両義性を認識していたことがうかがえる。

同様に，(5)式の右辺第 3 項は，労働生産性の変化に対応して企業が価格を変化させるメカニズムを表しており，企業が労働生産性の上昇にともなう単位労働コストの低下を財価格へと反映させるならば，$\alpha_{3i} < 0$ となるであろう。しかし，前述の Sonoda（2017）において日本の全産業データを用いて価格変化率の式を推計したところ，この労働生産性変化率の係数は有意に正となり，$\alpha_{3i} > 0$ という結果であった。一見すると直感に反する結果であるが，例えば付加価値の高い新製品の開発などが滞り，労働生産性の上昇率が鈍い局面において，企業が価格引き下げによって競争力を維持する戦略を採る傾向が強ければ，$\alpha_{3i} > 0$ となる可能性もある。

(5)式の右辺第 4 項の C_{p_i} は，定数項である。

続いて名目賃金については，主として労使交渉によって決定されるものと考える。労働者が交渉において一定の賃金シェアを要求するならば，名目賃金変化率 $\hat{w}_i$ は価格変化率 $\hat{p}_i$，および労働生産性変化率 $\hat{a}_i$ を反映して動くであろう。また労働者の交渉力は，労働市場の需給状態に依存すると考えられる。以上をふまえて，時点 t における名目賃金変化率 $\hat{w}_i$ の決定メカニズムを，以下のように定式化する。

$$\hat{w}_{it} = \beta_{1i}(u_{it} - \bar{u}_i) + \beta_{2i}\hat{p}_{it} + \beta_{3i}\hat{a}_{it} + C_{w_i} \text{————————} (6)$$

(6)式の右辺第 1 項は，財市場の需給状態が労働市場を通じて労働者の交渉力に影響し，名目賃金を変動させるメカニズムを表す[4]。したがって，$\beta_{1i} > 0$ と仮定する。

(6)式の右辺第 2 項は，企業側が価格を変化させるのに対応して，労働者側が賃上げの要求水準を変化させるメカニズムを表す。企業が価格を引き上げて利潤シェアを引き上げようとすれば，労働者は賃金シェア回復のために名目賃金の引き上げをより強く要求するであろう。こうした賃上げ圧力が実際の名目賃金に反映されれば，$\beta_{2i} > 0$ となる。

(6)式の右辺第 3 項は，労働生産性の上昇をインデクセーションした名目賃金上昇メカニズムを表す。このインデクセーションが名目賃金に十分に反映されるならば，$\beta_{3i} > 0$ となる。

(6)式の右辺第 4 項の C_{w_i} は，定数項である。

---

[4] この効果をいわゆる産業予備軍効果とみなすならば，名目賃金に直接圧力をかける変数としては労働市場の需給を示す雇用率を採用した方が，より適切であろう。全産業を分析対象とした Sonoda（2017）においては，この部分の変数に雇用率を取り，推計した β_1 にオークン係数の逆数を乗じることにより，資本稼働率との相関を導出した。しかし本研究では，産業単位で推計を行う都合上，産業ごとのデータを把握しづらい雇用率ではなく，稼働率をそのまま変数として採用した。また需要の動向が名目賃金変化に影響を与える経路は産業予備軍効果のみとは限らず，企業業績と連動した賞与なども考えられる。したがって，変数として稼働率を採用することには，一定の妥当性があると考える。

もう一つの変数である労働生産性についても，稼働率の影響を受けて変動する部分があると考える。企業が産出の変動に対応して，労働投入量を柔軟に調整することが困難であれば，稼働率が高まる好況期に労働生産性は上昇しやすく，稼働率が落ち込む不況期には労働生産性が低下しやすい。こうした労働保蔵効果を反映した労働生産性変化のメカニズムは，以下のように定式化できる。

$$\hat{a}_{it} = \gamma_i\left(u_{it} - \bar{u}_i\right) + C_{a_i} \text{————————————————} (7)$$

(7) 式の右辺第1項は労働保蔵効果を表し，$\gamma_i > 0$ であり，右辺第2項の C_{a_i} は定数項である。

ここで，第 i 産業における生産物賃金を $\omega_i = w_i/p_i$ とすると，その変化率は $\hat{\omega}_{it} = \hat{w}_{it} - \hat{p}_{it}$ となるから，(5)・(6)・(7)式より，稼働率の変動が生産物賃金変化率に与える影響を，以下の偏微分によって示すことができる。

$$\frac{\partial \hat{\omega}_{it}}{\partial u_{it}} = \frac{\alpha_{1i}(\beta_{2i} - 1) + \beta_{1i}(1 - \alpha_{2i}) + \{\alpha_{3i}(\beta_{2i} - 1) + \beta_{3i}(1 - \alpha_{2i})\}\gamma_i}{1 - \alpha_{2i}\beta_{2i}} \text{————} (8)$$

(8)式の右辺が正であるとき，稼働率の上昇は生産物賃金変化率を引き上げる。これは有効需要の増大が財市場を介して価格を引き上げる効果よりも，労働市場を介して名目賃金を引き上げる効果の方が大きいことを意味するため，このような構造を「労働市場主導型レジーム」と呼ぶ。逆に (8)式の右辺が負であるとき，稼働率の上昇は生産物賃金変化率を引き下げる。これは有効需要の増大が労働市場を介して名目賃金を引き上げる効果よりも，財市場を介して価格を引き上げる効果の方が大きいことを意味するため，このような構造を「財市場主導型レジーム」と呼ぶ。

(4)式より，$\hat{\Psi}_{it} = \hat{\omega}_{it} - \hat{a}_{it}$ であるから，(7)・(8)式より，賃金シェアの時間変化率 $\hat{\Psi}_i$ に対して稼働率 u_i が与える影響は，以下の偏微分によって示される。

$$\frac{\partial \hat{\Psi}_{it}}{\partial u_{it}} = \frac{\partial \hat{\omega}_{it}}{\partial u_{it}} - \gamma_i \text{————————————————} (9)$$

この (9)式は，第 i 産業における最終的な分配レジームを表現する。(9)式の右辺が正であるとき，われわれはこの分配レジームを「稼働率に対してプロサイクリカルな賃金シェア」として把握し，逆に (9)式の右辺が負であるとき，われわれはこの分配レジームを「稼働率に対してカウンターサイクリカルな賃金シェア」として把握する。

3 産業別推計

　本節では，前節で定式化したモデルに基づいて，日本の製造業とサービス業における分配レジームをそれぞれ推計し，その構造的特質を比較分析する。

■3-1　データと推計手法

　まず，推計に用いる時系列データについて説明する。データ数を確保するため，いずれの系列も四半期データを用いることとする。

　まず価格 p_i であるが，サービス業については「消費者物価指数」の月次データを，各四半期ごとに平均することによって求めた。参照したのは，「持ち家の帰属家賃を除くサービス」の数値である。一方，製造業については，生産段階における価格と，消費者に販売される段階における価格の間に，少なからず乖離が存在する。消費者物価指数の変動は流通費の変動も反映しているが，本章の趣旨から考えれば，純粋な生産段階の価格変動に着目する方が適切であろう。そこで製造業については，「企業物価指数」（2002年以前は「卸売物価指数」）を参照し，「国内企業物価指数（消費税を除く）」の「工業製品」の月次データを平均することによって，p_i の四半期データを求めた[5]。

　名目賃金 w_i については，総賃金を労働投入量 L_i で除することによって求められる。総賃金については，「法人企業統計」の「人件費」を用いる。製造業については「製造業」のデータを用い，サービス業については他のデータとの整合性を考慮して，「サービス業」[6] と「運輸・通信業」のデータの合計値を用いた。労働投入量 L_i については，同じ「法人企業統計」の「人員数」の数値を参照した[7]。

　労働生産性 a_i については，実質付加価値 X_i を労働投入量 L_i で除することによって求められる。実質付加価値 X_i については，「法人企業統計」を用いて「営業利益＋減価償却

---

5) 産業ごとの価格の動向を示すデータとしては，「国民経済計算」の GDP デフレータも良く使われるが，これは年次データとなるため，短期的な価格変動を捉えようとする本研究の趣旨に照らして，消費者物価指数と国内企業物価指数の月次データを採用した。

6) この「サービス業」の内訳は，「宿泊」「飲食」「生活関連」「娯楽」「学術研究」「専門技術」「医療」「福祉」「教育」「派遣」「その他サービス」である。

7) 実際の労働投入量は，人員数と平均労働時間の積であり，正確な名目賃金率を求めるためには，人件費を人員数と労働時間で除して，時間当たり賃金を導出する必要があるだろう。しかし，「毎月勤労統計」などの労働時間調査においては，各産業のデータが必ずしも揃っていないため，本章では人員数を労働投入量とみなした。「法人企業統計」の人員数は，短時間労働者については勤務時間数に応じた人数換算を行うなど，ある程度まで労働時間変化を反映した数値となっており，これを労働投入量の代理変数として用いても大きな問題はないと判断した。

費＋人件費」を計算し，それによって求まる名目付加価値額を上述の価格 p_i で除した。労働投入量 L_i のデータについては，上述のとおりである。

　資本稼働率 u_i については，実質付加価値 X_i を資本ストック量 K_i で除すことによって求められる。資本ストック量 K_i については，内閣府の「民間企業資本ストック」における取付ベースの実質値を参照し，その期首期末平均値を用いた。産業分類は「法人企業統計」と同様に，製造業については「製造業」，サービス業については「サービス業」と「運輸・通信業」の合計を用いた。実質付加価値 X_i の導出方法については，上述のとおりである。

　こうして得られた四半期データ系列はいずれも未季調であるため，センサス局法 X_12 による季節調整を施した上で利用する。

　それぞれの変数の時間変化率については，各データの対前年同期変化率を用いることとする。

　これらの時系列データを用いて推計を行うに際しては，各系列が単位根をもっていないかを確認しておく必要がある。単位根検定を行った結果が，表 8-1 である。

　単位根検定の結果，製造業においては $\hat{p}$, $\hat{w}$, u の原系列について，単位根の存在を 5％水準で棄却することができなかった。そのため，これらのデータ系列については，1 階の階差を取ることで単位根を除去した後に，推計に利用する。単位根の存在を棄却できた他の変数については，原系列をそのまま用いる。

　一方，サービス業のデータ系列においては，いずれの変数についても単位根の存在を 5％水準で棄却できた。したがってサービス業については，すべて原データをそのまま推計に利用する。

　推計期間については，1977 年 I 期〜 2007 年 IV 期までの 30 年間を対象とした。これは「景気基準日付」にしたがえば，第 8 循環の山から第 14 循環の山にあたり，景気循環

表 8-1　単位根検定（p 値）

(a) 製造業

	Level	First Difference
$\hat{p}$	0.3995	0.0000
$\hat{w}$	0.3908	0.0000
$\hat{a}$	0.0280	0.0000
u	0.1142	0.0000

(b) サービス業

	Level	First Difference
$\hat{p}$	0.0246	0.0000
$\hat{w}$	0.0054	0.0000
$\hat{a}$	0.0014	0.0000
u	0.0081	0.0000

がちょうど6回含まれる時期区分である。また，1970年代前半の石油ショックの後から，世界同時不況の直前までの期間であるため，攪乱期をなるべく外したうえで30年という長期分析が行えるというのも利点である。

　続いて，推計手法について説明する。本モデルでは，それぞれの説明変数と被説明変数とが同時に決定されることを想定している。このような体系においては，内生性の問題が発生し，通常のOLSによる推計は利用できない。そのため，いくつかの操作変数を利用して，GMM（一般化積率法）による推計を行う。操作変数については，同時性をもつ説明変数のラグを用いることとする。また，この操作変数を含んだモデルの特定化が適切であるかを確かめるために，Jテストの統計値とその p 値を求めて検証している。

　説明変数は原則として，t 期の数値を用いているが，ラグを取ることによって説明力が上昇する場合には，そちらを採用している場合がある。

　推計には，計量分析ソフトEviews 9を利用した。

■ 3-2　推計結果（製造業）

　製造業に関して，価格変化率・名目賃金変化率・労働生産性変化率の各式を推計した結果が，次のページの表8-2である。

　GMMのJテストにおける帰無仮説は，「当該モデルの特定化が正しい」である。表8-2の3本の推計式について，Jテストの p 値を確認すると，帰無仮説が10%水準でも棄却されないため，この特定化を採用してよいものとみなす。

　まず価格変化率の推計式をみると，稼働率と名目賃金変化率の係数が，10%水準でも有意ではない。すなわち製造業においては，財市場の需給状態や名目賃金の変化が企業の価格決定に与える影響が不明瞭である。このような結果が出てくる原因の一つとしては，製造業の生産物の多くは貿易財であり，企業は国際価格競争の圧力を強く受けているという事情が考えられる。こうした価格競争が存在するために，製造業では名目賃金の変化を自由に価格に転嫁することが困難であると考えられる。

　価格変化率の式で，唯一有意な結果となっているのが労働生産性変化率の係数であり，その符号は正である。前節において論じたように，この正の影響は，労働生産性が伸び悩む局面において競争力維持のために価格を抑制し，逆に高付加価値の製品の開発などによって労働生産性が上昇する局面において強気の価格設定を行うという，企業の行動原理を反映している可能性がある[8]。

　次に名目賃金変化率の推計式をみると，稼働率水準と価格変化率の係数が5%水準で有意であり，その符号は正である。一方，労働生産性変化率の係数は5%水準で有意となっていない。稼働率水準が名目賃金に与える正の効果については，企業の業績と連動した賞与の存在などが影響している可能性がある。名目賃金の変化率決定メカニズムにおいて，労働生産性変化率のインデクセーションが明瞭に観察されない一方で，価格変

表 8-2 製造業の推計結果（1977 年 I 期～ 2007 年 IV 期）

(a) 価格変化率

Explained variable: $\hat{p}_t$	Instrumental variables: u_{t-1}, $\hat{w}_{t-1}$, $\hat{w}_{t-2}$, $\hat{a}_{t-1}$			
Variable	Coefficient	Std. Error	t-Statistic	Prob.
C	−0.595754	0.278405	−2.139886	0.0344
u_t	−0.648846	0.583972	−1.111091	0.2688
$\hat{w}_t$	0.015171	0.327662	0.046300	0.9631
$\hat{a}_t$	0.197521	0.077017	2.564633	0.0116
J-statistic: 0.102873	Prob (J-statistic): 0.748409			

(b) 名目賃金変化率

Explained variable: $\hat{w}_t$	Instrumental variables: u_{t-1}, u_{t-2}, $\hat{p}_{t-1}$, $\hat{a}_{t-1}$			
Variable	Coefficient	Std. Error	t-Statistic	Prob.
C	0.200916	0.196530	1.022316	0.3087
u_{t-1}	0.737122	0.242974	3.033756	0.0030
$\hat{p}_t$	0.408029	0.186060	2.192999	0.0302
$\hat{a}_t$	−0.079806	0.044203	−1.805464	0.0735
J-statistic: 0.757692	Prob (J-statistic): 0.384052			

(c) 労働生産性変化率

Explained variable: $\hat{a}_t$	Instrumental variables: u_{t-1}, u_{t-2}			
Variable	Coefficient	Std. Error	t-Statistic	Prob.
C	3.299541	1.175740	2.806352	0.0058
u_t	7.333193	1.449786	5.058121	0.0000
J-statistic: 0.055653	Prob (J-statistic): 0.813503			

化率が有意に正の効果を与えていることについても，国際価格競争が影響しているのではないかと考えられる。オイルショック以後，日本の多くの労働組合は雇用維持を優先目標とし，賃上げについては抑制的な姿勢をとるようになった。こうした労使交渉の下では，労働生産性の上昇が賃上げという形で労働者に還元されづらく，国際価格競争圧力の下で企業が価格を抑制せざるを得ない状況においては，名目賃金に対しても下押し圧力が強く働く可能性が高い[9]。

　最後に労働生産性変化率の推計式をみると，稼働率水準が1％水準で有意に正の影響を与えており，労働保蔵効果が強く働いていることが見て取れる。これは製造業においては，需要の動向に応じた生産の数量調整が容易である一方，日本の特に正規労働者に

[8] このような想定に基づき，労働生産性の上昇が企業の設定価格を引き上げるという仮定を取り入れたカレツキ派の動学モデルとして，Sasaki（2014）の Chap.4 が挙げられる。

[9] このように労使協調的な賃金交渉の下で，国際価格競争圧力が企業の設定価格と労働者の賃金の双方に影響するという仮定を取り入れたカレツキ派の動学モデルとして，薗田（2012）や Sasaki et al.（2013）などがある。

ついては労働投入調整を柔軟に行うことが困難である点が影響しているのではないかと推測される。

　以上の推計結果より，分配レジームを規定する各パラメータを，以下のように特定できる。

$$\alpha_1 = 0, \alpha_2 = 0, \alpha_3 = 0.198, \beta_1 = 0.737, \beta_2 = 0.408, \beta_3 = 0, \gamma = 7.333$$

　これらの値を，(8)・(9)式に代入すると，

$$\frac{\partial \widehat{\omega}_t}{\partial u_t} = -0.121 < 0, \quad \frac{\partial \widehat{\varPsi}_t}{\partial u_t} = -7.454 < 0$$

　この結果より，製造業の分配レジームの特徴は，以下のようにまとめられる。

　生産物賃金の変化率に着目すると，稼働率変化から負の影響を受ける構造となっており，財市場主導型レジームが成立している。これは，稼働率と労働生産性変化率が低迷する局面において，企業が抑制的な価格設定を行うという行動原理を反映した結果である。

　賃金シェアの変化率に着目すると，こちらも稼働率変化から負の影響を受けており，稼働率に対してカウンターサイクリカルとなっている。これは生産物賃金の変化率が稼働率に対してカウンターサイクリカルであることに加えて，硬直的な労働市場の下で，労働保蔵効果が強く働くことによる。

■ 3-3　推計結果（サービス業）

　同様にサービス業に関して，価格変化率・名目賃金変化率・労働生産性変化率の各式を推計した結果が，以下の表8-3である。

　まず価格変化率の推計式をみると，すべての係数が1％水準で有意となっている。係数の符号は稼働率水準が正，名目賃金変化率が正であり，労働生産性変化率は製造業とは対照的に負である。したがってサービス業における価格設定は，単位労働コストの変化を反映する形で行われる傾向があり，また稼働率水準に対してプロサイクリカルであることが見て取れる。こうした製造業との差異は，貿易部門と非貿易部門の違いによってもたらされている可能性がある。

　次に名目賃金の推計式をみると，稼働率水準の係数が10％水準でも有意ではなく，価格変化率と労働生産性変化率が1％水準で有意に正の影響を与えている。名目賃金が価格および労働生産性と同方向に変化するということは，分配率をおおむね一定の範囲内に収めるメカニズムが成立していることを示唆する。これは労使交渉に基づく賃金の制度的調整を表すものと解釈することも可能であるが，サービス業部門における非正規雇

表 8-3　サービス業の推計結果（1977 年 I 期～ 2007 年 IV 期）

(a) 価格変化率

Explained variable: $\hat{p}_t$	Instrumental variables: $u_{t-1}, \widehat{w}_{t-1}, \hat{a}_{t-1}$			
Variable	Coefficient	Std. Error	t-Statistic	Prob.
C	−3.180972	0.756376	−4.205545	0.0001
u_t	0.047920	0.009288	5.159250	0.0000
$\widehat{w}_t$	0.408896	0.149528	2.734571	0.0072
$\hat{a}_t$	−0.277354	0.096862	−2.863395	0.0050
J-statistic: 0.000000	Prob（J-statistic）: 0.999999			

(b) 名目賃金変化率

Explained variable: $\widehat{w}_t$	Instrumental variables: $u_{t-1}, \hat{p}_{t-1}, \hat{a}_{t-1}$			
Variable	Coefficient	Std. Error	t-Statistic	Prob.
C	0.283894	1.367968	0.207530	0.8360
u_t	−0.010216	0.015168	−0.673474	0.5020
$\hat{p}_t$	1.112515	0.178629	6.228061	0.0000
$\hat{a}_t$	0.615803	0.097513	6.315090	0.0000
J-statistic: 0.000000	Prob（J-statistic）: 0.999999			

(c) 労働生産性変化率

Explained variable: $\hat{a}_t$	Instrumental variables: u_{t-1}, u_{t-2}			
Variable	Coefficient	Std. Error	t-Statistic	Prob.
C	−1.846867	1.735830	−1.063968	0.2895
u_t	0.016200	0.015273	1.060713	0.2909
J-statistic: 0.094971	Prob（J-statistic）: 0.757950			

用比率の高さを考慮すれば，むしろ労働者側の交渉力がきわめて弱い状況下において，企業が一定の利潤シェアを確保できる水準に名目賃金が調整されているという可能性もあるだろう。ただし次節でみるように，推計期間を区分すると名目賃金に有意な影響を与える変数が時代によって変わっており，この結果はそうした異なる時代をひとまとめにして推計したことによるものである可能性もある。

　最後に労働生産性変化率の推計式をみると，稼働率水準の係数が 10％ 水準でも有意ではない。したがってサービス業においては，製造業でみられたような労働保蔵効果による労働生産性変化が，明瞭には観察されない。このような結果となる原因としては，サービス業部門においては非正規労働者の比率が高く，そのため需要の動向に応じて労働投入を比較的柔軟に調整できるためではないか，といった仮説が立てられる。

　以上の推計結果より，分配レジームを規定する各パラメータを，以下のように特定できる。

$\alpha_1 = 0.048, \alpha_2 = 0.409, \alpha_3 = -0.277, \beta_1 = 0, \beta_2 = 1.113, \beta_3 = 0.616, \gamma = 0$

これらの値を，(8)・(9)式に代入すると，

$$\frac{\partial \widehat{\omega}_t}{\partial u_t} = 0.010 > 0, \quad \frac{\partial \widehat{\Psi}_t}{\partial u_t} = 0.010 > 0$$

この結果より，サービス業における分配レジームの特徴は，以下のようにまとめられる。

生産物賃金の変化率に着目すると，稼働率変化から正の影響を受ける構造となっており，労働市場主導型レジームが成立している。ただしこれは，稼働率水準から名目賃金への直接影響によるものではなく，企業側のプロサイクリカルな価格設定が名目賃金へ波及するという間接影響によるものである。

賃金シェアの変化率に着目すると，こちらも稼働率変化に対してプロサイクリカルとなっている。これは先にみた製造業の場合と異なり，労働保蔵効果があまり強く働かないことに由来する。

先の製造業部門における結果と比較すると，いずれの数値も絶対値がかなり小さく0に近いため，サービス業部門においては市況の変動が所得分配に及ぼす影響が相対的に小さいといえる。

4 時代別推計

前節では，1977–2007 年のデータを用いた通時代分析を行ったが，本節ではこの 30 年の間に分配レジームに構造変化が生じた可能性を検証し，変化の前後におけるレジームの特質を比較する。

■4-1 製造業

先の通時代分析においては，製造業では労働保蔵効果が強く観察されていた。しかし，この特徴がすべての時期について妥当するとは限らない。近年の雇用の非正規化の進展によって，雇用調整が従来よりも柔軟化し，その結果として労働保蔵効果が弱体化している可能性もあるからである。

この可能性を検証するために，前節で得た労働生産性変化率について，Andrews & Fair（1988）の手法にしたがって Breakpoint Test を行うと，第 12 循環の山にあたる 1997 年 II 期において，5％水準で有意な構造変化点が観察された。この 1997 年は，アジア通貨危機を引き金として，山一證券を始めとする大手金融機関が破綻した年である。これを機に日本の大企業においても正社員の削減をともなうリストラが行われるようになり，終身雇用を軸とした日本的雇用慣行が変容する画期となったといわれる。

製造業の価格変化率と名目賃金変化率の推計式についても，同じく 1997 年 II 期において Breakpoint Test を行ったところ，価格変化率については 5％水準で有意な構造変化

点が観察されたが，名目賃金変化率については有意な構造変化を見出すことができな
かった。製造業の名目賃金変化率に対して稼働率水準が有意な正の効果を与えるという
推計結果は，企業業績と連動した賞与を通じた正規労働者の賃金に対する影響と，産業
予備軍効果を通じた非正規労働者の賃金に対する影響という，二つのメカニズムをとも
に反映している可能性がある。雇用慣行の変化にもかかわらず，名目賃金変化率につい
て明瞭な構造変化を捉えることができないのは，こうした事情が影響しているのかもし
れない。

　構造変化が生じている可能性がある価格変化率と労働生産性変化率について，1977 年
I 期〜 1997 年 II 期と 1997 年 II 期〜 2007 年 IV 期とに期間を分割して時代別推計を行っ
た結果が，次の表 8-4・表 8-5 である。

　二つの期間の推計結果を比較すると，価格変化率の推計式においては，1997 年以前に
は有意にみられた労働生産性からの正の影響が，1997 年以降においては有意に観察され
なくなっている。

　また，労働生産性変化率の推計式においては，1997 年以前において有意にみられた稼
働率からの正の影響，すなわち労働保蔵効果が，1997 年以降は有意ではなくなっている。
これは労働市場制度の変容にともなう雇用調整の柔軟化を表しているものと思われる。

　これらの推計結果から，各々の時代区分における分配レジームを導出する。

　1977 年 I 期〜 1997 年 II 期においては，推計式のパラメータが

表 8-4　推計結果（価格変化率，製造業）

(a) 1977 年 I 期〜 1997 年 II 期

Explained variable: $\hat{p}_t$　　Instrumental variables: $u_{t-1}, \hat{w}_{t-1}, \hat{w}_{t-2}, \hat{a}_{t-1}$

Variable	Coefficient	Std. Error	t-Statistic	Prob.
C	−0.995104	0.293613	−3.389172	0.0011
u_t	−0.589847	0.393519	−1.498902	0.1379
$\hat{w}_t$	−0.217663	0.298986	−0.728004	0.4688
$\hat{a}_t$	0.283082	0.070719	4.002932	0.0001

J-statistic: 0.026200　　Prob（J-statistic）: 0.871413

(b) 1997 年 II 期〜 2007 年 IV 期

Explained variable: $\hat{p}_t$　　Instrumental variables: $u_{t-1}, \hat{w}_{t-1}, \hat{w}_{t-2}, \hat{a}_{t-1}$

Variable	Coefficient	Std. Error	t-Statistic	Prob.
C	−0.244295	0.556452	−0.439022	0.6631
u_t	−1.045399	1.848145	−0.565648	0.5749
$\hat{w}_t$	0.577548	1.085243	0.532183	0.5976
$\hat{a}_t$	0.025713	0.067266	0.382259	0.7043

J-statistic: 0.052525　　Prob（J-statistic）: 0.818726

表8-5　推計結果（労働生産性変化率，製造業）

(a) 1977年Ⅰ期〜1997年Ⅱ期

Explained variable: $\hat{a}_t$		Instrumental variables: u_{t-1}, u_{t-2}	
Variable	Coefficient	Std. Error	t-Statistic	Prob.
---	---	---	---	---
C	3.289460	1.094540	3.005334	0.0035
u_t	5.335213	0.854345	6.244797	0.0000
J-statistic: 0.844010	Prob（J-statistic）: 0.358252			

(b) 1997年Ⅱ期〜2007年Ⅳ期

Explained variable: $\hat{a}_t$		Instrumental variables: u_{t-1}, u_{t-2}	
Variable	Coefficient	Std. Error	t-Statistic	Prob.
---	---	---	---	---
C	3.288312	2.956798	1.112119	0.2726
u_t	2.495387	7.386694	0.337822	0.7372
J-statistic: 2.187371	Prob（J-statistic）: 0.139147			

$\alpha_1 = 0, \alpha_2 = 0, \alpha_3 = 0.283, \beta_1 = 0.737, \beta_2 = 0.408, \beta_3 = 0, \gamma = 5.335$

となるから，稼働率の変化が生産物賃金と賃金シェアの変化率に与える影響は，

$$\frac{\partial \hat{\omega}_t}{\partial u_t} = -0.159 < 0, \quad \frac{\partial \hat{\Psi}_t}{\partial u_t} = -5.494 < 0$$

となる。この符号はいずれも，通時代分析の結果と同じである。

　一方，1997年Ⅱ期〜2007年Ⅳ期においては，推計式のパラメータが

$\alpha_1 = 0, \alpha_2 = 0, \alpha_3 = 0, \beta_1 = 0.737, \beta_2 = 0.408, \beta_3 = 0, \gamma = 0$

となるから，稼働率の変化が生産物賃金と賃金シェアの変化率に与える影響は，

$$\frac{\partial \hat{\omega}_t}{\partial u_t} = 0.737 > 0, \quad \frac{\partial \hat{\Psi}_t}{\partial u_t} = 0.737 > 0$$

となり，生産物賃金変化率，賃金シェア変化率ともに，稼働率変動に対してプロサイク
リカルな動きに転換している。これは，企業の価格設定が労働生産性変化を反映しなく
なり，賞与や産業予備軍効果を通じた名目賃金に対する稼働率の正効果のみが生産物賃
金の動きを規定するようになったことと，雇用調整の変容を反映した労働保蔵効果の消
失によるものである。

■ 4-2　サービス業
　サービス業については，第10循環の山にあたる1985年Ⅱ期を画期とした構造変化の

可能性を検証する。この年，電電公社が民営化されて NTT となり，「法人企業統計」や「民間企業資本ストック」のデータに含まれるようになった。2 年後の 1987 年には国鉄が JR となり，これも運輸・通信業の民間事業所データに算入されるようになる。

　こうした公的部門の民営化による影響を確かめるため，1985 年 II 期において Breakpoint Test を行ったところ，価格変化率，名目賃金変化率，労働生産性変化率のすべての推計式において，1% 水準で有意な構造変化が観察された。

　以下の表 8-6 ～ 8-8 は，1977 年 I 期～ 1985 年 II 期と 1985 年 II 期～ 2007 年 IV 期における各式の推計結果を比較したものである。

　まず，表 8-6 に示された価格変化率の推計式をみると，1985 年以前においては名目賃金変化率の係数のみが有意に正であるが，1985 年以降では逆に名目賃金変化率の係数が有意ではなくなる一方で，稼働率水準が有意に正の効果を与え，労働生産性変化率が有意に負の効果を与えている。これは民営化による鉄道事業や電気通信事業の価格競争の激化を反映している可能性がある。賃金コストの変化をサービス価格に転嫁することが簡単ではなくなる一方で，市況の変動を反映したプロサイクリカルな価格設定や，労働生産性の上昇を価格引き下げに結びつけようとする動きが強まったということである。

　次に，表 8-7 に示された名目賃金変化率の推計結果をみると，1977 年 I 期～ 1985 年 II 期においては価格変化率の係数のみが有意に正であったが，1985 年 II 期～ 2007 年 IV 期においては労働生産性変化率の係数も有意に正となり，価格変化率の係数の絶対値は上昇している。これは激しい価格競争が賃金の抑制にもより強く影響するようになり，

表 8-6　推計結果（価格変化率，サービス業）

(a) 1977 年 I 期～ 1985 年 II 期

Explained variable: $\hat{p}_t$ ／ Instrumental variables: $u_{t-1}, \hat{w}_{t-1}, \hat{a}_{t-1}$

Variable	Coefficient	Std. Error	t-Statistic	Prob.
C	−0.770901	6.541109	−0.117855	0.9070
u_t	0.010606	0.049885	0.212616	0.8331
$\hat{w}_t$	1.022901	0.196262	5.211922	0.0000
$\hat{a}_t$	−0.233852	0.360531	−0.648633	0.5215

J-statistic: 8.74E-43

(b) 1985 年 II 期～ 2007 年 IV 期

Explained variable: $\hat{p}_t$ ／ Instrumental variables: $u_{t-1}, \hat{w}_{t-1}, \hat{a}_{t-1}$

Variable	Coefficient	Std. Error	t-Statistic	Prob.
C	−5.357079	1.305840	−4.102403	0.0001
u_t	0.077391	0.016444	4.706222	0.0000
$\hat{w}_t$	0.100721	0.073433	1.371603	0.1737
$\hat{a}_t$	−0.117267	0.047285	−2.479993	0.0151

J-statistic: 0.000000

表 8-7　推計結果（名目賃金変化率，サービス業）

(a) 1977 年 I 期〜 1985 年 II 期

Explained variable: $\hat{w}_t$		Instrumental variables: $u_{t-1}, \hat{p}_{t-1}, \hat{a}_{t-1}$		
Variable	Coefficient	Std. Error	t-Statistic	Prob.
C	-1.135173	7.503974	-0.151276	0.8808
u_t	0.007572	0.055742	0.135841	0.8929
$\hat{p}_t$	0.851315	0.144028	5.910740	0.0000
$\hat{a}_t$	0.166645	0.447837	0.372111	0.7124

J-statistic: 0.000000

(b) 1985 年 II 期〜 2007 年 IV 期

Explained variable: $\hat{w}_t$		Instrumental variables: $u_{t-1}, \hat{p}_{t-1}, \hat{a}_{t-1}$		
Variable	Coefficient	Std. Error	t-Statistic	Prob.
C	4.622396	3.405145	1.357474	0.1781
u_t	-0.075485	0.043278	-1.744194	0.0847
$\hat{p}_t$	2.075781	0.422477	4.913355	0.0000
$\hat{a}_t$	0.664159	0.117392	5.657615	0.0000

J-statistic: 5.61E-45

表 8-8　推計結果（労働生産性変化率，サービス業）

(a) 1977 年 I 期〜 1985 年 II 期

Explained variable: $\hat{a}_t$		Instrumental variables: u_{t-1}, u_{t-2}		
Variable	Coefficient	Std. Error	t-Statistic	Prob.
C	3.027562	9.075447	0.333599	0.7409
u_t	-0.024136	0.059947	-0.402628	0.6899

J-statistic: 0.326057　Prob（J-statistic）: 0.567990

(b) 1985 年 II 期〜 2007 年 IV 期

Explained variable: $\hat{a}_t$		Instrumental variables: u_{t-1}, u_{t-2}		
Variable	Coefficient	Std. Error	t-Statistic	Prob.
C	-14.97861	5.661009	-2.645927	0.0096
u_t	0.176105	0.069167	2.546089	0.0126

J-statistic: 0.028842　Prob（J-statistic）: 0.865145

　また 1990 年代以降にさかんになった成果主義賃金の導入などによって，名目賃金と労働生産性の結びつきが強化されたことを示唆している可能性がある。
　最後に，表 8-8 に示された労働生産性変化率の推計結果をみると，1977 年 I 期〜 1985 年 II 期においては労働保蔵効果が有意に観察されないが，1985 年 II 期〜 2007 年 IV 期においては 5％水準で有意な結果となっている。これは運輸・通信業に旧公営部門が加わったことにより，短期の景気変動に対して柔軟に雇用調整されづらい労働者層が増加したことを表しているのかもしれない。ただし，先にみた名目賃金変化率についての結果と併せて考えると，こうした雇用維持は同時に激しい賃金調整をともなうものであっ

たと考えられる [10]。

　以上の推計結果から，各時代における分配レジームを導出する。

　1977 年 I 期〜 1985 年 II 期においては，推計式のパラメータが

$$\alpha_1 = 0, \alpha_2 = 1.023, \alpha_3 = 0, \beta_1 = 0, \beta_2 = 0.851, \beta_3 = 0, \gamma = 0$$

となるから，稼働率の変化が生産物賃金と賃金シェアの変化率に与える影響は，

$$\frac{\partial \widehat{\omega}_t}{\partial u_t} = 0, \quad \frac{\partial \widehat{\Psi}_t}{\partial u_t} = 0$$

となる。この時期においては，企業の価格設定も労働者の賃金決定も需要変動の直接影響を受けず，労働保蔵効果も観察されないために，稼働率の変化が所得分配に及ぼす作用が明瞭ではない。

　一方，1985 年 II 期〜 2007 年 IV 期においては，推計式のパラメータが

$$\alpha_1 = 0.077, \alpha_2 = 0, \alpha_3 = -0.117, \beta_1 = 0, \beta_2 = 2.076, \beta_3 = 0.664, \gamma = 0.176$$

となるから，稼働率の変化が生産物賃金と賃金シェアの変化率に与える影響は，

$$\frac{\partial \widehat{\omega}_t}{\partial u_t} = 0.178 > 0, \quad \frac{\partial \widehat{\Psi}_t}{\partial u_t} = 0.002 > 0$$

と，いずれも正となる。これはこの期間において，稼働率が低下する局面でそれを反映した価格抑制が行われ，それが名目賃金に対してきわめて強く反映される結果，価格低下以上の名目賃金下落をもたらしていたことを示す。この時期には労働保蔵効果が観察されるため，稼働率の低下は労働生産性の低下を通じて，賃金シェアに対して正の影響を与えていたと思われるが，同時にこの労働生産性の低下が名目賃金を引き下げる方向に作用するため，トータルでみれば稼働率の低下とともに賃金シェアも低下するというプロサイクリカルな動きが生じたということになる。

---

10) 宇仁（2009）の第 5 章では，NTT 西日本の構造改革を例に採り，成果主義賃金制度の導入や，大量の高年齢層社員をアウトソーシング会社に移すことによって，大規模な賃金コスト削減が図られた経緯が詳細に説明されている。

5 結 論

　本章では，日本の製造業とサービス業のデータを用いて，各産業の価格・名目賃金・労働生産性の決定メカニズムを推計し，その上で分配レジームを導出することを試みた。また，サービス業については公的部門の民営化が始まった1985年，製造業については日本的雇用慣行が変容したとされる1997年において構造変化点を確認し，その前後における時代別推計も行った。その結果をまとめたものが，下の表8-9である。

　製造業においては1997年以前，国際価格競争圧力の下で企業は賃金コストの変化などを製品価格に容易に転嫁することができず，労働生産性変化率に対してプロサイクリカルな価格設定が行われていた。一方，名目賃金は労使協調的な交渉制度の下で，需要変動と価格変化を反映して決定されており，その結果として生産物賃金の変化率は稼働率に対してカウンターサイクリカルに動いていた。これに加えて，この時期は労働保蔵効果が強く働いていたため，賃金シェアの変化率は稼働率に対し，カウンターサイクリカルな動きを非常に強く示していた。しかし1997年以降，企業の価格設定行動の変化と，雇用調整の柔軟化にともなう労働保蔵効果の消失によって，生産物賃金と賃金シェアの変化率はともに，稼働率に対してプロサイクリカルな動きをするようになった。

　一方のサービス業においては，1985年以前は需要変動が所得分配にもたらす影響が明瞭ではない。しかし，電電公社と国鉄が相次いで民営化されていく1985年以降の時期においては，競争の激化を反映した価格設定行動と，それにともなう賃金コストへの抑制圧力によって，生産物賃金変化率が稼働率変化に対してプロサイクリカルな動きを示すようになった。労働保蔵効果については，1985年以前には観察されず，旧公営部門が加わる1985年以降の方で明瞭に観察されるようになるものの，稼働率変動に対して賃金が敏感に動くようになった影響の方が強いため，トータルでは賃金シェアもプロサイクリカルな動きを示すようになっている。

　分配レジームを産業別に推計して，その差異を産業特性の観点から比較し，各々の産業で生じた構造変化についても明らかにした点が，本章の貢献である。

　しかし本研究には，まだ多くの課題が残されている。

　第一に，各産業における分配レジームと一国レベルの分配レジームとの関係を明らか

表8-9　推計結果のまとめ（稼働率の変化が与える影響の方向）

産　業	製造業			サービス業		
時代区分	1977年I期～1997年II期	1997年II期～2007年IV期	1977年I期～2007年IV期	1977年I期～1985年II期	1985年II期～2007年IV期	1977年I期～2007年IV期
生産物賃金	−	+	−	0	+	+
賃金シェア	−	+	−	0	+	+

にすることである。個々の産業に関する分析を行うだけではなく，それらが合わさることによってマクロ経済全体にどのような動学を生み出しているのかを，捉えていくことが必要であろう。

　第二に，需要レジームについても産業別分析を行い，その結果を分配レジームの産業別分析と組み合わせることである。所得分配と有効需要は相互作用しながら変動しており，その動学分析を多部門モデルに拡張することは，非新古典派のマクロ動学にとって大きな意義をもつ。

　これらについては，今後の課題としたい。

【参考文献】

宇仁宏幸（2009）．『制度と調整の経済学』ナカニシヤ出版

薗田竜之介（2012）．「開放経済におけるコンフリクト，国際競争，経済成長」『季刊 経済理論』*49*(2)，43–54.

Andrews, D. W. K., & Fair, R. C. (1988). Inference in nonlinear econometric models with structural change. *The Review of Economic Studies, 55*(4), 615–639.

Asada, T., Chen, P., Chiarella, C., & Flaschel, P. (2006). Keynesian dynamics and the wage–price spiral: A baseline disequilibrium model. *Journal of Macroeconomics, 28*(1), 90–130.

Barbosa-Filho, N. H., & Taylor, L. (2006). Distributive and demand cycles in the US economy: A structuralist Goodwin model. *Metroeconomica, 57*(3), 389–411.

Bhaduri, A., & Marglin, S. (1990). Unemployment and the real wage: The economic basis for contesting political ideologies. *Cambridge Journal of Economics, 14*(4), 375–393.

Chiarella, C., Flaschel, P., & Franke, R. (2005). *Foundations for a disequilibrium theory of the business cycle: Qualitative analysis and quantitative assessment.* Cambridge University Press.

Flaschel, P., Kauermann, G., & Semmler, W. (2007). Testing wage and price Phillips curves for the United States. *Metroeconomica, 58*(4), 550–581.

Goodwin, R. (1967). A growth cycle. in C. H. Feinstein (ed.), *Socialism, capitalism, and growth: Essays presented to Maurice Dobb.* Cambridge University Press, pp.54–58.

Kalecki, M. (1971). *Selected essays on the dynamics of the capitalist economy 1933–1970.* Cambridge University Press.

Proaño, C., Flaschel, P., Ernst, E., & Semmler, W. (2007). Gradual wage-price adjustments in Keynesian macrodynamics. Evidence from the U.S. and the Euro area. *SCEPA Working Paper*, New School University.

Proaño, C., Flaschel, P., Krolzig, H.-M., & Diallo, M. B. (2011). Monetary policy and macroeconomic stability under alternative demand regimes. *Cambridge Journal of Economics, 35*(3), 569–585.

Sasaki, H., Sonoda, R., & Fujita, S. (2013). International competition and distributive class conflict in an open economy Kaleckian model. *Metroeconomica, 64*(4), 683–715.

Sasaki, H. (2014). *Growth, cycles, and distribution: A Kaleckian approach*. Kyoto University Press.

Sonoda, R. (2017). Price and nominal wage Phillips curves and the dynamics of distribution in Japan. *International Review of Applied Economics, 31*(1), 28–44.

Tavani, D., Flaschel, P., & Taylor. L. (2011). Estimated non-linearities and multiple equilibria in a model of distributive-demand cycles. *International Review of Applied Economics 25*(5), 519–538.

09 日本経済の金融化と資本蓄積の様式変化の産業別分析

嶋野智仁

1 はじめに

　本章の目的は，近年の日本経済の資本蓄積の様式の変化の要因を，日本の非金融・保険業部門の金融化に着目しながら実証分析により明らかにすることである。日本経済では 1990 年代以降において，非金融・保険業において金融化と呼ばれる現象が進行している。後に示すように日本の非金融・保険業では 1990 年代以降，金融投資が増加傾向にあり，また配当支出のような金融的支出の大幅な増加に伴い所得分配の面においては利潤分配率の増加がみられるようになっている。これらの傾向は非金融・保険業部門における金融化の兆候として典型的なものであり，日本の非金融・保険業において過去数十年，金融化が着実に進行してきたということがわかる。

　こうして日本の非金融・保険業における金融化が進むなかで，日本経済の資本蓄積の様式には大きな変化が生じた。日本の非金融・保険業においては 1990 年代以降，利潤率が上昇傾向にありながら資本蓄積率は停滞し，利潤率と資本蓄積率のトレンドが乖離するようになったのである。1980 年代以前においては，利潤率と資本蓄積率のトレンドは一致しており，資本蓄積率の動向は利潤率によって規定されていたから，1990 年代以降の日本経済の資本蓄積の様式には何らかの根本的な変化が生じたということになる。また興味深いことに，1990 年代以降の日本経済では産業別でみても資本蓄積の様式に大きな異なりが存在する。日本の非金融・保険業においては 1990 年代以降，製造業では依然として利潤率と資本蓄積率のトレンドが一致しており，資本蓄積率が利潤率に規定されている。これに対し，非製造業では同期間において利潤率の上昇と資本蓄積率の停滞が併存し両変数のトレンドは乖離しており，資本蓄積率は利潤率に規定されなくなっている。本章では，日本経済において 1990 年代以降にこのような資本蓄積の様式の変化や産業間での資本蓄積の様式の異なりが生じた要因を，日本の非金融・保険業の金融化に焦点をあてながら実証分析により明らかにすることを目指している。

　本章と同様の，金融化に着目しながら資本蓄積の様式の変化の要因を分析するという

試みは先行研究においてもなされているが，本章はこうした先行研究とは分析の着眼点をやや異にする。従来の先行研究では，過去数十年に他の先進国において日本と同様に投資と利潤の結びつきが弱まり，利潤が回復傾向にあるのに対し資本蓄積が停滞したままである要因を，非金融・保険業の企業の金融投資の増加という金融化の側面に求めることが多い。例えば Stockhammer（2004）や Clévenot et al.（2010）などの実証研究は，過去数十年の欧米先進国では，企業の短期的な利潤志向が強まり短期利潤の獲得のための金融投資が増加するという金融化の側面がみられるようになったが，この金融投資の増加が実物投資を低下させ，これらの国での資本蓄積率の停滞を招いたのだと結論づけている。Clévenot et al.（2010）は，過去数十年のフランス経済では，利潤率が高まったにもかかわらず金融投資が増加したために設備投資が減少し，結果として利潤率が上昇しながら資本蓄積率が停滞する資本蓄積の様式が生み出されたのだとみなしている。

　これに対し本章では，機能的分配における利潤分配率の増加という金融化のもう一つの側面が，日本経済の資本蓄積の様式の変化に対して本質的な役割を果たしているとみなしている。Boyer（2000）や Hein & Schoder（2011），Dünhaupt（2012；2016）が指摘するように，金融化の過程においては，非金融・保険業の企業において配当支出のような金融的支出も増加し，企業はこうした支出の増加に対してマークアップの上昇などによる利潤分配率の増加であらかじめ対処しようとする。実際に 1990 年代以降の日本の非金融・保険業の企業では，金融化が進展するにつれて配当支出が増加し，それにともない利潤分配率も増加傾向にある。本章では，こうした利潤分配率の増加という金融化の側面が，1990 年代以降の日本経済の資本蓄積の様式の変化や産業間での資本蓄積の様式の異なりを生み出す主な要因になっていることを示す。

　その際，こうした利潤分配率の増加が日本経済の資本蓄積の様式に与えた影響を実証分析を通じて明らかにする際に本章が依拠するのは，機能的分配が需要形成に与える影響を明示的に考慮するという点に特徴をもつカレツキ派の経済学の枠組みである。カレツキ派の経済学に基づく実証分析では，利潤分配率の増加のような機能的分配における変化が消費や投資，純輸出といった各需要項目に対して及ぼす影響をそれぞれ定量的に明らかにした上で，このような機能的分配の変化が結果的に内需や総需要の水準にどのような影響を及ぼしたかを示すことができる。本章ではこうした実証分析により，1990 年代以降の利潤分配率の増加が，日本経済の内需を抑制し内需依存度の高い非製造業の資本蓄積を停滞させる一方で，純輸出の増加などを通じて輸出依存度の高い製造業の資本蓄積を促進していることを示す。そして，こうした利潤分配率の増加が需要形成を通じて資本蓄積に与える影響が産業間で異なることが，1990 年代以降の製造業と非製造業の間での資本蓄積の様式の異なりの原因になっていることを明らかにする。特に非製造業では利潤分配率の増加が 1990 年代以降に利潤率の上昇と資本蓄積率の停滞を同時に生み出しているが，より規模の大きい非製造業のこの傾向が，同期間の全産業における

資本蓄積の様式を規定しているのである。

　本章の構成は以下のとおりである。第2節では1990年代以降における日本の非金融・保険業の金融化の諸相を産業別で概観するとともに，同期間における各産業での資本蓄積の様式の異なりを確認する。第3節では投資関数の推計と利潤率の要因分解により，金融化によりもたらされた1990年代以降の利潤分配率の増加が資本蓄積率に与えた影響が産業により異なるのに対し，この利潤分配率の増加が利潤率に及ぼした影響は各産業で均一であることを明らかにする。第4節ではカレツキ派の経済学に基づく実証分析により，1990年代以降の利潤分配率の増加が内需を抑制しながら内需に純輸出を加えた総需要の水準を高めており，このことが第3節で示した同期間の利潤分配率の増加が各産業の資本蓄積に与える影響の異なりの主な要因になっており，産業ごとでの異なる資本蓄積の様式を生み出していることを示す。第5節は結論である。

2　日本経済の金融化と資本蓄積の様式の変化

■ 2-1　日本の非金融・保険業における金融化の諸側面

　本節でははじめに，日本経済の金融化はどのような要因によりもたらされ，またこの日本経済の金融化の諸側面は日本の非金融・保険業の法人企業においてどのような形で現れているかを確認する。日本の非金融・保険業における金融化が本格的に進展したのは，バブル崩壊後の1990年代以降である。1990年代初頭にバブル経済が崩壊した後，さまざまな変化が日本経済にもたらされたが，こうした変化のうち重要なものの一つに，日本企業における「株主価値志向」と呼ばれる，株主の利益を重視する新たな企業統治のイデオロギーの浸透が挙げられる。この企業統治のイデオロギーが日本企業の間で徐々に広まっていったことが，日本の非金融・保険業における金融化をもたらす一つの重要な要因となった。

　日本企業において1990年代以降，「株主価値志向」と呼ばれる企業統治のイデオロギーが浸透した背景として重要なのは，日本企業における所有構造の変化である。日本企業では，高度成長期以後の日本経済の所有構造を長らく特徴づけていた，長期安定的な経営を可能とすることを目的とした相互安定的な株式持ち合いの解消が1990年代以降に進み，それと同時に外国人投資家などの株式保有比率が高まっていくという変化が起こった。

　日本ではもともと1980年代以前においては，非金融企業と金融機関との間などでの株式持ち合いが独特の役割を果たしていた。こうした株式持ち合いにおいて企業が株式を保有する目的は，短期的な投資利益をあげることよりも，長期的な取引関係の維持にあることが多く，また株式持ち合いは第三者の敵対的買収の脅威を低下させる役割をもっていた（Miyajima & Kuroki, 2007）。こうした株式持ち合いの特徴が，長らく日本企

業が長期的な観点に基づく成長志向の経営を行うことを可能にしていた。

　しかし 1990 年代以降，こうした株式持ち合いは徐々に解消されていく。その大きなきっかけは 1997 年の金融危機であり，日本の非金融企業はこれ以降，銀行の株価下落を背景に銀行株保有のリターン減少とリスクの増大を認識し銀行株を売りに出すようになり，株式持ち合いは解消の度合いを急速に早めていった（宮島, 2011）。同時に，バブル崩壊後の株価低迷を受けて銀行の側でも持ち合い株式の売却が進んだ。

　この株式持ち合い構造の解消の中で，従来株式持ち合いなどに参加し企業間関係の安定的維持を目的として株式保有を行っていた都銀や地銀，事業法人などの保有比率が低下し，他方で株主価値の最大化に関心をもつ外国人投資家・個人・信託銀行・年金信託の株式保有比率が着実に高まっていった [1]。とりわけ外国人投資家の株式保有比率は急速に上昇しており，1990 年代初頭には約 5％であったのが，2013 年時点では 30％を超えるまでにいたっている（石本, 2015）。こうした外国人投資家などの，企業に対して株価や配当に配慮した株主価値を高める経営を求める傾向の強い株主の保有比率の増加による株主圧力の高まりは，日本企業の経営のあり方に影響を及ぼすことになる。例えば宮島（2011）は，外国人投資家がコアビジネスへの集中を望み多角化を評価せず，また株価に関連した指標に企業経営の重点を置き収益性の低い事業を縮小する圧力を強める傾向にあることを指摘している。株式所有構造の変化にともなう株主圧力の増大のもとで，日本企業は株価・配当重視の傾向を強め，また資本の効率性への配慮を徐々に強めている [2]。このように所有構造の変化を背景にして，日本企業では 1990 年代以降，経営にお

1）宮島・新田（2011）によると，安定的な企業間関係の維持を保有目的とする可能性の高い都銀・地銀・生損保・その他金融機関・事業法人などの保有比率合計をインサイダー保有比率とすると，インサイダー保有比率は 70 年代の半ばから 95 年にかけて 55％から 65％の間で安定的に推移していたが，2005 年には約 35％にまで落ち込んだ。その一方で，投資収益の最大化を保有目的とする可能性の高い外国人投資家・個人・信託銀行・年金信託の保有比率合計をアウトサイダー保有比率とすると，アウトサイダー保有比率は 70 年代の半ばから 95 年にかけて平均して 35％前後にとどまっていたが，2005 年にはアウトサイダー保有比率は約 55％にまで大幅に増加した。

2）吉村（2007）は，2005 年に上場企業 287 社に対して行ったどのような経営指標を経営目標として重視するかに関する調査の結果をもとに，日本企業において株価や時価総額や資本効率に関わる指標，また配当性向・配当額などの経営指標を重視する傾向が徐々に強まってきていることを指摘している。実際，2000 年代以降の日本企業では配当は急増している。また青木・宮島（2011）は，外国人株主や機関投資家の持株比率が高いほど ROA や ROE などの資産や資本の効率性を示す指標を重視する傾向にあり，また事業に対する利益指標に基づく事後的モニタリングがより厳格になることを示している。1990 年代以降の所有構造の変化は，経営者に対する資本市場からの圧力を強めているということになる。

ける株主重視の度合いが増しており，「株主価値志向」と呼ばれる企業統治のイデオロ
ギーが浸透してきている。
　一般にこうした株主価値を重視する企業統治のあり方が広まると，非金融・保険業の
企業には以下のような金融化の諸側面がみられる傾向にあることが知られている。まず
第一に，経営目標の変化にともない企業の投資行動が変化していく。「株主価値志向」を
強めた経営者は，自らが重視する株価の維持や配当の増加といった経営目標を達成する
ために必要な短期利潤の形成を目的とした経営を行う傾向が増し，経営志向が短期化す
る。その過程のなかで，経営者は短期利潤を稼得するための金融投資を増加させる一方
で，長期的な成長のために必要な実物投資を減少させる。結果として，Krippner（2005）
が指摘するように，金融投資から得られる金融的収益が増加し，利潤形成が金融投資か
ら得られる金融的収益に依存する割合が増していくという傾向がみられるようになる。
また第二に，株主価値重視の経営がとられるようになる中で，企業の配当政策はより積
極的なものになり，配当支出や配当性向が増加していく（Skott & Ryoo, 2008；Orhangazi,
2008a；2008b）。そして第三に，機能的分配においては，こうした配当支出のような金融
的支出の増加に伴い利潤分配率の増加がみられるようになる。企業は配当支出が増加す
る場合には，予めマークアップの増加により利潤分配率を増加させ，配当支払いのため
の十分な利潤を確保することでこれに対処しようとするのである（Boyer, 2000；Hein &
Schoder, 2011；Dünhaupt, 2012；2016）。
　日本の非金融・保険業の法人企業では，これらの金融化の三つの諸側面はすべて，以
下に示すように近年において実際にみられるようになってきている。まず次に示す図
9-1 と表 9-1 は，近年の日本の非金融・保険業の法人企業において，金融資産および有形

表 9-1　総資産に各資産が占める割合（産業別）

		1975Q1	1990Q4	1998Q1	2013Q4
流動金融資産	（全産業）	39.7%	37.8%	30.6%	27.0%
	（製造業）	38.1%	42.0%	36.5%	30.4%
	（非製造業）	41.0%	35.8%	27.9%	25.4%
固定金融資産	（全産業）	6.3%	7.4%	8.1%	20.2%
	（製造業）	7.4%	9.9%	11.7%	21.6%
	（非製造業）	5.5%	6.2%	6.5%	19.6%
固定資産株式	（全産業）	3.4%	4.7%	5.5%	16.5%
	（製造業）	4.1%	7.1%	9.4%	17.6%
	（非製造業）	2.8%	3.6%	3.7%	15.9%
総金融資産	（全産業）	46.0%	45.2%	38.7%	47.2%
	（製造業）	45.4%	51.9%	48.2%	52.1%
	（非製造業）	46.5%	42.1%	34.4%	45.0%
有形固定資産	（全産業）	21.3%	20.3%	25.6%	17.2%
	（製造業）	23.7%	21.2%	22.8%	15.6%
	（非製造業）	19.5%	19.9%	26.8%	17.9%

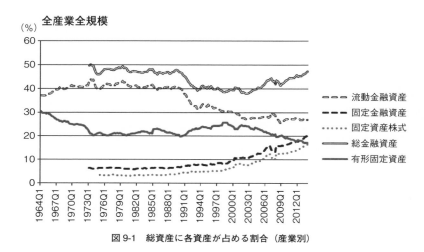

全産業全規模

図 9-1　総資産に各資産が占める割合（産業別）

固定資産が総資産に占める割合を産業別（全規模）で示したものである。図 9-1 と表 9-1 で特に金融資産に関しては流動資産に属する金融資産（流動金融資産），固定資産に属する金融資産（固定金融資産），固定金融資産に属する株式（固定資産株式），総金融資産（流動金融資産＋固定金融資産）の各々が総資産に占める割合をそれぞれ示している[3]。

図 9-1 および表 9-1 から各産業において，総資産に占める総金融資産の割合の増加と総資産に占める有形固定資産の割合の減少が 1990 年代末以降，たしかに同時に起きていることがわかる。これはバランス・シートの資産サイドにおいて金融資産（総金融資産）が実物資産（有形固定資産）に代替しているということであり，明確な金融化の兆

3）図 9-1 および表 9-1 はいずれも「法人企業統計」（財務省）をもとに作成されている。各資産の定義は次のとおりである（以下における「」内は法人企業統計における項目である）。流動資産に属する金融資産（流動金融資産）は「現金・預金（当期末流動資産）」「受取手形・売掛金（当期末流動資産）」「株式（当期末流動資産）」「公社債（当期末流動資産）」「その他の有価証券（当期末流動資産）」を合計したものである。固定資産に属する金融資産（固定金融資産）は「株式（当期末投資）」「公社債（当期末投資）」「その他の有価証券（当期末投資）」「長期貸付金（当期末投資）」を合計したものである。総金融資産は流動金融資産と固定金融資産を合計したものである。なお，これらの固定金融資産に属する項目はすべて「投資その他の資産（当期末固定資産）」の内訳の一部である。「投資その他の資産（当期末固定資産）」の内訳のデータが入手可能なのは 1973 年以降であり，そのため図における固定金融資産および総金融資産の比率の表示は 1973 年からになっている。固定資産株式は「株式（当期末投資）」に，有形固定資産は「有形固定資産（当期末固定資産）」にそのまま対応している。

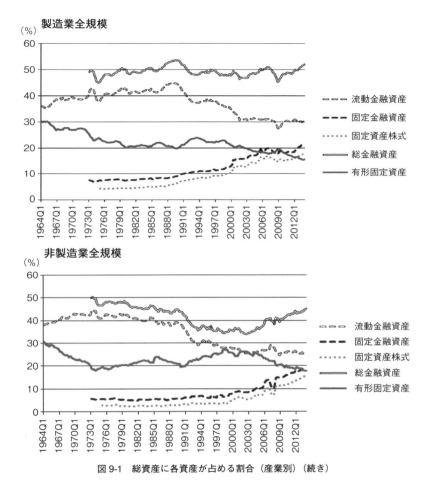

図9-1 総資産に各資産が占める割合（産業別）（続き）

候であるといえる。また図9-1と表9-1からは，各産業におけるこの1990年代末以降の総金融資産が総資産に占める割合の大幅な増加の主要因が，固定資産に属する株式の割合の急速な増加であることがわかる[4]。

また次の図9-2は規模別での傾向を確認するために，全産業の大企業と中堅・中小企

4）磯部（2013）では，こうした日本の非金融・保険業の法人企業における1990年代後半以降の固定資産に属する株式保有の大幅な増加が，関係会社株式の保有の増加に起因するものであることが示唆されている。

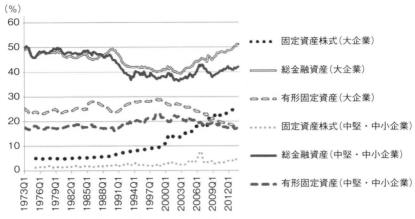

図 9-2　総資産に固定資産株式・総金融資産・有形固定資産が占める割合

（全産業大企業と全産業中堅・中小企業）

業について固定資産株式，総金融資産および有形固定資産が総資産に占める割合をとくに示したものである。

　図 9-2 から，図 9-1 や表 9-1 で示されている 1990 年代末から総資産に占める総金融資産の割合が増加しながら総資産に占める有形固定資産の割合が減少しているという全規模での傾向は，大企業と中堅・中小企業という規模別でみても，どちらの規模区分においても同様に確認できるが，金融資産が実物資産に代替している度合いは，大企業の方が中堅・中小企業よりもかなり大きいことがわかる [5]。

　こうした保有する金融資産の増加により，日本の非金融・保険業が稼得する金融的収益もまた増加している。次に示す図 9-3 では，日本の非金融・保険業の法人企業において，こうした金融的収益の増加により各産業（全規模）において粗利潤（営業利益と減価償却費の和）に対する金融的収益の割合が 2000 年代以降に増加傾向にあることが示されている [6]。

　図 9-3 から，日本の非金融・保険業の各産業において，金融的収益が利潤形成において果たす役割が近年，着実に高まってきていることがわかる。なお，こうした金融的収益の粗利潤に対する割合の推移は，規模別でみると異なった傾向をみせるようになっていることが図 9-4 からわかる。

　図 9-4 はこの金融的収益・粗利潤比率を全産業の大企業と中堅・中小企業について示したものである。この図から，大企業においてこの比率は 2000 年代以降明確な上昇傾向にあるのに対し，中堅・中小企業ではこの比率は 2000 年代以降も上昇傾向にはないことがわかる [7]。

図 9-3 で示された 2000 年代以降の全規模の傾向は，大企業の傾向が主に反映された

---

5) 全産業において大企業，中堅・中小企業という各々の規模区分において総金融資産や有
形固定資産などが総資産に占める割合がどう変化してきたかは嶋野（2016）において示
されている。金融資産が実物資産に代替している度合いが，大企業の方が中堅・中小企
業よりもかなり大きいという傾向は産業別でみても変わらない。総資産に占める総金融
資産の割合は 1975Q1，1998Q1，および 2013Q4 の各時点において，製造業大企業におい
ては順に 45.0％，50.7％，55.5％，非製造業大企業においては順に 46.9％，32.8％，48.7％
と推移しており，製造業中堅・中小企業では順に 46.2％，43.9％，45.6％，非製造業中
堅・中小企業では順に 46.3％，35.3％，41.0％と推移している。この割合が各々の産業・
規模区分で 1998Q1 および 2013Q4 にとっている値をみれば，製造業・非製造業のいずれ
においても，1990 年代末以降の総金融資産が総資産に占める割合の増加幅は，大企業の
方が中堅・中小企業よりもはるかに大きいことがわかる。なお，1990 年代末以降の総金
融資産の比率の増加を主にもたらしているのが，固定資産に属する株式（固定資産株式）
が総資産に占める割合の増加であるということも，産業別でみても同様に指摘できる。
固定資産株式が総資産に占める割合は 1998Q1 から 2013Q4 にかけて，製造業大企業で
13.9％から 24.9％に，非製造業大企業で 6.2％から 26.4％に増加しているのに対し，この
割合は同期間において製造業中堅・中小企業では 2.2％から 3.6％に，非製造業中堅・中
小企業では 2.2％から 5.2％に増加している。他方で，有形固定資産が総資産に占める割
合は 1975Q1，1998Q1，および 2013Q4 の各時点において，製造業大企業では順に 25.0％，
22.3％，14.1％，非製造業大企業では順に 22.8％，33.3％，19.2％と推移しており，製造
業中堅・中小企業では順に 21.2％，23.6％，18.6％，非製造業中堅・中小企業では 16.8％，
22.8％，16.7％と推移している。1998Q1 および 2013Q4 の値をみれば，1990 年代末以降
の有形固定資産の割合の減少幅は，いずれの産業でも大企業の方が中堅・中小企業より
も大きいことがわかる。
6) ここでの金融的収益とは法人企業統計における「受取利息等（当期末）」と「その他の営
業外収益（当期末）」の和のことである。製造業の金融的収益・粗利潤比率は 2018 年の
第 4 四半期には 2.15 という値をとったが，この異常値は図 9-3 では除外してある。日本
の非金融・保険業の法人企業では，関係会社を中心とした株式保有の増加に起因する受
取配当金の増加などから 2000 年代以降，金融的収益は大企業を中心に大幅な増加傾向に
ある。図 9-3 に示された金融的収益・粗利潤比率の各産業での 2000 年代以降の上昇傾
向は，この金融的収益の増加傾向が反映されたものである。なお，こうした金融的収益
の大幅な増加により，日本の非金融・保険業の法人企業では全規模でみると，製造業で
は 2003 年度以降，非製造業および全産業では 2004 年度以降，継続して経常利益が営業
利益を上回るようになっている。
7) 産業別でみても，2000 年代以降金融的収益・粗利潤比率が大企業において明確な上昇傾
向にあることは，製造業・非製造業のいずれにおいても確認できる。中堅・中小企業に
ついては 2000 年代以降，この比率は非製造業では低下傾向にあるが，製造業では大企業
には及ばないもののゆるやかな上昇傾向にある。

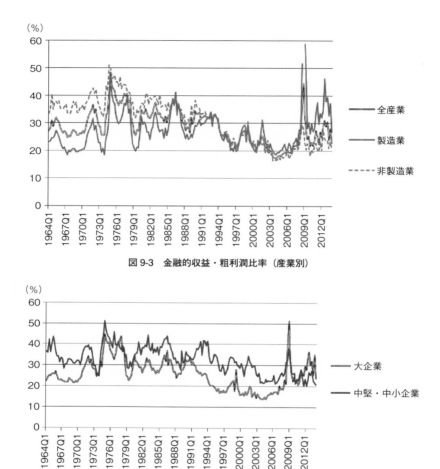

図 9-3　金融的収益・粗利潤比率（産業別）

（凡例）全産業 ／ 製造業 ／ 非製造業

図 9-4　金融的収益・粗利潤比率（全産業大企業と全産業中堅・中小企業）

（凡例）大企業 ／ 中堅・中小企業

ものであることがわかる。

　ここまで日本の非金融・保険業においては，総資産に金融資産が占める割合の増加や金融的収益が利潤形成に果たす役割の増大などの金融化の側面が，各産業で大企業を中心に顕著にみられることがわかった。では，配当支出の増加や，それに伴う利潤分配率の増加といった他の金融化の側面についてはどうであろうか。まず配当支出の増加に関しては，嶋野（2015）は，日本の非金融・保険業では，全産業，製造業，非製造業といういずれの産業区分においても全規模で，配当総額は2000年代以降に急激に増加して

おり，配当性向の年代別平均も 1980 年代から 2000 年代にかけて上昇しているということを示している。また石川（2007）は，2000 年代の日本企業において，配当総額の急増とともに有配企業の割合が増加していることや，一株当たりの配当水準が増加していることを示している[8]。日本企業が 2000 年代以降において配当政策をより積極的なものにしていることは明らかであり，そのなかで配当支出も急激に増加している。日本企業における所有構造の変化のなかで，株主価値の最大化に関心をもつ株主の保有比率が高まっていることが，こうした配当政策の変化の背後にもある。

こうした配当支出のような金融的支出の増加は通常，利潤分配率の増加（賃金分配率の低下）を伴うとされているが，このような傾向も，近年の日本の非金融・保険業では大企業を中心に現実に現れるようになっている。次の図 9-5 および表 9-2 は，日本の非金融・保険業の法人企業における賃金分配率および配当支出が付加価値に占める割合を各産業について規模別で示したものである。

図 9-5 および表 9-2 から，近年の日本の非金融・保険業においては賃金分配率が低下しながら配当支出が付加価値に占める割合が増加するという傾向が各産業でみられることがわかる。賃金を抑制して配当を増加させるという分配のあり方が，2000 年代以降に定着してきている。またこの傾向は規模別でみるととくに大企業において強いことがわかる。そこで次の図 9-6 と表 9-3 では金融化の特徴を強く示している大企業に着目し，全産業の大企業について付加価値に占める各支出や貯蓄の割合をよりくわしく示した。

図 9-6 と表 9-3 からは 1999–2006 年，および 2009–2013 年のいずれの期間においても，従業員給与が付加価値に占める割合の低下が賃金分配率の低下に結びついており，また配当支出と内部留保が付加価値に占める割合がともに大きく増加していることがわかる。

表 9-2　日本の非金融・保険業の法人企業における賃金分配率および付加価値に占める配当支出の割合（産業別）

	全規模		大企業		中堅・中小企業	
	1999	2013	1999	2013	1999	2013
賃金分配率（全産業）	75.5%	69.5%	63.0%	56.0%	79.4%	74.2%
配当支出／付加価値（全産業）	1.6%	5.2%	3.8%	11.7%	0.7%	2.5%
賃金分配率（製造業）	76.6%	71.7%	69.5%	64.2%	81.2%	78.0%
配当支出／付加価値（製造業）	2.1%	7.5%	3.9%	12.5%	0.7%	2.8%
賃金分配率（非製造業）	74.9%	68.7%	56.9%	50.1%	78.7%	73.2%
配当支出／付加価値（非製造業）	1.3%	4.3%	3.6%	11.1%	0.7%	2.4%

8）石川（2007）によれば，有配企業の割合は 2001 年に 72.3% であったが，2005 年には83.6% まで増加している。また石川（2010）は，日本企業の配当政策が 2000 年代に入ってから，増益時には安定配当から業績連動型の配当にシフトしている一方で，減益時にも増配，ないしは安定配当を行う日本企業が増加していることを明らかにしている。

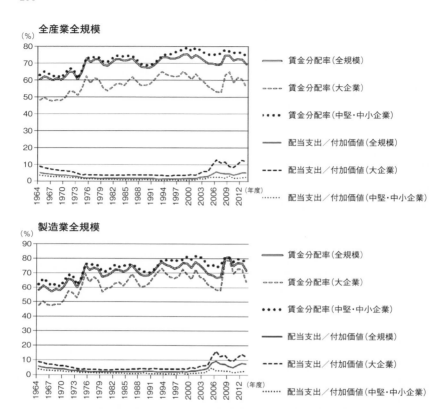

図 9-5 賃金分配率および配当支出が付加価値に占める割合 （産業別）

　企業が配当を増加させる場合，機能的所得分配を一定に保ちながら内部留保を減少させて配当を増やすという方法と，賃金分配率を低下させる一方で内部留保を維持もしくは増加させながら配当を増やすという方法の二通りがありうるが，日本の大企業の多くは後者の方法を選択している。

　こうした賃金分配率の低下は利潤分配率の増加と同義であり，次の図 9-7 で示されるとおり，日本の非金融・保険業の法人企業では，1990 年代以降において利潤分配率の増加が各産業で大企業を中心に進んでいる。

　こうした 1990 年代半ば以降の利潤分配率の上昇（賃金分配率の低下）に対して，日本企業の所有構造の変化が重要な影響を及ぼしているということが，先行研究ではしばしば指摘されている。佐々木・米澤（2000）は，1992 年から 1996 年にかけての日本の非金融法人企業の大企業の賃金分配率について，また野田・阿部（2010）は，1997 年から

非製造業全規模

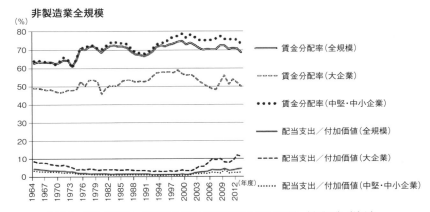

図 9-5　賃金分配率および配当支出が付加価値に占める割合（産業別）（続き）

表 9-3　日本の非金融・保険業の法人企業における付加価値に占める
各支出および貯蓄の割合（全産業大企業）

	1999	2006	2009	2013
賃金分配率	63.0%	53.3%	64.8%	56.0%
従業員給与／付加価値	50.2%	43.4%	51.5%	45.3%
福利厚生費／付加価値	11.9%	8.8%	12.3%	9.8%
役員給与／付加価値	0.9%	1.0%	1.0%	0.9%
配当支出／付加価値	3.8%	12.9%	8.7%	11.7%
内部留保／付加価値	-3.4%	8.3%	0.2%	14.7%

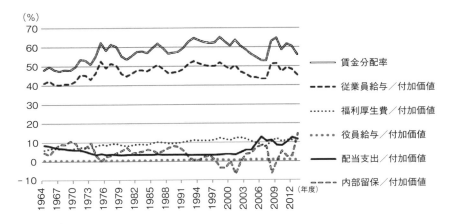

図 9-6　付加価値に占める各支出および貯蓄の割合（全産業大企業）

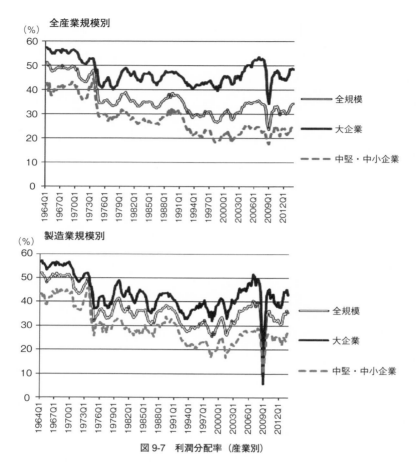

図9-7 利潤分配率（産業別）

2004年にかけての日本の主要上場企業の賃金水準に対して，外国人持ち株比率が有意に負の影響を及ぼしていることを示している。また宮島（2011）や福田（2012）は，外国人所有比率の高い日本企業ほど配当性向や配当率が高まるという実証結果を示している。これらの先行研究で示された結果を合わせてみれば，日本企業において1990年代以降に各産業でみられる配当増加と利潤分配率の上昇（賃金分配率の低下）が同時に起こるという分配のあり方に対して，配当増加への要求の強い外国人株主などの株式保有比率の増加といった所有構造の変化が有意な影響を及ぼしているということが見て取れる。

以上より，配当の増加に伴い利潤分配率が上昇するという金融化の側面もまた，日本の非金融・保険業では1990年代以降においてみられるようになっているといえる。

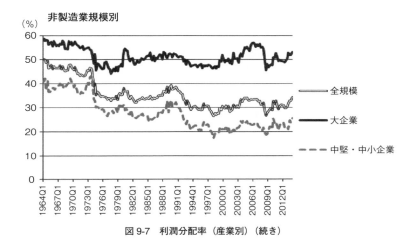

図 9-7　利潤分配率（産業別）（続き）

■ 2-2　日本経済における資本蓄積の様式の変化

　このように 1990 年代以降において日本の非金融・保険業において金融化が進行するなかで，同じ時期に日本経済の資本蓄積の様式には重大な変化が生じた。図 9-8 は日本の非金融・保険業の法人企業の全産業における 1964 年から 2013 年にかけての利潤率と資本蓄積率の推移を示したものである。

　図 9-8 から日本の非金融・保険業の全産業において，1980 年代まで利潤率と資本蓄積率の動向はほぼ一致しており，資本蓄積率の動向は利潤率に規定されていたことがわか

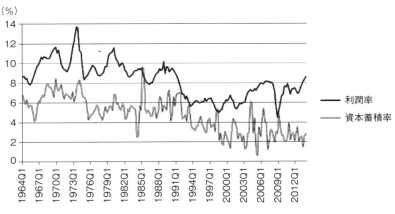

図 9-8　利潤率と資本蓄積率（全産業全規模）

図 9-9　利潤率と資本蓄積率（製造業全規模）

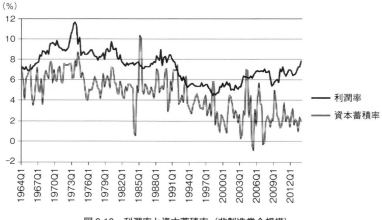

図 9-10　利潤率と資本蓄積率（非製造業全規模）

る。ところが 1990 年代以降に関してみると，利潤率が上昇傾向にあるのに対し資本蓄積率は停滞したままで，両変数のトレンドは乖離しており，もはや資本蓄積率が利潤率に規定されていないことがわかる。これは日本経済の資本蓄積の様式に，1990 年代以降に何らかの根本的な変化が生じたということを意味する。

　ただし，1990 年代以降における利潤率と資本蓄積率の関係は，製造業と非製造業という産業別でみるとまったく異なるので注意が必要である。上の図 9-9 は製造業の，図 9-10 は非製造業における利潤率と資本蓄積率の推移をそれぞれ示したものである。

　図9-10より非製造業においては1990年代以降に全産業と同様，利潤率と資本蓄積率のトレンドは乖離しており，資本蓄積率が利潤率に規定されない特異な資本蓄積の様式が生じていることがわかる。他方で図9-9では，製造業においては1990年代以降においても利潤率と資本蓄積率のトレンドの乖離は生じておらず，両変数の動向はほぼ一致しており，依然として資本蓄積率が利潤率によって規定されていることが示されている。1990年代以降において，日本の非金融・保険業における資本蓄積の様式は製造業と非製造業でまったく異なるということがわかる[9]。

3　金融化が日本経済の資本蓄積に与える影響

　前節で見たとおり日本の非金融・保険業の全産業においては1990年代以降，利潤率が上昇傾向にありながら，資本蓄積率は停滞している。また同期間における資本蓄積の様式は製造業と非製造業ではまったく異なっており，製造業では未だに資本蓄積率の動態が利潤率によって規定されているが，非製造業ではもはや資本蓄積率の動態は利潤率に規定されていない。いったいどのような要因が，1990年代以降の全産業でのこうした通常とは異なる資本蓄積の様式や，製造業と非製造業との間での資本蓄積の様式の異なりを生み出しているのであろうか。

　これまで先行研究においても近年の先進国において生じている，こうした利潤率などの利潤変数が上昇しながら，資本蓄積率は上昇せず停滞したままであるという資本蓄積の様式の出現は注目されてきた。Stockhammer（2004）やClévenot et al.（2010）などは，利潤志向の高まりにより非金融・保険業の企業が金融投資を増加させた結果，実物投資がクラウディング・アウトされ資本蓄積率が停滞し，このことが利潤率が上昇しながら資本蓄積率が停滞するという資本蓄積の様式を生みだしたのだとしている。前節でみたとおり，この金融投資の増加という金融化の側面は近年において日本の非金融・保険業でもみられるようになっており，この金融投資の増加が日本経済においてもStockhammer（2004）やClévenot et al.（2010）が主張するように，利潤率の上昇と資本蓄積率の停滞が併存する資本蓄積の様式の原因になっている可能性はある。

　他方で，もう一つの金融化の重要な側面である利潤分配率の増加も，利潤率の上昇と資本蓄積率の停滞を同時に生み出す要因になりうる。利潤率は利潤分配率と産出・資本比

9）実際，資本蓄積率が被説明変数であり，説明変数に利潤率のみを含む単純な投資関数を1964Q1 ～ 1990Q4（前期）と1991Q1 ～ 2013Q4（後期）の両期間について産業別で全規模を対象に推計すると，前期においては全産業，製造業，非製造業のいずれにおいても利潤率は1％水準で有意に正に推計されるのに対し，後期においては，利潤率は製造業では依然として5％水準で有意に正に推計される一方で，全産業と非製造業ではまったく有意に推計されなくなるという結果が得られる。

率の積であるから，利潤分配率の増加は必然的に利潤率の上昇につながる。ここで利潤分配率の増加は，通常であれば設備投資の増加に結びつくが，もし逆に利潤分配率の増加が設備投資に対して抑制的に作用し資本蓄積率を低下させるのであれば，この場合には利潤分配率の増加は，利潤率の上昇と資本蓄積率の停滞を同時にもたらすことになる。

　では，こうした利潤分配率のような利潤変数の増加が投資の増加に結びつかないという状態がもたらされるのは，はたしてどのような場合においてであろうか。こうした問題を考える際に有益な道具となりうるのが，ポスト・ケインズ派の経済学の中でもとりわけ所得の機能的分配の変化が需要の水準に与える影響を重視するカレツキ派の経済学である。カレツキ派の経済学では，機能的分配における変化が消費や投資，純輸出といった各々の需要項目に与える影響をいずれも考慮した上で，ある機能的分配の変化が内需（消費＋投資）や総需要（消費＋投資＋純輸出）に最終的にどのような影響を与えるのかに注目する。もし利潤分配率の増加（賃金分配率の低下）がある経済の内需や総需要を増加させるなら，カレツキ派の経済学ではこの経済の内需や総需要の需要レジームを利潤主導型（profit-led）と呼ぶ。逆に賃金分配率の増加（利潤分配率の低下）が内需や総需要を増加させるとき，この経済の内需や総需要の需要レジームを賃金主導型（wage-led）と呼ぶ。

　需要レジームが利潤主導型のときに利潤分配率が上昇すれば需要の水準は増加し，需要の増加に応じて設備投資も増加し，結果的に利潤分配率の増加が資本蓄積率の上昇をもたらす。逆に需要レジームが賃金主導型のときに利潤分配率が上昇すれば，需要の水準は低下し設備投資が減少し，利潤分配率の増加により資本蓄積率の低下がもたらされる可能性がある。つまり需要レジームが賃金主導型の場合には，利潤分配率の上昇が利潤率の増加と資本蓄積率の停滞を同時にもたらすということがありうるということである。

　実際，これまでカレツキ派の経済学の枠組みに基づきながら，機能的分配の変化が需要の水準に与える影響を実証分析している先行研究においては，上記の賃金主導型の需要レジームの場合のように，利潤分配率の増加が資本蓄積率の上昇に結びつかないことが現実にありうるということがしばしば示されている。説明変数に利潤分配率を含んだ投資関数の推計を行った実証研究において，Hein & Vogel（2008）や Onaran & Galanis（2012）はこうした投資関数の推計から，さまざまな国において利潤分配率が有意に推計されないという結果を得ており，Onaran & Yentürk（2001）もまた，トルコの製造業を対象にした投資関数の推計結果から，利潤分配率が有意に推計されないという結果を得ている。Seguino（1999）は，韓国経済を対象にした投資関数の推計から，説明変数に含んだ賃金分配率が有意に正に推計されたという結果を得ている。この Seguino（1999）の結果は，賃金分配率の増加が資本蓄積率の上昇に結びつく場合があるということを示している。

　以上の実証研究で示されているような，利潤分配率の増加が資本蓄積を促進しないという状態が 1990 年代以降の日本経済にも生じているのであれば，利潤分配率の増加も

また，利潤率の上昇と資本蓄積率の停滞が併存する同期間の日本経済の資本蓄積の様式の要因になりうるといえる。

　これまでみたとおり，利潤分配率の増加と金融投資の増加はいずれも資本蓄積の様式に重要な影響を及ぼす可能性がある。そこで，こうした可能性が現実に妥当するかどうかを検証するために，次に利潤分配率と固定金融資産・総資産比率を説明変数に含む投資関数の推計を行う。利潤分配率と固定金融資産・総資産比率はいずれも日本の非金融・保険業における金融化の代理変数であり，この投資関数の推計結果から，1990 年代以降の日本の非金融・保険業で進展した利潤分配率の増加や金融投資の増加といった金融化の諸側面が，日本経済の資本蓄積にどのような影響を及ぼしたのかを明らかにすることができる。

■ 3-1　投資関数の設定と推計方法

　投資関数を推計するにあたって，まず投資関数の設定とその推計方法について述べる。はじめに推計する投資関数をどのように設定したかを述べる。推計する投資関数は次のようなものである[10]。

$$ACCUMU = f\,(PS, GVA, FIX)$$

　ここで ACCUMU：資本蓄積率，PS：利潤分配率，
　　　　GVA：産出・資本比率，FIX：固定金融資産・総資産比率である。

　推計する投資関数には，説明変数に二つの金融化の代理変数（利潤分配率，固定金融資産・総資産比率）の他に産出・資本比率が含まれている。投資関数に含まれるこれらの三つの説明変数はそれぞれ次のような特徴をもつ。

　まず利潤分配率は，内部資金の豊富さと関連する。したがってもし利潤分配率が増加するときに，経済の需要の水準が高まっており十分な投資機会が存在するなら，企業は利潤分配率の増加で得られた内部資金を設備投資に活用することができ，設備投資は増加し資本蓄積が促進される[11]。この場合，投資関数を推計すると説明変数に含まれる利潤分配率は有意に正に推計されることになる。しかし利潤分配率が増加しても，逆に需要の水準が高まらず投資機会が不十分にしか存在しないのであれば，利潤分配率の増加

---

10)　投資関数に含まれる変数はすべて，「法人企業統計」（財務省）の日本の非金融・保険業の四半期データを用いて導出されている。投資関数で用いた各変数が，「法人企業統計」のデータを用いてどのように導出されているかは，章末における【データの出典と導出の方法】の欄に示してある。

で内部資金が増えても設備投資は増加せず資本蓄積は促進されない。増加した内部資金は設備投資には活用されず，内部留保が増加するだろう。このような場合には，投資関数を推計しても利潤分配率が有意に正に推計されることはない。

　他方で産出・資本比率は，需要の水準がどの程度設備投資に影響を与えるかを示す変数である。もし企業が需要の増減に感応的な投資決定を行っており，産出（需要）が増加するときに設備投資を増加させ，逆に産出が減少するときに設備投資を減少させているならば，投資関数の推計時に産出・資本比率は有意に正に推計されるであろう。他方で，もし企業の投資決定に対して産出（需要）の水準が有意な影響をもたないのであれば，投資関数を推計しても産出・資本比率は有意に推計されないであろう。

　また固定金融資産・総資産比率は，金融投資の増加が資本蓄積に与える影響を確認するための変数である。金融投資の増加が資本蓄積に与えうる可能性は両義的である。もし企業が実物的な投資から利潤を得ることよりも，金融的収益を得ることへの選好を強めた結果として金融投資を増加させているのであれば，金融投資の増加は設備投資をクラウディング・アウトし資本蓄積の鈍化を招く。この場合，投資関数を推計すると固定金融資産・総資産比率は有意に負に推計されることになる。しかしもし企業の金融投資の目的が，金融投資から得られる金融的収益を設備投資資金として活用することにあるならば，金融投資の増加は企業の設備投資に関する金融制約を緩和し，設備投資を促進する[12]。この場合には，投資関数を推計すると固定金融資産・総資産比率は有意に正に推計されることになる。

　投資関数の基本的な推計式は，次のようなものである。

$$\text{ACCUMU}_t = \alpha_0 + \alpha_1 \text{ACCUMU}_{t-1} + \alpha_2 \text{ACCUMU}_{t-2} + \alpha_3 \text{PS}_{t-1} + \alpha_4 \varDelta \text{PS}_{t-1} + \alpha_5 \text{GVA}_{t-1}$$
$$+ \alpha_6 \varDelta \text{GVA}_{t-1} + \alpha_7 \text{FIX}_{t-1} + \alpha_8 \varDelta \text{FIX}_{t-1} \text{————————— (1)}$$

（$\varDelta$は一階の階差を表す）。

　投資関数は以上のように設定したが，単位根検定の結果から投資関数に含まれる変数には定常過程にある変数のみならず，非定常であるI（1）の変数も含まれていることがわかった[13]。非定常過程にしたがう変数同士の間ではみせかけの回帰が生じやすいので，これに対処するために説明変数に被説明変数のラグ，説明変数のレベル，説明変数の一

11）Fazzari et al.（1988）などが示しているように，現実の資本市場においては情報の非対称性が存在するために，内部資金に比して外部資金による資金調達は資本コストが割高となる。よってもし投資機会が十分に存在するならば，利潤分配率の増加は資本コストが相対的に低い内部資金を増加させることで設備投資を促進することになる。

12）このように金融投資の増加が資本蓄積に与える影響が両義的でありうることはOrhangazi（2008a；2008b）において示されている。

階の階差をそれぞれ含む ADL モデル（自己回帰分布ラグモデル）による推計を行うことにした。ADL モデルに含める説明変数はすべてラグをとることにしたが，これは説明変数から被説明変数への時系列的な因果関係を明確化するためである。被説明変数と説明変数の両方のラグが回帰式に含まれることになるが，これは Hamilton（1994）などでみせかけの回帰に関連した問題を解決するために推奨されている方法である。

　基本的に，説明変数のラグの次数は 1 次にしている。ただしラグの次数が 1 次のときに系列相関が深刻であり，ラグの次数を 2 次にした方が系列相関が緩和されるということが系列相関に関する Godfrey-Breusch 検定の決定係数より明らかになった場合に限り，説明変数のラグの次数を 2 次にしている [14]。

　ADL モデルにおいては説明変数のレベルの回帰係数が，被説明変数と説明変数との間の長期の安定的な関係を与えるパラメーターになっている。したがって投資関数の推計結果を解釈する際には，説明変数のレベルの回帰係数を長期パラメーターとして重視する。なお投資関数の推計期間は，前期（1964Q1 〜 1990Q4）と後期（1991Q1 〜 2013Q4）という二つの期間に分かれている。このように推計期間を分け，両期間の金融化の代理

---

13) 投資関数に用いられている変数に関して，1964Q1 〜 1990Q4 の期間における PS と FIX および 1991Q1 〜 2013Q4 の期間における FIX は，すべての産業別カテゴリーにおけるすべての企業規模において単位根が存在している可能性を否定できない。ADF テストの結果からは，これらの変数が単位根をもつという帰無仮説を 10％水準でも棄却できない。1964Q1 〜 1990Q4 における製造業および非製造業における GVA と，1991Q1 〜 2013Q4 における全産業と非製造業における GVA もまた，すべての企業規模においてADF テストの結果，これらの変数が単位根をもつという帰無仮説を 10％水準でも棄却できず，単位根をもつ可能性を否定できない。

14) 前期（1964Q1 〜 1990Q4）の全産業および非製造業の全規模と大企業において，説明変数のラグの次数が 2 になっているのはこうした理由による。元々の基本となる説明変数のラグの次数が 1 のときに Godfrey-Breusch 検定の決定係数が 10％水準内で有意に推計されるが，ラグの次数を 2 にしたときに Godfrey-Breusch 検定の決定係数が 10％水準内で有意に推計されなくなったため，系列相関が緩和されたものとして説明変数のラグの次数が 2 の方の推計結果を採用している。なお投資関数に含める被説明変数のラグは基本的に 2 次まで含めることにしているが，こちらも Godfrey-Breusch 検定の決定係数を基準にして系列相関が緩和されると判断される場合のみ含めるラグの次数を変えている。投資関数に含まれる被説明変数のラグは前期と後期の製造業全規模では 1 次まで，後期の製造業大企業では 3 次まで，前期の全産業と非製造業の中堅・中小企業では 4 次まで，および非製造業の中堅・中小企業では 5 次までとなっている。これはもともと被説明変数のラグを 2 次まで含めたときに Godfrey-Breusch 検定の決定係数が 10％水準内で有意に推計されるが，以上のように含める被説明変数のラグの次数を変化させたときに Godfrey-Breusch 検定の決定係数が 10％水準内で有意に推計されなくなり，系列相関が緩和されたからである。

表 9-4（1/3）　投資関数（1）の推計結果（1964Q1 ～ 1990Q4）

【全産業の推計結果（1964Q1 ～ 1990Q4）】

	全産業	大企業		中堅・中小企業
Constant	−0.061**	−0.100***	Constant	−0.003
	(−2.246)	(−3.435)		(−0.113)
ACCUMU$_{t-1}$	0.570***	0.625***	ACCUMU$_{t-1}$	0.618***
	(5.871)	(6.401)		(5.499)
ACCUMU$_{t-2}$	−0.336***	−0.237**	ACCUMU$_{t-2}$	−0.577***
	(−3.224)	(−2.441)		(−5.321)
			ACCUMU$_{t-3}$	0.422***
				(4.132)
			ACCUMU$_{t-4}$	−0.318***
				(−3.373)
PS$_{t-2}$	0.154***	0.142***	PS$_{t-1}$	0.145***
	(4.663)	(4.544)		(3.170)
⊿PS$_{t-2}$	0.005	0.017	⊿PS$_{t-1}$	−0.161
	(0.047)	(0.176)		(−1.432)
GVA$_{t-2}$	0.165***	0.240***	GVA$_{t-1}$	0.063*
	(3.782)	(3.669)		(1.740)
⊿GVA$_{t-2}$	−0.364*	−0.378	⊿GVA$_{t-1}$	0.175
	(−1.705)	(−1.547)		(0.328)
FIX$_{t-2}$	0.064	0.198*	FIX$_{t-1}$	−0.242
	(0.440)	(1.944)		(−1.135)
⊿FIX$_{t-2}$	0.290	0.699	⊿FIX$_{t-1}$	0.516
	(0.431)	(1.091)		(0.706)
Adjusted R-squared	0.548	0.520	Adjusted R-squared	0.553
GB Obs. R-squared	4.826	4.154	GB Obs. R-squared	4.572

注：回帰係数の下の括弧内は t 値である。Adjusted R-squared は自由度修正済決定係数，GB Obs. R-squared
は系列相関に関する Godfrey-Breusch 検定の決定係数である。*** は 1%，** は 5%，* は 10%で有意で
あることを示す。

変数の推計結果にそれぞれ着目することで，日本経済において金融化が資本蓄積に与え
る影響が前期から後期にかけてどのように変化したかを明らかにすることができる。投
資関数の推計は全産業，製造業，非製造業というそれぞれの産業ごとに，全規模，大企
業，中堅・中小企業という規模別で行っている。

■ 3-2　投資関数の推計結果

次に投資関数（1）の推計結果を示す。前期（1964Q1 ～ 1990Q4）における投資関数の
推計結果は表 9-4 に，後期（1991Q1 ～ 2013Q4）の推計結果は表 9-5 に示されている。な
お表 9-5 においては製造業のみ 1991Q1 ～ 2008Q1 にかけての推計結果も示している。

表 9-4 において，利潤分配率は 1964Q1 ～ 1990Q4 において全産業・製造業・非製造
業のすべての産業カテゴリーにおいて規模を問わず 5% 水準で有意に正に推計されてい

表 9-4（2/3）　投資関数（1）の推計結果（1964Q1 ～ 1990Q4）

【製造業の推計結果（1964Q1 ～ 1990Q4）】

	全規模	大企業	中堅・中小企業
Constant	−0.038***	−0.044***	−0.022
	(−2.760)	(−3.449)	(−0.914)
ACCUMU$_{t-1}$	0.753***	0.718***	0.615***
	(11.185)	(7.505)	(6.058)
ACCUMU$_{t-2}$		0.097	−0.130
		(1.000)	(−1.337)
PS$_{t-1}$	0.061***	0.056***	0.109***
	(3.131)	(3.503)	(2.721)
⊿PS$_{t-1}$	−0.228***	−0.205***	−0.197*
	(−2.826)	(−3.147)	(−1.954)
GVA$_{t-1}$	0.049**	0.063**	0.039
	(2.126)	(2.316)	(1.506)
⊿GVA$_{t-1}$	0.266**	0.305**	0.317**
	(2.006)	(2.128)	(2.325)
FIX$_{t-1}$	0.161*	0.121	0.076
	(1.705)	(1.636)	(0.287)
⊿FIX$_{t-1}$	−0.550	−0.380	0.605
	(−0.964)	(−0.892)	(0.729)
Adjusted R-squared	0.762	0.792	0.584
GB Obs. R-squared	1.561	4.375	1.277

注：回帰係数の下の括弧内は t 値である。Adjusted R-squared は自由度修正済決定係数，GB Obs. R-squared は系列相関に関する Godfrey-Breusch 検定の決定係数である。*** は 1％，** は 5％，* は 10％で有意であることを示す。

るという結果が示されている。前期において利潤と投資の結びつきが強固に存在し，利潤分配率の増加が資本蓄積を刺激するという通常の関係が成り立っていたことがわかる。また産出・資本比率は，全産業・製造業・非製造業のすべての産業カテゴリーにおいて，全規模と大企業において 5％水準で有意に正に推計されていることも示されており，前期において需要の水準の変動もまた資本蓄積に対して重要な影響を及ぼしていたことがわかる。他方で表 9-4 からは，固定金融資産・総資産比率は前期において有意に推計されている場合が少ないことがわかる。固定金融資産・総資産比率は全産業の大企業と製造業の全規模においてのみ 10％水準で有意に正に推計されている以外は，他のカテゴリーではいずれも有意に推計されていない。この推計結果からは，少なくとも前期においては金融投資の動向は資本蓄積にあまり有意な影響を与えていなかったことがわかる。

　次に表 9-5 に示された 1991Q1 ～ 2013Q4 の推計結果に関して，全産業の推計結果をみると，いくつかの点において前期と大きく異なる点があることがわかる。全産業においては全規模と大企業において，産出・資本比率は後期においても依然として 1％水準で有意に正に推計されているのに対し，利潤分配率は後期において負に推計されるよう

表 9-4（3/3）　投資関数（1）の推計結果（1964Q1 〜 1990Q4）

【非製造業の推計結果（1964Q1 〜 1990Q4）】

	全規模	大企業		中堅・中小企業
Constant	−0.048	−0.095*	Constant	0.007
	(−1.153)	(−1.721)		(0.181)
ACCUMU$_{t-1}$	0.501***	0.545***	ACCUMU$_{t-1}$	0.662***
	(5.199)	(5.518)		(5.916)
ACCUMU$_{t-2}$	−0.339***	−0.285***	ACCUMU$_{t-2}$	−0.633***
	(−3.302)	(−2.930)		(−5.736)
			ACCUMU$_{t-3}$	0.494***
				(4.589)
			ACCUMU$_{t-4}$	−0.349***
				(−3.452)
PS$_{t-2}$	0.149***	0.145**	PS$_{t-1}$	0.142**
	(2.997)	(2.390)		(2.383)
⊿PS$_{t-2}$	−0.060	0.082	⊿PS$_{t-1}$	−0.129
	(−0.510)	(0.705)		(−0.993)
GVA$_{t-2}$	0.175**	0.265**	GVA$_{t-1}$	0.056
	(2.579)	(2.001)		(1.083)
⊿GVA$_{t-2}$	−0.432	−0.963**	⊿GVA$_{t-1}$	0.128
	(−1.497)	(−2.159)		(0.625)
FIX$_{t-2}$	0.011	0.220	FIX$_{t-1}$	−0.321
	(0.054)	(1.213)		(−1.232)
⊿FIX$_{t-2}$	−0.082	0.133	⊿FIX$_{t-1}$	0.132
	(−0.113)	(0.157)		(0.194)
Adjusted R-squared	0.320	0.230	Adjusted R-squared	0.469
GB Obs. R-squared	3.881	3.842	GB Obs. R-squared	3.506

注：回帰係数の下の括弧内は t 値である。Adjusted R-squared は自由度修正済決定係数，GB Obs. R-squared は系列相関に関する Godfrey-Breusch 検定の決定係数である。*** は 1%，** は 5%，* は 10%で有意であることを示す。

になっている。とりわけ大企業においては，利潤分配率は有意に負に推計されている。また表 9-5 から固定金融資産・総資産比率は後期において全産業ではいずれの企業規模においても，有意に負に推計されていることがわかる。これらの推計結果が示すのは，全産業においては後期において利潤分配率の増加はもはや資本蓄積を刺激しておらず，また金融投資の増加が資本蓄積を抑制しているということである。これは 1990 年代以降において，金融化が資本蓄積に与えるネガティブな影響が顕在化しているということを示している。

　ただし後期の推計結果を産業別でみると，製造業と非製造業で推計結果に重要な異なりがあることがわかる。まず製造業に関しては，1991Q1 〜 2013Q4 にかけての推計結果では利潤分配率は大企業でのみ有意に正に推計されており，固定金融資産・総資産比率

表 9-5（1/4） 投資関数（1）の推計結果（1991Q1 ～ 2013Q4）

【全産業の推計結果（1991Q1 ～ 2013Q4）】

	全規模	大企業	中堅・中小企業
Constant	-0.033*	-0.012	-0.019
	(-1.979)	(-1.195)	(-0.839)
$ACCUMU_{t-1}$	0.429***	0.437***	0.499***
	(3.750)	(3.714)	(4.268)
$ACCUMU_{t-2}$	-0.061	-0.080	-0.264**
	(-0.602)	(-0.775)	(-2.565)
$ACCUMU_{t-3}$			0.297***
			(2.964)
$ACCUMU_{t-4}$			-0.492***
			(-4.823)
$ACCUMU_{t-5}$			0.317***
			(3.247)
PS_{t-1}	-0.036	-0.078**	0.073
	(-0.596)	(-2.586)	(0.691)
ΔPS_{t-1}	-0.018	0.111	-0.215
	(-0.137)	(1.107)	(-1.184)
GVA_{t-1}	0.403***	0.547***	0.162
	(2.905)	(4.152)	(1.316)
ΔGVA_{t-1}	-0.321	-0.476	-0.244
	(-0.932)	(-1.333)	(-0.767)
FIX_{t-1}	-0.173***	-0.056***	-0.469**
	(-3.765)	(-3.278)	(-2.395)
ΔFIX_{t-1}	0.075	-0.153	0.275
	(0.293)	(-1.009)	(0.895)
Adjusted R-squared	0.466	0.599	0.435
GB Obs. R-squared	0.801	2.200	2.406

注：回帰係数の下の括弧内は t 値である。Adjusted R-squared は自由度修正済決定係数，GB Obs. R-squared は系列相関に関する Godfrey-Breusch 検定の決定係数である。*** は 1％，** は 5％，* は 10％で有意であることを示す。

は有意には推計されておらず投資関数の当てはまりがよくない。これは2008年から2009年にかけての深刻な景気後退時に製造業の利潤分配率が大幅に低下し，通常の水準とは異なる非常に低い水準に落ち込んだことが影響していると考えられる[15]。実際，利潤分配率が製造業においてこうした異常値を示す前の1991Q1 ～ 2008Q1にかけての推計結果においては，利潤分配率は全規模・大企業ともに5％水準で有意に推計されてお

15) 日本の製造業全規模においては，利潤分配率は2008年の第4四半期には8.5％にまで急激に低下している。この2008年から2009年にかけての時期に利潤分配率が大幅に低下し異常値を示すという同様の傾向は規模別でみても，製造業大企業および製造業中堅・中小企業においてもまったく同様に観察できる。

表 9-5 (2/4)　投資関数 (1) の推計結果 (1991Q1 ～ 2008Q1)

【製造業の推計結果 (1991Q1 ～ 2008Q1)】

	全規模	大企業	中堅・中小企業
Constant	−0.028	−0.030***	−0.099*
	(−1.259)	(−2.766)	(−1.926)
ACCUMU$_{t-1}$	0.336***	0.407***	0.569***
	(3.057)	(3.470)	(4.274)
ACCUMU$_{t-2}$		−0.240*	−0.146
		(−1.768)	(−1.125)
ACCUMU$_{t-3}$		0.440***	
		(4.345)	
PS$_{t-1}$	0.180**	0.134**	0.003
	(2.246)	(2.246)	(0.035)
ΔPS$_{t-1}$	−0.322***	−0.122**	−0.390**
	(−3.340)	(−2.149)	(−2.509)
GVA$_{t-1}$	0.073	0.059	0.360*
	(0.494)	(0.465)	(1.819)
ΔGVA$_{t-1}$	0.264	−0.006	0.283
	(1.286)	(−0.036)	(1.122)
FIX$_{t-1}$	−0.149***	−0.094***	0.020
	(−2.970)	(−3.057)	(0.092)
ΔFIX$_{t-1}$	−0.231	−0.039	0.357
	(−1.012)	(−0.336)	(0.916)
Adjusted R-squared	0.695	0.850	0.409
GB Obs. R-squared	1.647	8.251**	0.623

注：回帰係数の下の括弧内は t 値である。Adjusted R-squared は自由度修正済決定係数，GB Obs. R-squared は系列相関に関する Godfrey-Breusch 検定の決定係数である。*** は 1 ％，** は 5 ％，* は 10 ％で有意であることを示す。

り，固定金融資産・総資産比率も全規模・大企業 ともに 1 ％水準で有意に負に推計されている。つまり金融化の二つの代理変数のこの期間における製造業への資本蓄積への影響は対照的であり，利潤分配率の上昇は大企業を中心に資本蓄積を促進しているのに対し，固定金融資産・総資産比率の上昇が代理する金融投資の増加は資本蓄積にネガティブな影響を及ぼしているということである。とくに利潤分配率の上昇が資本蓄積を促進するという結果は同期間の全産業の結果とは異なるものである。

　これに対し非製造業の 1991Q1 ～ 2013Q4 の推計結果では利潤分配率は大企業では 5 ％水準で有意に負に推計されており，利潤分配率の増加が資本蓄積に対して抑制的に作用しているという結果が表れている。この大企業の傾向を反映して全規模でも利潤分配率は有意に推計されていない。他方で産出・資本比率は全企業規模で有意に正に推計されており，産出・資本比率の上昇は未だに資本蓄積を刺激していることがわかる。また固定金融資産・総資産比率はいずれの企業規模においても 1 ％水準で有意に負に推計されており，金融投資の増加が 1990 年代以降，非製造業でも資本蓄積にネガティブな影

表 9-5（3/4）　投資関数（1）の推計結果（1991Q1 〜 2013Q4）

【製造業の推計結果（1991Q1 〜 2013Q4）】

	全規模	大企業	中堅・中小企業
Constant	−0.005	−0.018**	−0.048
	(−0.360)	(−2.614)	(−1.267)
ACCUMU$_{t-1}$	0.582***	0.613***	0.557***
	(7.255)	(6.269)	(5.206)
ACCUMU$_{t-2}$		−0.237**	−0.171*
		(−2.003)	(−1.664)
ACCUMU$_{t-3}$		0.395***	
		(4.375)	
PS$_{t-1}$	0.056	0.046*	0.027
	(1.180)	(1.670)	(0.320)
⊿PS$_{t-1}$	−0.191***	−0.022	−0.279**
	(−2.937)	(−0.683)	(−2.381)
GVA$_{t-1}$	0.038	0.065	0.200
	(0.394)	(0.979)	(1.331)
⊿GVA$_{t-1}$	0.360**	−0.017	0.391*
	(2.083)	(−0.138)	(1.935)
FIX$_{t-1}$	−0.040	−0.021	−0.060
	(−1.429)	(−1.609)	(−0.345)
⊿FIX$_{t-1}$	−0.159	−0.095	0.417
	(−0.707)	(−0.786)	(1.202)
Adjusted R-squared	0.575	0.813	0.316
GB Obs. R-squared	3.324	4.695	3.851

注：回帰係数の下の括弧内は *t* 値である。Adjusted R-squared は自由度修正済決定係数，GB Obs. R-squared
　　は系列相関に関する Godfrey-Breusch 検定の決定係数である。*** は 1％，** は 5％，* は 10％で有意で
　　あることを示す。

響を与えていることがわかる。以上の推計結果から，1990 年代以降において利潤分配率
の上昇が資本蓄積に与える影響は製造業・非製造業においてまったく異なっていること
が明らかになった。1990 年代以降の利潤分配率の上昇は製造業では資本蓄積を促進し
ているが，非製造業では大企業を中心に資本蓄積にネガティブな影響を与えている。

■ 3-3　金融化と日本経済の資本蓄積の様式

　この投資関数の推計結果をみると，後期（1991Q1 〜 2013Q4）における各産業での投
資関数における利潤分配率の推計結果と，同期間における各産業での資本蓄積の様式と
の間に，ある対応関係が存在することがわかる。後期において，利潤分配率が有意に正
に推計されていない全産業および非製造業では 1990 年代以降，利潤率と資本蓄積率の
トレンドは乖離し，資本蓄積率はもはや利潤率に規定されなくなっている。その一方で，
後期に利潤分配率が有意に正に推計されている製造業では 1990 年代以降，資本蓄積率
は未だに利潤率によって規定されている。固定金融資産・総資産比率の後期の推計結果

表 9-5 (4/4) 投資関数 (1) の推計結果 (1991Q1 〜 2013Q4)

【非製造業の推計結果 (1991Q1 〜 2013Q4)】

	全規模	大企業	中堅・中小企業
Constant	-0.053**	0.000	-0.036
	(-2.238)	(0.015)	(-1.182)
$ACCUMU_{t-1}$	0.351***	0.375***	0.269*
	(2.886)	(2.776)	(1.861)
$ACCUMU_{t-2}$	-0.053	-0.048	-0.085
	(-0.515)	(-0.451)	(-0.803)
PS_{t-1}	-0.029	-0.085**	0.128
	(-0.339)	(-2.058)	(0.932)
ΔPS_{t-1}	0.063	0.005	-0.120
	(0.425)	(0.041)	(-0.544)
GVA_{t-1}	0.593***	0.686***	0.268**
	(3.107)	(3.121)	(1.989)
ΔGVA_{t-1}	-0.658	-0.374	-0.632
	(-1.329)	(-0.625)	(-1.323)
FIX_{t-1}	-0.302***	-0.086***	-0.783***
	(-4.053)	(-3.099)	(-3.338)
ΔFIX_{t-1}	0.311	-0.362**	0.929***
	(1.343)	(-2.383)	(2.771)
Adjusted R-squared	0.396	0.479	0.288
GB Obs. R-squared	0.029	2.959	1.477

注：回帰係数の下の括弧内は t 値である。Adjusted R-squared は自由度修正済決定係数, GB Obs. R-squared は系列相関に関する Godfrey-Breusch 検定の決定係数である。*** は 1%, ** は 5%, * は 10%で有意であることを示す。

が製造業・非製造業の両産業において同様のものであったことを考慮すれば, 利潤率と資本蓄積率の関係が 1990 年代以降において製造業と非製造業の間で違うものになっている要因は, 利潤分配率の上昇が資本蓄積に与える影響が両産業間で異なるということに求められるだろう。

この後期における産業間での資本蓄積の様式の異なりの要因は, 以下のように説明することができる。まず, 1990 年代以降の日本の非金融・保険業における利潤分配率の増加は, 同期間の各産業での利潤率の増加をもたらしている。次の (2) 式で示されるとおり, 利潤率 (r) は利潤分配率 (h) と稼働率 (u), および潜在産出・資本比率 (k) に分解することができる[16]。

$$r = \frac{P}{K} = \frac{P}{Y} \cdot \frac{Y}{Y^*} \cdot \frac{Y^*}{K} = h \cdot u \cdot k \tag{2}$$

（P：粗利潤, K：資本ストック, Y：産出量, Y*：潜在産出量）

表 9-6　利潤率の要因分解の結果（全規模産業別）

1993Q3 ～ 2007Q4 にかけての各変数の成長率			
	r	h	u	k
全産業	0.61%	0.32%	0.15%	0.14%
製造業	0.94%	0.67%	0.32%	−0.05%
非製造業	0.43%	0.12%	0.06%	0.26%

　次の表 9-6 は（2）式を用いた 1993Q3 ～ 2007Q4 にかけての日本の非金融・保険業の法人企業の各産業の利潤率の要因分解の結果を規模別で示したものである[17]。表 9-6 では（2）式で示された各変数の 1993Q3 ～ 2007Q4 における平均成長率を示している。

　表 9-6 に示された結果から，日本の非金融・保険業の法人企業における 1990 年代以降の利潤分配率の増加は，いずれの産業においても同期間の利潤率の回復に大きく寄与していることがわかる。しかしすでに投資関数の推計結果で示されたとおり，1990 年代以降に利潤分配率の増加が資本蓄積に与える影響は各産業で異なり，利潤分配率の増加は全産業と非製造業では資本蓄積を促進する働きをもはやもたないが，製造業では依然として資本蓄積を促進している。このため 1990 年代以降では，全産業と非製造業では利潤率が増加しながら資本蓄積率は停滞し両変数のトレンドが乖離することになったが，製造業では利潤率と資本蓄積率のトレンドが一致することになったのである。

　それではなぜ 1990 年代以降において利潤分配率の上昇は，製造業においては資本蓄積を促進しながら，全産業や非製造業においては資本蓄積の停滞をもたらしているのであろうか。その要因は所得の機能的分配が需要形成に与える影響に着目することで明らかとなる。

4　所得の機能的分配が資本蓄積に与える影響

　所得の機能的分配の変化は各需要項目への影響を通じて経済の需要の水準に重要な影

16）以下の要因分解においては，実際の産出量に Hodrick-Prescott フィルターをかけて導出したトレンドを潜在産出量として用いている。また利潤率の要因分解において，各変数の平均成長率は次のように導出されている。例えば利潤率の t 期から $t+a$ 期にかけての平均成長率は，利潤率の t 期の値が $(P/K)_t$，$t+a$ 期の値が $(P/K)_{t+a}$ であるとすると，$(\ln(P/K)_{t+a} - \ln(P/K)_t)/a$ で求められている。利潤分配率と稼働率，潜在産出・資本比率についてもまったく同様の方法で平均成長率を導出している。

17）1993 年の第 3 四半期は景気循環の底にあたり，1990 年代以降において非金融・保険業の利潤率が最低水準まで落ち込んだ時期にあたる。2007 年の第 4 四半期は戦後最長の景気循環である第 14 循環の山にあたり 1990 年代以降において非金融・保険業の利潤率が最高水準まで高まった時期にあたる。

響を及ぼす。そして機能的分配の変化は需要の水準を変えることで，資本蓄積にも影響を及ぼす。利潤分配率の上昇のような機能的分配における変化が需要の水準をどう変化させるか，すなわち需要レジームが利潤主導型になるか，あるいは賃金主導型になるかは資本蓄積の動向にとって重要な意味をもつ。

　機能的分配の変化が個々の需要項目に与える影響がどのようなものになりうるかを，利潤分配率が増加する場合を例にとりながら，確認する。一般に利潤分配率の上昇は，貯蓄性向の低い賃金所得から貯蓄性向の高い利潤所得へと所得を移行させることで，全体の消費を低下させる傾向にあるとされる。他方で利潤分配率の上昇は，利潤の増加により企業の内部資金を増加させるなどの回路から投資を増加させ，また単位労働コストを低下させ輸出財の価格競争力を高めることで純輸出を増加させる傾向にあると考えられている（Bowles & Boyer, 1995；Stockhammer & Ederer, 2008；Hein & Vogel, 2008；Stockhammer et al, 2009；Stockhammer & Stehrer, 2011）。このように機能的分配の変化が各々の需要項目に与える影響は均一ではなくそれぞれ異なる可能性があるので，利潤分配率の増加のような変化が内需や総需要の水準に最終的にどのような影響を与えるかははじめから一意に特定できるわけではなく，実証的な問題となる。

　それでは日本の非金融・保険業において資本蓄積の様式が変化した1990年代以降において，日本経済の需要レジームは実際にはどのようなものだったのであろうか。このことを確かめるために，以下では第3節における投資関数の後期の推計期間と同じ1991～2013年の推計期間で機能的分配に関連する変数を説明変数に含んだ消費関数と投資関数，および純輸出関数をそれぞれ推計する。そして各関数の推計結果を用いて，1990年代以降の日本経済の需要レジームが内需（消費＋投資）と総需要（内需＋純輸出）のそれぞれに関してどのようなものであったかを明らかにする。

　推計する消費関数，投資関数および純輸出関数は次のように設定されている[18]。

消費関数：$\triangle(C_t) = \beta_1 \triangle(W_t) + \beta_2(P_t)$ ──────────── (3)
（C：実質消費，W：実質賃金，P：実質粗利潤）

投資関数：$\triangle(I_t/Y_t) = \gamma_1 \triangle(IGROWTH_t) + \gamma_2 \triangle(h_t) + \gamma_3 \triangle(PGROWTH_t)$ ──── (4)
（I/Y：実質投資・実質GDP比率，IGROWTH：実質投資成長率，h：利潤分配率，PGROWTH：実質粗利潤成長率）

純輸出関数：$\triangle(NX_t/Y_t) = \delta_1 \triangle(h_{t-1})$ ──────────────── (5)
（NX/Y：純輸出・実質GDP比率，h：利潤分配率）

（⊿は一階の階差を表す）。

表 9-7 消費関数・投資関数・純輸出関数の推計結果

消費関数（3）の推計結果		投資関数（4）の推計結果		純輸出関数（5）の推計結果	
$\Delta(W_t)$	0.573***	$\Delta(\mathrm{IGROWTH}_t)$	0.166**	$\Delta(h_{t-1})$	0.483**
	(4.533)		(2.347)		(2.146)
$\Delta(P_t)$	0.213*	$\Delta(h_t)$	0.144		
	(2.064)		(0.415)		
		$\Delta(\mathrm{PGROWTH}_t)$	-0.065		
			(-1.029)		
Adj, R^2	0.287	Adj, R^2	0.037	Adj, R^2	0.141
DW stat.	1.423	DW stat.	1.462	DW stat.	2.331

注：回帰係数の下の括弧内は t 値である。Adj, R^2 は自由度修正済決定係数，DW stat. はダービン・ワトソン検定におけるダービン・ワトソンの統計量である。*** は 1%，** は 5%，* は 10%で有意であることを示す。

これらの各関数の推計結果は表 9-7 のとおりである。

消費関数の推計結果から，$\partial C_t/\partial W_t = 0.573, \partial C_t/\partial P_t = 0.213$ であることがわかる。したがって，$\frac{\partial(C/Y)}{\partial h} = 0.213 - 0.573 = -0.360$ である。

他方で投資関数の推計結果において利潤分配率（$\Delta(h_t)$）と実質粗利潤成長率（Δ（PGROWTH$_t$））が有意に推計されないことから，$\frac{\partial(I/Y)}{\partial h} = 0$ である。これらより，$\frac{\partial(C/Y)}{\partial h} + \frac{\partial(I/Y)}{\partial h} = -0.360 < 0$ となる。これは利潤分配率が上昇すると，内需が低下することを意味する。内需では 1991–2013 年において需要レジームが賃金主導型となることがわかる。

純輸出関数の推計結果については利潤分配率は 5%水準で有意に推計され，その推計値は 0.483 である。

18）消費関数・投資関数・純輸出関数の推計において用いられている各変数を導出するために使用されたデータはすべて，『国民経済計算』（内閣府）から取られている。各変数が『国民経済計算』のデータからどのように導出されているかは，章末における【データの出典と導出の方法】の欄に示してある。なお，この推計においては説明変数に被説明変数のラグを含んでいるわけではないので，系列相関の判定に Godfrey-Breusch 検定ではなくダービン・ワトソン検定を用いている。以下の消費関数，投資関数，純輸出関数に含まれるすべての変数について単位根検定を行ったところ，消費関数における実質消費の階差以外の変数は全て ADF テストの結果，単位根をもつという帰無仮説は 5%水準で棄却され，定常（I(0)）であることがわかった。実質消費の階差に関しては，帰無仮説は ADF テストでは 10%水準で棄却できない一方，PP テストでは 1%水準で棄却される。もっとも，消費関数（3）について，推計後に求まった推計値を用いて導出した誤差項（$u_t = \Delta(C_t) - \beta_1 \Delta(W_t) - \beta_2 \Delta(P_t)$）を用いた DF テストで，誤差項（$u_t$）が単位根をもつという帰無仮説は 5%水準で棄却され，I(0) であることが判明していることから，消費関数の推計結果は頑健なものであるといえる。

224

これより，$\dfrac{\partial(\mathrm{NX}/Y)}{\partial h} = 0.483$ となる。

先ほどの消費関数と投資関数の推計結果から求められた結果と合わせれば，内需に純輸出を加えた総需要の需要レジームが判別できる。

すなわち，$\dfrac{\partial(\mathrm{C}/Y)}{\partial h} + \dfrac{\partial(\mathrm{I}/Y)}{\partial h} + \dfrac{\partial(\mathrm{NX}/Y)}{\partial h} = -0.360 + 0.483 = 0.123 > 0$ となる。

これは利潤分配率が上昇すると，総需要が増加することを意味する。つまり 1991–2013 年にかけて推計すると日本経済は内需では賃金主導型である $\left(\dfrac{\partial(\mathrm{C}/Y)}{\partial h} + \dfrac{\partial(\mathrm{I}/Y)}{\partial h} < 0\right)$ が，内需に純輸出を加えた総需要では利潤主導型に変化する $\left(\dfrac{\partial(\mathrm{C}/Y)}{\partial h} + \dfrac{\partial(\mathrm{I}/Y)}{\partial h} + \dfrac{\partial(\mathrm{NX}/Y)}{\partial h} > 0\right)$ という結果が得られる。

これらの推計結果から，第 3 節で示された投資関数の推計結果において利潤分配率の推計結果が製造業と非製造業でなぜ異なるものになったかを理解することができる。一般に製造業は輸出への依存度が高いのに対し，非製造業は内需依存型の産業であるといえる[19]。輸出依存度の高い製造業においては，利潤分配率の上昇は純輸出の促進を通じて製造業が直面する需要の水準を高め製造業の設備投資を促進する。しかし逆に内需依存度の高い非製造業においては，利潤分配率の上昇は消費に与えるネガティブな影響を通じて非製造業が直面する需要の水準を低下させ非製造業の設備投資を押し下げる効果をもつ。利潤分配率の上昇が資本蓄積に与える影響は，輸出依存度の高い製造業と内需依存度の高い非製造業ではまったく異なる傾向にあるといえる。

この機能的分配が各産業の需要形成と資本蓄積に与える影響をふまえれば，1990 年代以降の日本の非金融・保険業における各産業での資本蓄積の様式の異なりの原因を理解することができる。まず利潤分配率の上昇は 1990 年代以降において，製造業において

---

19) 内閣府の「SNA 産業連関表」からは，各産業ごとの最終需要項目別の生産誘発額の構成比で定義される生産誘発依存度のデータが得られる（各々の生産誘発依存度は，ある産業の最終需要項目ごとの生産誘発額を，ある産業の最終需要項目別生産誘発額の合計で除すことで求められる）。生産誘発依存度は各産業がどの最終需要に依存しているかを表す。このデータによれば 2013 年における金融・保険業を除く民間の非製造業の各産業（建設，電気・ガス・水道，卸売・小売，不動産，運輸，情報通信，サービスの各産業で構成される）の輸出への生産誘発依存度の平均値は 10.2% である。この中から輸出への生産誘発依存度が 24.9% と非製造業としては例外的に高い運輸を除くと，この非製造業の平均値は 7.8% となる。その一方で製造業の各産業（食料品，繊維，パルプ・紙，化学，石油・石炭製品，窯業・土石製品，一次金属，金属製品，一般機械，電気機械，輸送用機械，精密機械，その他の製造工業製品の各産業で構成される）の輸出への生産誘発依存度の平均値は 33.9% であり，製造業の中で輸出への生産誘発依存度が 3.4% と例外的に低い食料品を除けばこの製造業の平均値は 36.4% になる。非製造業の輸出依存度が低く内需依存であること，および製造業と非製造業の間で輸出依存度にきわめて大きな差があることが確認できる。

は利潤率を高める一方で，輸出需要を増加させるなどして資本蓄積率の上昇にも寄与している。したがって製造業においては1990年代以降も利潤率の動向と資本蓄積率の動向は一致し，資本蓄積率が利潤率に規定されることとなる。しかし非製造業では利潤分配率の上昇は利潤率を高める一方で，内需を抑制することで資本蓄積率を低下させる作用をもつ。このことから非製造業では1990年代以降，利潤率が上昇しながら資本蓄積率は停滞する特異な資本蓄積の様式が生じ，資本蓄積率は利潤率に規定されなくなったのである。第2節で明らかにしたように全産業レベルでも1990年代以降においてこの利潤率の上昇と資本蓄積率の停滞が併存する資本蓄積の様式が生じているが，この全産業における資本蓄積の様式は製造業に比べて規模がより大きい非製造業に影響されて生じたものである。

5 結　論

　本章では，日本の非金融・保険業における1990年代以降の金融化の諸相がどのようなものであったかを明らかにするとともに，この非金融・保険業の金融化に着目しながら同期間において日本経済の資本蓄積の様式が変化し，また産業間で資本蓄積の様式が異なるようになった要因を実証分析により明らかにした。日本の非金融・保険業では1990年代以降において金融化が進行しており，そのことは金融投資の増加や利潤分配率の上昇が生じているということから明確に確認できる。そしてこうした金融化の諸側面のうち利潤分配率の上昇が，同期間の日本経済で出現した資本蓄積の様式に対して重要な影響を及ぼしている。

　すなわち，1990年代以降の利潤分配率の上昇は製造業と非製造業という異なる産業の利潤率を同期間においてともに増加させる作用をもっている。利潤分配率の上昇が利潤率に与える影響は異なる産業間において均一である。他方で，利潤分配率の上昇が同期間の資本蓄積に与える影響は，産業間で同一ではなく製造業と非製造業で異なるものになっている。利潤分配率の上昇は1990年代以降，内需を抑制する一方で内需に純輸出を加えた総需要は増加させており，内需依存度の高い非製造業の資本蓄積を停滞させている一方で，輸出依存度の高い製造業の資本蓄積は促進している。そのため日本の非金融・保険業では1990年代以降において製造業と非製造業では異なる資本蓄積の様式が生じることになり，製造業では利潤率と資本蓄積率のトレンドが未だに一致するのに対し，非製造業では利潤率の上昇と資本蓄積率の停滞が併存し，資本蓄積率が利潤率に規定されなくなるという資本蓄積の様式が生じるようになっている。

　日本の非金融・保険業の全産業において1990年代以降に新たに現れた利潤率が上昇しながら資本蓄積率が停滞する資本蓄積の様式は，より規模の大きい非製造業の傾向に影響されて生じたものである。そして全産業の資本蓄積の様式は，今後も主に非製造業

の傾向に左右されていくことになるだろう。すでにみたとおり日本の非製造業では1990 年代以降，資本蓄積率は利潤率の重力を離れ独特な動きをみせるようになっている。この傾向は一時的なものであり，やがて非製造業の資本蓄積率は再び利潤率により規定されるようになるのであろうか。それとも，非製造業において資本蓄積率が利潤率に規定されなくなるという現在の状態が今後も持続してゆくのであろうか。日本経済の資本蓄積の様式がどう推移していくかは，これらの可能性のうちいずれが現実となるかにかかっているといえる。

【参考文献】

青木英孝・宮島英昭（2011）.「多角化・グローバル化・グループ化の進展と事業組織のガバナンス」宮島英昭［編］『日本の企業統治――その再設計と競争力の回復に向けて』pp.245–288，東洋経済新報社

石川博行（2007）.『配当政策の実証分析』中央経済社

石川博行（2010）.『株価を動かす配当政策――コラボレーション効果の実証分析』中央経済社

石本　尚（2015）.「日本企業の株式保有構造の変遷と制度的背景」『ファイナンス』2015 年8 月号，74–83.

磯部昌吾（2013）.「1980–2012 年度における日本企業の財務構造の変遷」『ファイナンス』2013 年 12 月号．

佐々木隆文・米澤康博（2000）.「コーポレート・ガバナンスと株主価値」『証券アナリストジャーナル』38（9），28–46.

嶋野智仁（2015）.「金融化が日本経済の資本蓄積に与える影響に関する実証分析――日本企業における「株主価値志向」浸透の観点から」『季刊経済理論』51（4），70–82.

嶋野智仁（2016）.「日本経済における資本蓄積の様式の変化の要因――日本の非金融・保険業の金融化に着目した実証分析」『季刊経済理論』53（3），81–93.

野田知彦・阿部正浩（2010）.「労働分配率，賃金低下」樋口美雄［編］『労働市場と所得分配』慶応義塾大学出版会，pp.3–45.

福田　順（2012）.『コーポレート・ガバナンスの進化と日本経済』京都大学学術出版会

宮島英昭（2011）.「日本の企業統治の進化をいかにとらえるか」宮島英昭［編］『日本の企業統治――その再設計と競争力の回復に向けて』東洋経済新報社，pp.1–70.

宮島英昭・新田敬祐（2011）.「株式所有構造の多様化とその帰結」宮島英昭［編］『日本の企業統治――その再設計と競争力の回復に向けて』東洋経済新報社，pp.105–149.

吉村典久（2007）.『日本の企業統治――神話と実態』NTT 出版

Bowles, S., & Boyer, R. (1995). Wages, aggregate demand, and employment in an open economy: Am empirical investigation. in G. Epstein & H. Gintis (eds.), *Macroeconomic policy after the conservative era: Studies in investment, saving and finance*. Cambridge University Press.

Boyer, R. (2000). Is a finance-led growth regime a viable alternative to fordism?: A preliminary analysis. *Economy and Society*, *29*(1), 111–145.

Clévenot, M., Guy, Y., & Mazier, J. (2010). Investment and the rate of profit in a financial context: The French case. *International Review of Applied Economics*, *24*(6), 693–714.

Dünhaupt, P. (2012). Financialization and the rentier income share: Evidence from USA and Germany. *International Review of Applied Economics*, *26*(4), 465–487.

Dünhaupt, P. (2016). Determinants of labour's income share in the era of financialisation. *Cambridge Journal of Economics*, *41*(1), 283–306.

Fazzari, S. M., Hubbard, R. G., Peterson, B. C. (1988). Financing constraints and corporate investment. *Brookings Papers on Economic Activity*, 1988(1), 141–206.

Hamilton, J. D. (1994). *Time series analysis*. Princeton University Press.

Hein, E., & Vogel, L. (2008). Distribution and growth reconsidered: Empirical results for six OECD countries. *Cambridge Journal of Economics*, *32*(3), 479–511.

Hein, E., & Schoder, C. (2011). Interest rates, distribution and capital accumulation: A Post-Kaleckian perspective on the US and Germany. *International Review of Applied Economics*, *25*(6), 693–723.

Krippner, G. (2005). The financialization of the American economy. *Socio-Economic Review*, *3*(2), 173–208.

Miyajima, H., & Kuroki, F. (2007). The unwinding of cross-shareholding in Japan: Causes, effects, and implications. in M. Aoki, G. Jackson & H. Miyajima (eds.), *Corporate governance in Japan: Institutional change and organizational diversity*. Oxford University Press.

Onaran, Ö., & Galanis, G. (2012). Is aggregate demand wage-led or profit-led? National and global effects. *ILO Working Papers, Conditions of Work and Employment Series*, *40*, 1–65.

Onaran, Ö., & Yentürk, N. (2001). Do low wages stimulate investment? An analysis of the relationship between distribution and investment in Turkish private manufacturing industry. *International Review of Applied Economics*, *15*(4), 359–374.

Orhangazi, Ö. (2008a). Financialization and capital accumulation in the non-financial corporate sector: A theoretical and empirical investigation on the US economy: 1973–2003. *Cambridge Journal of Economics*, *32*(6), 863–886.

Orhangazi, Ö. (2008b). *Financialization and the US economy*. Edward Elgar.

Seguino, S. (1999). The investment function revisited: Disciplining capital in South Korea. *Journal of Post Keynesian Economics*, *22*(2), 313–338.

Skott, P., & Ryoo, S. (2008). Macroeconomic implications of financialization. *Cambridge Journal of Economics*, *32*(6), 827–862.

Stockhammer, E. (2004). Financialization and the slowdown of accumulation. *Cambridge Journal of Economics*, *28*(5), 719–741.

Stockhammer, E., & Ederer, S. (2008). Demand effects of the falling wage share in Austria. *Empirica*, *35*(5). 481–502.

Stockhammer, E., Onaran, Ö., & Edere, S. (2009). Functional income distribution and aggregate demand in the Euro Area. *Cambridge Journal of Economics*, *33*(1), 139–159.

Stockhammer, E., & Stehrer, R. (2011). Goodwin or Kalecki in demand? Functional income

distribution and aggregate demand in the short run. *Review of Radical Political Economics*, *43*
(4), 506–522.

【データの出典と導出の方法】

1. 投資関数（1）において用いた変数の定義とその導出方法

投資関数（1）で用いられた各変数は「法人企業統計」（財務省）から取られたデータをもとに以下のように導出されている。（「」内は「法人企業統計」における項目である。すべて四半期データを使用し，Census X-12 により季節調整を施してある）。

[投資関数の各変数の定義]
資本蓄積率：投資を資本ストックで除したもの。
利潤率：利潤を資本ストックで除したもの。
利潤分配率：利潤を付加価値で除したもの。
産出・資本比率：付加価値を資本ストックで除したもの。
固定金融資産・総資産比率：固定金融資産を総資産で除したもの。

[投資，資本ストック，利潤，付加価値などの導出方法]
資本ストック：「その他の有形固定資産（当期末固定資産）」と「建設仮勘定（当期末固定資産）」と「無形固定資産（当期末固定資産）」の和（期首・期末平均）。
投資：当期の資本ストックの変化分と「減価償却費合計（当期末償却固定資産）」の和。
利潤：「営業利益（当期末）」と「減価償却費合計（当期末償却固定資産）」の和。
付加価値：「営業利益（当期末）」と「人件費（当期末）」と「減価償却費合計（当期末償却固定資産）」の和。
固定金融資産，総資産：脚注3）を参照。なお 1964Q1 〜 1990Q4 にかけての推計では，固定金融資産に「投資その他の資産（当期末固定資産）」を用いた。

2. 消費関数（3），投資関数（4），純輸出関数（5）において用いた変数の定義とその導出方法

消費関数・投資関数・純輸出関数の推計に用いられたデータはすべて「国民経済計算」（内閣府）からとられている。「国民経済計算」においては 1991 年から 2013 年までの一貫したデータは存在しない。そこで以下の各々の変数の時系列データはすべて「1998 年度国民経済計算（1990 年基準・68SNA）」と「2013 年度国民経済計算（2005 年基準・93SNA）」を接続して導出している。1991 年から 1998 年までの各々の変数の時系列データはすべて「1998 年度国民経済計算（1990 年基準・68SNA）」のデータをその

まま使用している。1999 年から 2013 年までの各々の変数の時系列データは以下のように
にとられている。各々の変数に関して 1998 年度の「1998 年度国民経済計算（1990 年基
準・68SNA）」の値を 1998 年度の「2013 年度国民経済計算（2005 年基準・93SNA）」の
値で除して，この得られた値を各々の変数の「2013 年度国民経済計算（2005 年基準・
93SNA）」の 1999 年から 2013 年までのデータにそれぞれ掛け合わせ，こうして導出され
た時系列を 1999 年から 2013 年までのデータとして使用している。

［消費関数・投資関数・純輸出関数の各変数の定義と導出方法］
実質消費：「民間最終消費支出」をそのまま使用している。
実質賃金：「雇用者所得」（「1998 年度国民経済計算」）と「雇用者報酬」（「2013 年度国民
　経済計算」）を，GDP デフレータで除して実質化したもの。
実質粗利潤：利潤（実質）と固定資本減耗（実質）の和。利潤（実質）は「営業余剰」
　（「1998 年度国民経済計算」）と「営業余剰・混合所得」（「2013 年度国民経済計算」）を
　GDP デフレータで除して実質化したもの。固定資本減耗（実質）は「固定資本減耗」
　を GDP デフレータで除して実質化したもの。
実質投資：設備投資（実質）と固定資本減耗（実質）の和。設備投資（実質）は「総固
　定資本形成」をそのまま使用している。固定資本減耗（実質）は「固定資本減耗」を
　GDP デフレータで除して実質化したもの。
実質 GDP：「国内総支出」をそのまま使用している
純輸出：「財貨・サービスの輸出」と「財貨・サービスの輸入」の差額。
利潤分配率：実質粗利潤を実質 GDP で除したもの。

　上記のデータのうち，「民間最終消費支出」「総固定資本形成」「国内総支出」「財貨・
サービスの輸出」「財貨・サービスの輸入」は「1998 年度国民経済計算（1990 年基準・
68SNA）」の 4. 主要系列表の（1）国内総支出の実質（暦年）および「2013 年度国民経
済計算（2005 年基準・93SNA）」の 4. 主要系列表の（1）国内総生産（支出側）の実質
（固定基準年方式）（暦年）からとられている。
　また「雇用者所得」「雇用者報酬」「営業余剰」「営業余剰・混合所得」「固定資本減耗」
は「1998 年度国民経済計算（1990 年基準・68SNA）」の 1. 統合勘定の 1. 国内総生産と
総支出勘定（暦年）および「2013 年度国民経済計算（2005 年基準・93SNA）」の 4. 主
要系列表の 1. 国内総生産勘定（生産側及び支出側）（暦年）からとられている。

10 トルコにおける成長レジームの転換とポピュリズム

エムレ・ウナル

1 はじめに

　ポピュリズムは，政治と経済においてつねに物議をかもすトピックであり，今日の世界においてポピュリズムはあまりよいイメージをもたれていない。とくに，多くの国において，政府がこの概念を使用してその権限を強化しようとする動きがみられていることも，ポピュリズムに対する人々のイメージを悪くする一つの要因である。このような状況は，ポピュリズムの政治的側面であるといえるが，本章では，その経済的側面にあたる経済的ポピュリズムについて考察する。

　経済的ポピュリズムとは，インフレのリスク，為替レートの不安定，およびその他のマクロ経済的不均衡をほとんど考慮せずに，政府が，労働者階級の購買力を守るために賃金水準と為替レートを調整することを意味する。経済的ポピュリズムは，労働者階級の利益と産業の利益とが対立する可能性があるときに出現することが多い。例えば，労働生産性上昇率をはるかに上回る賃金上昇をもたらす賃金引き上げ策を政府が敢行し，実質的に産業の利益を無視する行動がその一例である。

　一般的にみると，経済的ポピュリズムは二つのカテゴリーに分けられる。第一に，それが効果的に使用されれば，経済ポピュリズムは国の発展と成長に役立つ。とくに，政治的リスクや政党間競争がない場合，政府はポピュリズムを利用して新たな制度改革を生み出し，経済成長を促すことができる。第二に，政治的リスクや政党間競争がある場合は，ポピュリズムは往々にして好ましくない経済的結果をもたらす。政治的リスクがあるとき，政府はあえて制度改革を先送り，もしくは否定する。また，政党間競争がある場合，政府は自らの利益のために経済力学を利用するが，その手段として賃金と為替レートの裁量的調整が使われる。

　この章では，ポピュリズムがいかに経済パフォーマンスの障害となりうるかについて論じるが，その障害は主に以下のような形で現れる。第一に，有害なポピュリズムによって，歴史的経路依存性が毀損され，制度的補完性が失われる可能性が生じる。第二

に，経済ポピュリズムは，経済システムのゆるやかな転換をもたらすこともあるが，それはしばしば，実体経済の活力を損なう。第三に，最も重要なことだが，ポピュリズムによって生み出されるさまざまな経済規制は，数十年にわたる経済パフォーマンスの停滞を引き起こす可能性がある。そして第四の障害は主に政治的領域におけるさまざまな勢力の間の対立を通じて現れる。一般的に発展途上国では，ポピュリズムは慢性的なインフレ，不安定な為替レート，恒常的な貿易赤字をもたらす可能性が高いが，政府は政治的リスクがあるために，新たな制度改革に踏み込めない。なぜならば，制度改革によって政府は経済的権力を失い，他の政党にその地位を奪われる可能性があるからである。それに加えてポピュリズムは，（左翼または右翼どちらであれ）政党間に，経済の制度改革を拒む競争を生み出すこともある。政治家は国の利益よりも，彼ら自身の経済的利益を考慮している。

　本章が論じようとする経済ポピュリズムに関しては，すでにいくつかの先行研究が存在する。例えば，Dornbusch & Edwards（1991）や Kaufman & Stallings（1991）らの研究では，ラテンアメリカ経済におけるマクロ経済的ポピュリズムが説明されている。その主旨は，政府がポピュリズム政策として実質賃金の引き上げを行うと，実体経済における高いインフレを引き起こし，最終的に実質賃金の低下をもたらす，ということであった。また，イギリスのサッチャー政権における経済政策を考察した Jessop（1990）や Jessop & Sum（2002）では，サッチャーの政策は，インフレ率を下げ柔軟な労働力を生み出すための，労働組合に対する権威主義的ポピュリズムおよび福祉政策だったとみられている。そして，Rodrik（2018）は，ヨーロッパとラテンアメリカにおけるポピュリズムの事例およびそのリアクションをグローバリゼーションの観点から検討している。

　本章の分析対象となるトルコに関しては，Aytaç & Öniş（2014）が政治的ポピュリズムの観点からトルコとアルゼンチンの比較研究を行っている。また，Aytaç & Elçi（2018）が，政治的ポピュリズムの観点からトルコに関する詳細な調査と研究を行っている。

　上記の先行研究とは異なり，本章では，経済ポピュリズムと政治的リスクがどのように経済の転換に関連しうるか，さらにポピュリズム的制度改革がトルコ経済の転換にどのように影響を与えたのかについて検討する。制度的観点からみれば，経済的ポピュリズムは，政府の政策選択と必要な制度改革とを対立させる。また，制度改革が行われたとしても，経済的ポピュリズムはそれを機能不全に陥れる可能性が高い。例えば，トルコでは 1960 年代に農業国から工業国への転換が行われ，その過程で賃労働関係も制度化されたが，その時期に出現した経済的ポピュリズムは，政府と労働者階級の間に強い対立を作り出した。

　経済的ポピュリズムの典型的パターンは，高いインフレ，不安定な為替レート，および慢性的なマクロ経済的不均衡に表れている。政府は現実的な制度改革ではなく，ポピュリズム経済政策でその立場を強化しようとするからである。制度経済学では，政府

は経済において二つの立場をもっていると説明される。その一つは，政府が経済領域の制度改革を生み出すという立場である。もう一つは政府の調整力と経済における役割の変化に適応しながら政府自らを改革しなければならないという立場である（Boyer, 1990）。

　本章では，Boyer（2005）によって展開された制度的補完性を考慮した成長モデルを参考にしながら，トルコにおいて経済ポピュリズムがどのように経済的失敗につながっていたのかを検討した Ünal（2016；2018）の議論をさらに拡張し，経済ポピュリズムと政治的リスク，および制度改革を結びつける試みを行う。その際に，経済的ポピュリズムがいかにして制度改革を非機能的なものにしてしまうのかについて議論する。

　本章の第2節では，トルコ経済の農業成長について論じる。第3節では，トルコ経済が国内消費の成長に向かってどのように変わっていったのかを検証する。さらに，歴史的経路依存性ゆえに制度的相互補完性の欠如を引き起こした重要な制度改革を検証する。第4節では，輸出成長に伴う重要な制度改革を分析する。第5節では，制度改革に対する経済ポピュリズムの悪影響を論じて締めくくる。

2　農業成長とポピュリズムの誕生

　トルコでは，1960年代において農業経済から工業経済への転換が行われ，大量の労働者階級が生まれたことに伴って経済的ポピュリズムが台頭した。この節では，トルコ経済がいかにして農業生産中心から製造業生産中心に転換し，それがどのように経済的ポピュリズムを導き出したのかについて論じる。

　トルコの初代大統領であったムスタファ＝ケマル・アタテュルクの時代において，アタテュルクは唯一の指導者であり，一党政治制度が構築された。したがって，ポピュリズムを引き起こす可能性をもついかなる政治的競争もなく，政府は独自の政策を実行することができた。

　トルコ帝国が第一次世界大戦における敗戦によってその勢力を失った後，アタテュルクはトルコ共和国を建国して，国家主導の政策を実施した。彼の政策は首尾よく経済において実現された。つまり，トルコ経済は1923年に，初めての大規模な制度改革によって近代化された。製造業は成長計画によって確立されたが，経済は依然として農業の成長に主導されたものであった。農業の労働生産性は著しく伸び，インフレ率はきわめて低い水準であった。さらに，トルコ経済の国際競争力も比較的高く，国際貿易においては黒字を経験し（図10-3参照），通貨のトルコリラは上昇していた（図10-2参照）。

　図10-1に示しているように，1923年から1931年の間の農業の労働生産性上昇率は8.3％であった。しかし，製造業の労働生産性上昇率はわずか3.9％であり，農業よりも低かった。そして，1931年から1939年の間も同様の経済構造が続いた。この期間における特筆すべき重要なことは，賃金がまだマクロ経済の不均衡を引き起こす要因ではな

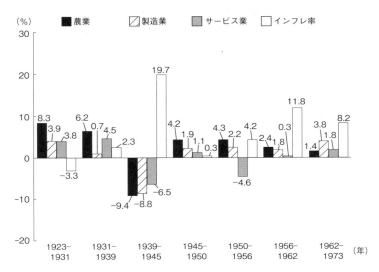

図 10-1　農業，製造業，サービス業における労働生産性上昇率とインフレ率

注：雇用関連のデータは，TurkStat から取得した。労働生産性上昇率は，the Ministry of Development's report
（Economic & Social Indicators between 1923–2014）の部門別の実質産出量を用いて計算した。インフレ率は，
TurkStat から取得した。1923 年から 1939 年の間のインフレデータは卸売物価指数を使用した。

かったということである。なぜならば，高インフレにつながる極端に高い賃金上昇を引
き起こす可能性のある賃労働関係がまだ形成されていなかったためである。ほとんどの
産業は国有化されており，国は製造業の確立に注力していた。しかし，農業の生産性上
昇率が最も高く，6.2％前後であった。インフレ率は 2.3％前後で，比較的低かった。

　アタテュルクが死亡した翌年の 1939 年にはじまった第二次世界大戦において，トル
コは 1945 年まで中立の立場を取っていたが，周辺諸国が戦時下にあったため，労働生産
性は著しく低下した。その一方でインフレ率は 19.7％へと急激に上昇した。また，戦争
に参加する可能性があったため，国の労働力は軍事活動へと振り向けられた。この状態
はトルコ社会におけるさまざまな不満を引き起こすこととなった。その結果，アタテュ
ルクが党首を務め，一党政治制度を敷いていた「共和人民党」に対抗して，1946 年に民
主主義と自由経済を主張する「民主党」が結成され，トルコは民主的な複数政党制に変
わっていった。

　そして，トルコ経済ははじめて政治的リスクと政党間の競争によって引き起こされる
経済ポピュリズムと出会うこととなった。政治的リスクとは，選挙において他の政党に
政権を奪われる可能性を意味する。よって，もう一つの政党が存在する状況下で，政府

が労働者階級の地位を弱めるための制度変更の可能性を考慮に入れようとすると，政治的リスクが高まることとなる。Sunar（1990：751–753）によれば，この時期（1945年から1950年，および1950年から1956年の期間）において民主党が勢力拡張のために，ポピュリズム政策を指向し，インフレを引き起こしたのである。

　その一方で，組織化された労働者たちは，インフレによる実質賃金の低下に不満を抱くようになった。この時期における組織化された労働者たちは，主に当時の支配的な産業であった農業に属していた。トルコ農業は，他の産業よりも高い労働生産性上昇を達成していたことから，農業労働者の要求が反映される形で，国家主導の閉鎖的な経済政策がこの間に新たに選出された政党によって廃止された。すなわち，閉鎖的かつ国家主導の政策を行っていたトルコ経済においては，1950年代には製造業製品を求めるために開放的な貿易政策をとることが必要となり，政府はより自由な経済政策へと舵をきった。自由貿易政策の主な目的は，農産物を輸出して先進国から製造業製品を輸入することであった。

　1950年から1962年の間，トルコ経済は農業部門の拡大によって成長を続け，海外からトラクターなどを輸入することによる農業の機械化も進められた。そして，機械化に伴う農業の技術的変革と労働生産性の上昇によって余剰となった労働者たちは，製造業が台頭しはじめた都市へ移るようになった。

　この時期の自由貿易政策は，海外からの輸入品を劇的に増加させた。これを背景に経済は貿易赤字になり，トルコリラは大幅な減価を経験した。これらの経済的トラブルはトルコ社会に不満を引き起こした。1950年代末のトルコ経済は農業部門における経済危機に直面し，労働生産性上昇率が劇的に低下し，インフレ率は11.8％までに上昇した。その結果，1960年代初頭に軍事クーデターが発生した。

　1960年代以前，トルコ経済における成長戦略の中心は農業生産であり，農業部門労働者の賃金上昇率は比較的低かった。その一方で，農業部門の労働生産性は高かったので，

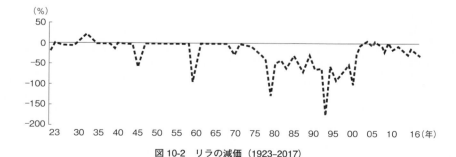

図 10-2　リラの減価（1923–2017）

出所：TurkStat（Statistical indicators, 1923–2013）.

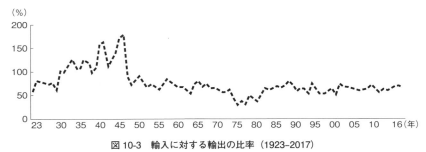

図 10-3　輸入に対する輸出の比率（1923-2017）

出所：TurkStat.

インフレ率は低いままであった。対外貿易においては，1930年に，トルコは貿易黒字を達成した（図10-3参照）。輸入に対する輸出の比率は1930年には102，1933年には128.8であった。そしてトルコが複数政党制に変わる1946年まで，貿易黒字は続いた。

　GDPにおける輸入のシェアは1930年代初頭においては約6％であったが，1950年代初頭には11.6％までに上昇した。また，輸入製品の構成も徐々に変化した。当初の輸入品は主に資本財であった。1950年の輸入品の構成をみると，輸入総額に占める資本財の割合は45.8％，中間財のそれは33.5％，その残りが消費財であった。そして，1960年時点では，資本財のシェアが52.1％，中間財のシェアが38.2％であったが，1960年以降の製造業の発展に伴って輸入総額に占める中間財の割合が資本財のそれを上回っていく。

　また，1930年代にリラはかなり高く評価された。例えば，1932年と1933年にリラはそれぞれ21.3％，24.1％も増価した。しかし，1950年代には，輸入増加に伴う貿易赤字が経済の問題となり，トルコは為替レートの大幅な下落に直面した。図10-2に示すように，1950年代末に，トルコ経済は為替レートの劇的な下落を経験し，1959年に，リラはその価値のおよそ92％を失い，1960年には67.6％も減価した。すなわち，1950年代末までに安定していた為替レートが，労働生産性上昇率の大幅な低下と経済危機により，劇的に下落したのである。

　そして，1923年から1962年の間のトルコ経済におけるさまざまな制度改革も主に農業部門の成長と関わるものであった。当時の雇用の大部分は農業労働者であった。すなわち，1923年から1962年の間には，労働者の83％が農業生産に従事し，8.9％が製造業に従事していた。しかし，この構造は1950年代に大きく変化した。製造業の労働者の割合は，日ごとに増加し始めた。この時期，政府にとって有利だった点は，まだ労働組合が存在しなかったことである。労働者には組織化，およびストライキや団体交渉を行うための制度化された権利はなかった。したがって，労働者は賃金上昇について圧力をかけることができなかった。労働組合はまだ経済的ポピュリズムの一部ではなかった。

　総じていえば，この時期におけるトルコ経済の生産基盤は農業部門であったのであり，農業生産が経済成長を変動させる主な要因であった。経済政策の基調は比較的開放的かつ自由主義的であり，政府の介入は強くなかった。そして政府の役割の中心は，農業生産と自由貿易を支援することであった。

3 国内消費の成長とポピュリズム的制度改革

　1950 年代末の農業部門の経済危機と 1960 年代初頭の軍事クーデターの経験から，政府は新しい制度改革を遂行したが，それは比較的自由であった経済活動に対して多くの制約を課すこととなった。保護主義的な経済政策が徐々に人気を博し，国内における旺盛な技術開発に伴う製造業の成長もみられた。図 10-1 に示すように，製造業の労働生産性の伸びは 1960 年代から他の産業を大きく上回るようになっていった。

　この時期のトルコ経済において最も重要なことは，製造業における労働者階級の出現であった。さらにソビエト連邦の影響で，左翼的な政策が国の中で力をもつようになったが，それは経済に大きな変化をもたらしただけでなく，ポピュリズムの方向を左翼的なものに変えてしまった。その結果として，トルコ経済においてはじめて賃労働関係が制度化された。すなわち，はじめて労働組合が政府によって合法化された。そして労働組合は左翼的イデオロギーにしたがい，労働者を保護し，ストライキを組織し，賃金決定においてもますます大きな役割を果たすようになった。

　表 10-1 は，1970 年代と 1980 年代の先進国とトルコの構造変化を示している。カナダでは，1971–1976 年の国内消費財部門の労働生産性上昇率は 1.2％であった。その一方で名目賃金上昇率は非常に高く約 11.0％であったので，インフレ率は 7.4％であった。そして，輸出財部門の労働生産性上昇率はマイナス 0.4％であった。カナダの経済構造は 1976–1981 年も同じであったが，1980 年代には輸出成長モデルに変化した。輸出財部門の生産性上昇率は著しく上昇したが，賃金の伸びとインフレは抑制されていたので，輸出財部門の国際競争力が向上したのである。

　フランスは 1972–1977 年の国内消費財部門の労働生産性上昇率は 6.0％であり，それは輸出財の労働生産性上昇率より高かった。賃金上昇率は 13.5％であり，インフレ率は 9.5％であった。1980 年代において，フランスでは輸出依存型成長への経済転換が行われ，輸出財部門の労働生産性上昇率が国内消費財部門のそれを上回ると同時に，賃金の伸び率とインフレ率は 1990 年までに劇的に減少した。そして，オランダでも同様に 1970 年代には国内消費財部門の労働生産性上昇率が輸出財部門のそれより高く，賃金上昇率は 10.7％と非常に高く，インフレ率も 8.4％という高い水準にあった。しかし，1980 年代においてオランダ経済は輸出依存型成長に転換し，賃金の伸び率とインフレ率は大幅に減少した。

表 10-1 部門別労働生産性上昇率，名目賃金上昇率，インフレ率（年率，単位：%）

国	期間	消費財の労働生産性上昇率	輸出財の労働生産性上昇率	名目賃金上昇率	インフレ率
カナダ	1971–1976	1.2	−0.4	11.0	7.4
	1976–1981	0.8	−0.9	8.6	9.4
	1981–1986	0.9	5.4	5.3	6.9
	1986–1990	0.8	3.5	5.5	4.5
フランス	1972–1977	6.0	4.5	13.5	9.5
	1977–1980	2.6	3.0	12.8	10.7
	1980–1985	1.7	2.1	9.8	10.3
	1985–1990	2.2	5.6	4.2	3.5
日本	1970–1980	3.8	6.6	13.3	8.9
	1980–1990	6.2	9.2	4.5	2.5
オランダ	1972–1977	3.5	3.4	10.7	8.4
	1977–1981	2.1	1.4	4.4	5.5
	1981–1986	4.5	7.0	2.3	3.5
イギリス	1968–1979	2.9	2.1	13.4	11.4
	1979–1984	1.0	4.8	9.8	10.2
	1984–1990	1.8	2.3	7.2	4.9
アメリカ	1972–1977	1.1	−1.5	7.3	7.0
	1977–1982	0.4	0.7	8.1	9.2
	1982–1985	1.5	5.9	5.1	4.3
	1985–1990	4.7	11.1	4.5	3.8
トルコ	1973–1985	3.8	2.0	34.2	38.5
	1985–2003	3.0	5.3	66.2	63.5
	2003–2011	2.7	3.7	11.2	10.6

出所：計算は，Ünal（2018）に基づいている。計算方法に関しては，Ünal（2016；2017）および Uni（2012）を参照されたい。元のデータは，先進国は WIOD の産業連関表，トルコは TurkStat の産業連関表を利用した。

　イギリスにおいても 1968–1979 年の賃金上昇率が 13.4%，インフレ率が 11.4%であり，消費財部門の労働生産性上昇率は，輸出財のそれ（2.1%）を上回って 2.9%であった。しかし，その後の期間においては両部門の労働生産性上昇率が逆転し，また賃金と物価の上昇率も徐々に低下していった。そして，1984–1990 年の賃金上昇率は 7.2%に低下し，インフレ率は 4.9%までに低下した。そして米国では，1972–1982 年には賃金の伸び率とインフレ率が非常に高かったが，1980 年代半ばには両方ともに低下し，輸出品の生産性上昇率は大幅に増加した。
　日本の場合は他の国とは異なり，1970 年代に輸出財部門の高い労働生産性上昇を経験した。輸出財の生産性上昇率は 6.6%であり，国内消費財のそれ（3.8%）を大きく上回っていた。ただし，賃金伸び率の高さ（13.3%）においては，日本も他の国と同じで，インフレ率は 8.9%と高い水準であった。しかし，1980 年代には，賃金の伸び率とインフレ率はそれぞれ 4.5%と 2.5%に抑えられ，1970 年代にすでに高かった日本経済の競争力

はさらに高まった。

　以上のように，これらすべての先進国では，1980年代に賃金の伸びが鈍化し，国内消費需要の拡大によるマクロ経済成長の牽引力が減少した。その一方で輸出需要の重要性が増していった。この転換によって，先進諸国におけるインフレ率は劇的に減少した。

　そして表10-1の先進諸国経済と同様に，1970年代のトルコ経済の牽引力は国内消費であった。1973年から1985年の間，消費財部門の生産性上昇率は3.8％であり，輸出財部門のそれ（2％）を上回った。そして，賃金上昇率は34.2％と非常に高く，その結果としてインフレ率もまた38.5％という高い水準にあった。先進国とは対照的に，トルコでは1980年代と1990年代において著しい賃金上昇があった。1985–2003年の賃金上昇率は66.2％と高く，インフレ率は63.5％にまで上昇した。

　それにもかかわらず，トルコは輸出依存の経済体制に転換した。1985–2003年の輸出財部門の生産性上昇率は5.3％に上昇し，消費財部門のそれ（3％）を上回った。表10-2は，名目為替レートの実際の変化率と購買力平価（PPP）の変化率を示している。PPPは仮想的な為替レートともいえるが，ある国のPPP上昇率が名目為替レートの上昇率よりも高い場合，その国の通貨が過小評価されていることを表している。1971年までのブレトンウッズ体制の下では，実質的な固定相場制によって先進諸国通貨は米ドルに対して過小評価の傾向にあった。表10-2に示すとおり，1970年代以降の変動相場制への移行に伴い，先進諸国の通貨の米ドルに対する為替レートは切り上げられていった。大部分の国で，この実勢レートの変化率は購買力平価（PPP）の変化率を上回っている。これは，米ドルに対する過小評価状態が解消され，過大評価に移行しつつあることを意味

表10-2　対米ドル為替レートの変化率と米国に対する購買力平価（PPP）の変化率（年率，単位：％）

国	期間	米ドルに対する通貨の変化率	米国に対するPPPの変化率
カナダ	1971–1981	−1.8	−3.4
	1981–1990	0.2	−0.7
フランス	1972–1980	1.8	−1.1
	1980–1990	−3.8	−4.4
日本	1970–1980	4.4	3.4
	1980–1990	3.6	2.2
オランダ	1972–1981	2.2	0.6
	1981–1986	2.5	0.3
イギリス	1979–1984	−7.5	−4.5
	1984–1990	5.2	−2.3
トルコ	1973–1985	−49.5	−30.9
	1985–2003	−59.3	−64.3
	2003–2011	−1.8	−9.1

注：名目為替レートの変化率は Federal Reserve Bank of St. Louis（exchange rate to U.S Dollar）から導き出した。
出所：Ünal（2018）に基づいて計算。

する。

　トルコリラは 1973–1985 年には過小評価されてきたが，その後の期間では逆に過大評価を経験した。つまり，1970 年代末の経済危機と 1980 年の軍事クーデターのために，トルコリラの対米ドル為替レートは大きく下落したが，1985 年以降では通貨を過大評価する方向への変化が続いた。

　そして，以下で説明するように，1960 年代において政府は労働者階級を満足させるために制度改革を行ったが，その独特な制度改革がもつ歴史的経路依存性が，その後のトルコ経済における慢性的な不況と停滞を引き起こすことになる。

　その最初の制度改革は 1963 年に行われ，労働者階級の団体交渉とストライキを合法化した。さらに 1965 年にははじめて，雇用を保護する制度改革が行われ，公務員の終身雇用制度が導入された。同時に公務員の待遇改善のための制度改革が行われた。この改革は公務員すべてに同じ賃金制度を導入し，その職業の優位性と重要性を高めた。そして 1970 年代初頭に，標準最低賃金が設定され，最低賃金ははじめて全国各地で同額になった。最低賃金制度の確立は，労働者階級にとってもう一つの重要な制度改革であった。

　上記の三つの重要な制度改革は，トルコの賃金構造に大きな影響を与え，このような賃労働関係の変容をもたらす制度改革は，政府の経済政策と労働者階級との結びつきも強化するようになった。そして，政府と労働者階級の間の強い関係が，経済的ポピュリズムを拡大させる一つの要因になった。

　もちろん，先進諸国においても戦後のフォーディズム期には，賃労働関係に関する同様の制度上の変化がみられたが，それらは 1980 年代以降においては，新自由主義が主導するかたちで，より競争的，かつ賃金抑制的な方向への制度転換につながった。表 10-1 に示すように，先進諸国における賃金の伸び率は，労働生産性上昇率の水準以下に下げられ，インフレ率は低下し，為替レートは安定したのである。しかし，1980 年代以降のトルコ経済においては，上記の賃労働関係における制度変化が賃金の伸びを刺激し，それが非常に不安定な経済状態を引き起こしたのである。

　労働組合，最低賃金，および終身雇用を維持・創出するためのこれらの制度改革は，トルコにおける経済的ポピュリズムの最も重要な手段となった。この制度改革によって，各政党は労働者階級の状況を考慮して選挙運動をするようになった。それゆえに，各政党はそれぞれの選挙運動に「賃金力学」を使うことができた。各政党は公務員，労働者および最低賃金労働者への利益供与をマニフェストとすることによって，選挙キャンペーンで有利な立場に立とうとした。

　しかし結果的には，インフレ率に応じた賃金上昇を達成するための制度改革は，賃金と物価のスパイラル的上昇につながり，トルコの経済的安定性を低下させた。それゆえ，インフレは何年にもわたって経済状況を悪化させた。各政党は労働者の実質賃金を引き

上げようとしたが，これははるかに高いインフレと為替レートの下落によって相殺され，結果的には実質賃金の大きな下落を招いたのである。

前出の図 10-1 と図 10-2 からもわかるように，消費財と輸出財の労働生産性上昇率よりも名目賃金上昇率が大きくなると，インフレ率が高くなり，他国のインフレ率が低い場合，変動相場制の下では為替レートの下落を引き起こす。固定相場制や管理フロート制の場合は，通貨の過大評価状態が当分の間は続くが，遅かれ早かれ，投機筋による通貨アタックや資本逃避などにより，通貨の急激な減価が起きる。このように，賃金上昇率と労働生産性上昇率の間の歪んだ関係は，マクロ経済の不均衡をもたらす可能性が高い。

表 10-1 に示すように，1960–1980 年において，トルコ経済の成長は国内消費需要の拡大に基づいていた。国内消費財部門の労働生産性上昇率は，輸出財部門の労働生産性上昇率より大きかった。政府は経済成長のために基本的には国内消費の拡大を促す政策を指向した。国内消費需要は輸出需要よりも重要であったのである。したがって，この時期のトルコ経済は比較的閉鎖的な輸入代替工業化の特徴をもっていた。そのため，国際貿易はトルコ経済においてそれほど重要ではなかった。そして，製造業を発展させるためにも国内消費の拡大を支えなければならなかった。この期間の成長戦略は，賃金の大幅な上昇を通じて国内消費需要を支えることであった。その結果，賃金上昇率は非常に高かったが，インフレ率も高騰したままであった。トルコ経済は慢性的なインフレ問題に直面し，貿易赤字も慢性的な経済問題となった。

この時期，国内雇用の中心は製造業労働者にシフトしたが，労働者の組織化は政府に

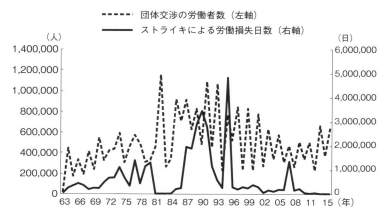

図 10-4　団体交渉に参加した労働者数とストライキによって失われた労働損失日数 (1963–2016)

出所：トルコの労働省 (ÇSGB)。

とっての大きな政治的リスクを生み出した。労働組合は非常に強く，賃金動向に影響を与える可能性があった。図 10-4 に示すように，ストライキによる労働損失日数は 1963 年以降増加し始めた。1980 年代はじめには，労働損失日数は減少傾向にあったが，1985 年以降において記録的なレベルまでに増加した。とくに 1994 年には，労働損失日数が最大を記録した。2000 年代になると，労働損失日数は減少し始めた。しかし，団体交渉に参加した労働者の数に大きな変化がみられないことから，近年においては労働者はストライキを組織する代わりに団体交渉に加わったと考えられる。

　この時代におけるトルコの為替制度は固定相場制であった。したがって，賃金の大幅な上昇と輸出の伸びの鈍化は，トルコリラの過大評価を引き起こした。国内における民営化への動きはなかった。生産拠点は保護された国内製造業によって形作られ，また政府による経済への介入は強かった。このようなマクロ経済状況，制度変化のなか，選挙での勝利を望む政党は，ポピュリズム的経済政策を提案するようになった。さらに，次の選挙で負けることを望まず，政権のコントロールを望む政党は，ポピュリズム的経済政策を採用し続けた。

4　制度の歴史的経路依存性と輸出依存の経済成長への転換

　トルコ経済は，1980 年代初期に国内消費需要の成長が牽引する経済成長体制から輸出需要の成長に依存する輸出依存の成長へと転換するが，国内における制度改革はゆるやかなままで限定的なものであった。その結果，新しい成長モデルと古い制度的構造の間の矛盾があらわになっていく。

　この時代においても，労働生産性上昇率，賃金上昇率やインフレ率などマクロ経済的諸変数の基本的パターンは，それほど変わらなかった。しかし，トルコ経済は国内消費主導型成長から輸出依存の成長へと転換した。輸出財部門の労働生産性の伸びは，国内消費品財のそれよりも大きかった（表 10-1 を参照）。とくに，閉鎖経済の時代に保護主義的政策によって守られて発展した国内製造業は，輸出を支える準備ができていた。トルコ経済が輸出依存の成長に転換した 1980 年代には，図 10-5 が示すように，輸出全体に占める工業製品のシェアが農産物のシェアを上回った。実質 GDP の成長に伴い製造業の重要性も高まった。

　この時期にいくつかの重要な制度改革が行われたことは注目に値する。製造業労働者が雇用の中心となり，マクロ経済にとってより重要な地位を占めるようになった。労働組合は引き続き強力であった。為替レートは固定相場制から管理フロート制に変更されたが，トルコリラは依然として過大評価状態のままであった。国内生産の基礎は，輸出品に完全に変化した。また，この時期においてトルコでは，労働者の圧力を弱めることを目的に民営化がはじまった。しかし，民営化はまだ限定的なものであったことも確か

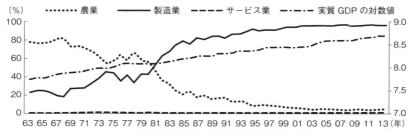

図 10-5　産業別の輸出シェアの推移（1963–2013）

注：右軸は GDP の対数値。実質 GDP（1998 年基準，単位：億米ドル）の
データは，トルコの開発省から得られたものである。
出所：TurkStat.

である。トルコ経済は開放経済へと変化していたが，1950 年代と同様に，政府の介入は
強力であった。

　いくつかの制度的な変化の影響が経済に現れ，労働組合の力にも少し陰りがみえはじ
めたが，賃金の伸びは非常に高いままであった。それは，国内における政党間の競争が，
ポピュリズム的経済政策競争の形を取っていたためであった。賃金の伸びを抑制するこ
とは，政治的リスクにつながる。そのため，経済は史上最高のインフレ率と最高の賃金
伸び率に直面したのである。その一方で，為替レートは劇的な下落を経験し，中央銀行
による介入も効果がなく，2000–2001 年にトルコ経済はついに史上最も深刻な経済危機
を迎えるようになった。

　2000–2001 年の経済危機は，政党にとって大きな教訓となった。すなわち，ポピュリ
ズム的経済政策の悪影響は実に深刻なものであることを国民が知ったために，マクロ経
済状況の悪化が瞬く間に政治的な敗北につながり，政権与党は次の選挙で議席を失った
のである。その後，国際通貨基金（IMF）の勧告と国内経済政策担当のトルコの経済学
者 Kemal Derviş の影響下で，政府はさまざまな規制緩和政策を講じ，民営化は大きく進
んだ。また，為替制度は変動相場制に変更された。トルコ経済は過度に開かれた経済に
転換され，政府の主な役割は経済における民間輸出産業の支援と，過剰な海外直接投資
の受け入れとなった。

　規制緩和政策によって経済はより自由主義的な経済に転換されたが，依然として通貨
の過大評価状態が続き，貿易赤字は大幅に増加した。そうしたなか，トルコ経済にとっ
て唯一の前向きな状況は，2000 年代半ば以降において為替レートが安定していたことで
ある。これは賃金の上昇率が低下したことによるものである。表 10-1 に示すように，
2000 年代半ば以降，賃金の伸び率は 50% 以上から 10% 台に低下した。輸出財部門の生
産性上昇率は，世界金融危機があった 2008 年を除いては約 10% であった。これはトル

コリラの為替レートの安定に寄与した。

　このような経済状況の下，トルコにおけるポピュリズム的経済政策は徐々にその影響を縮小させていった。経済はより現実的な経済政策によって制御されていた。しかしトルコ経済は，（政治的リスクを引き起こしたり賃金上昇に影響を及ぼしたりする賃労働関係が存在しなかった 1960 年代以前にトルコが経験したような）低インフレを達成できなかった。

5 ポピュリズムと高いインフレの関係

　前述のとおり，トルコ経済の成長モデルは，1980 年代に輸出依存の成長に転換しはじめたが，制度改革は遅れていた。1980–2003 年のトルコ経済は依然として 1960 年代初頭以来の賃労働関係の制度改革と経済的ポピュリズムによって引き起こされた問題を抱えていた。労働組合は，技術の変化，民営化，およびサービス業の拡大に伴い日々その力を失っていったが，依然として経済的ポピュリズムが，弱体化しつつも存在し，マクロ経済の安定性を損ねていた。

　さらに，経済ポピュリズムは制度の歴史的経路依存性ゆえに，経済領域におけるさまざまな制度的補完性を崩壊させる。とくに，賃金制度がもつ歴史的経路依存性は強く，1960 年代に確立した賃金制度は根強く残っている。そして，経済的ポピュリズムも歴史的経路依存性を有するがゆえに，慢性的なインフレと不安定な為替レートは 2000 年代半ばまで続いた。政党と政府は，政治的リスクを恐れて，一般的に制度の変更を拒否する。そしてまた，新しい制度を創設することによって彼らの個人的な自由度を制限することを嫌う傾向があるのである。すなわち，政治的リスクを恐れる政治的行動によって，制度改革の動きや政策的対応が遅れ，従来の制度構造と現実の社会経済環境の変化との間に矛盾と対立が出現し，増幅していくのである。その最たる例が，経済環境の変化のなかにおける賃金制度と為替制度の間の制度的補完性の欠如である。政府は，労働者階級の支持を獲得するため，インフレのリスクと為替レートの不安定性を考慮せず，労働生産性上昇を上回る賃金上昇を可能にする従来の賃金制度を維持する。その一方で，インフレに起因する自国通貨の過大評価状態を解消するためには，通貨価値の切り下げが必要であるにもかかわらず，管理フロート制を採用する政府は切り下げを行わず，通貨の過大評価状態が続く。そして，そのうち通貨の急激な減価が起き，経済は打撃を受ける。このように，賃金制度と為替制度の間の制度的補完性がない状況下では，高インフレと為替レートの不安定性が続き，国民は不利益をこうむるのである。

　図 10-6 は，労働者の賃金と物価の伸びを示している。労働組合が 1960 年代に合法化された後，名目賃金上昇率はインフレ率をかなり上回っていた。これは実質賃金が上昇したことを意味する。また，このことは労働者階級を満足させ，その政党の政治的地位

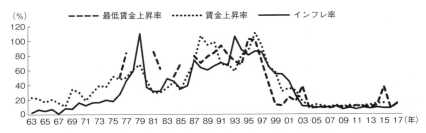

図 10-6　最低賃金上昇率，賃金上昇率とインフレ率の推移（1963-2017）
出所：TurkStat, 家族・労働・社会福祉省のデータベース。

を守るために行われた経済的ポピュリズムの成功を示している。しかし，1970 年代後半以降は，賃金上昇率がインフレ率を上回る状態はほとんど続かなくなった。つまり，実質賃金の上昇は続かなくなった。1980 年代の軍事クーデター後，民主的なシステムが確立されたが，政治的リスクの影響による経済的ポピュリズムが再び強まった。その結果，1980 年代末から 1990 年代の数年間においてのみであるが，賃金の伸び率はインフレ率を超えた。

　2000 年から 2001 年にかけての経済危機の後は，単位労働コストを引き下げ，トルコ製品の国際貿易における競争力を強める以外に打開策はなかった。賃金の上昇率は低下し，インフレ率も低下した。トルコ経済はより現実的な政策によってコントロールされるようになった。

　また，図 10-6 は最低賃金と経済的ポピュリズムとの関係をも示している。トルコにおける最低賃金の上昇率は，1980 年代から 1990 年代の経済的ポピュリズム期においてインフレ率を上回っている。とくに，1980 年代においては非常に大きなギャップがあった。2000 年代においては，2002 年と 2015 年に行われた二つの重要な選挙に際して最低賃金の記録的な上昇がみられ，2002 年の選挙後のその上昇率は 38.2%，2015 年では 37.1% の伸びを示している。実際，トルコでは労働者の 40% 近くが最低賃金を受け取っているため，最低賃金水準は経済的にも政治的にも非常に重要な意味をもつ。とくに，これらの労働者の選挙における投票行動は非常に重要である。各選挙では，とくに政党間で大きな競争があったときには，これらの労働者はインフレを上回る大きな賃金上昇を享受できた。しかし，この最低賃金水準の大幅な引き上げは，トルコ経済の競争力を低下させ，高いインフレを引き起こし，為替レートの急落を促す，という好ましくない結果を招いてしまっている。

6 おわりに

　トルコでは，1950年代以降，製造業が発展しはじめ，農村部からの労働者の移動を引き起こした。その過程で，労働組合が発展し，次第に強力な組織となっていき，賃労働関係における三つの重要な制度改革がなされた。そして，そのとき確立した諸制度は，強い歴史的経路依存性をもち，未だに残っている。その影響は，経済領域にのみならず，政治領域においても残存し，各政党（左派政党であろうと右派政党であろうと）のポピュリズム的経済政策を促すようになる。それゆえ，このような制度は，望ましい方向に経済を調整できない。

　トルコの賃労働関係における三つの制度改革の内容と影響は，以下のようにまとめられる。第一に，1960年代初頭において，労働組合がストライキを組織し，団体交渉を行う権利が法制化された。第二に，雇用保護とともに公務員の団結権や団体交渉権が制度化された。第三に，全国的に統一された最低賃金制度が，1970年代半ばにかけて制度化された。これらの賃金制度改革は，1960年代には消費主導型成長を促進する役割を果たしたが，ポピュリズム的経済政策の下で，名目賃金上昇率は労働生産性上昇率を上回り，高インフレと為替レートの不安定性につながった。その結果，経済的ポピュリズムはトルコ経済が輸出依存の成長に転換する際には最大の障害となった。経済的ポピュリズムは政府と労働者階級の一時的利益を満たす役割は果たしたが，トルコの持続的な産業発展を損なった。労働組合員や公務員および最低賃金労働者の実質賃金を一時的に引き上げるために，ポピュリズム的経済政策は賃金制度改革が本来有する長期的効果を減少させた。経済的ポピュリズムのために，賃金制度改革は有効に機能することができなかったのである。

　表10-1に示しているとおり，先進国と比較すると，トルコは賃金上昇率を労働生産性上昇率以下にまで減少させ，またポピュリズムとのリンクを絶つための効果的な制度的変化を2000年代半ばまでに生み出すことができなかった。加えて，トルコでは政府が，ポピュリズムを排除するための制度変革という政治的リスクを避ける傾向をもつ。

　国内消費主導の経済成長がインフレの激化と不安定な為替レートによって終焉をむかえた後，ようやくトルコ経済は1980年代に輸出依存の成長体制へと転換しはじめた。政府は1990年代半ばに小規模な改革に着手したが，民営化と経済自由化，および海外直接投資の受け入れなどのグローバル化は，社会における多くの不満を生み出すようになった。これらの社会的不満は，政治的リスクにつながる可能性があり，政府は政策転換を遅らせたりして，ポピュリズム的経済政策を実行し続けた。その結果，インフレ率は記録的な水準に達し，為替レートは一貫して下落した。やがてトルコは2000年から2001年の深刻な経済危機を迎えた。つまり，輸出依存の成長体制への転換が始まった1980年代以降も，経済的ポピュリズムはなお有力であり，高インフレと為替レートの過

大評価のために，貿易赤字の拡大とマクロ経済の不均衡が2000年代半ばまで続いたのである。結局，根本的変革には大規模な経済危機が伴い，トルコ国民は巨額の経済的コストを支払った。2000年から2001年の深刻な経済危機を経て，トルコ経済はより国際化され，為替体制も変動相場制に転換した。そして最も重要な変化は，インフレターゲットが政府の経済政策の主な目的となったことである。トルコと他の先進国との主な違いは，1980年代以降において先進国では生産性上昇率を上回る賃金上昇を抑えるための規制緩和政策が実施されたが，経済的ポピュリズムが支配したトルコではそのような政策を実行できなかったことである。

　本章におけるトルコの成長体制の転換と制度変化，およびポピュリズムとの関係に関する考察が示唆しているのは，政府が経済力学を利用して自身の利益を追求する経済的ポピュリズムの支配下では，制度改革は失敗する可能性があるということである。とくに政党間の激しい争いが存在する場合，経済的ポピュリズムは長期にわたる制度の歴史的経路依存性，および諸制度の間の補完性の崩壊を引き起こす可能性がある。制度改革を成功させるためには，自身の利益のためではなく国のために経済力学を使う政治的意志が必要である。

【参考文献】

Aytaç, S. E., & Elçi E. (2018). Populism in Turkey. in D. Stockemer (ed.), *Populism around the world: A comparative perspective*. Springer International Publishing, pp.89–108.

Aytaç, S. E., & Öniş, Z. (2014). Varieties of populism in a changing global context. *Comparative Politics, 47*(1), 41–59.

Boyer, R. (1990). *The regulation school: A critical introduction*. C. Charney (trans.), Columbia University Press.

Boyer, R. (2005). Coherence, diversity, and the evolution of capitalism: The institutional complementarity hypothesis. *Evolutionary and Institutional Economics Review, 2*(1), 43–80.

Dornbusch, R., & Edwards, S. (1991). The macroeconomic of populism. in R. Dornbusch & S. Edwards (eds.), *The macroeconomics of populism in Latin America*. The University of Chicago Press, pp.7–13.

Jessop, B. (1990). *State theory: Putting the capitalist state in its place*. Polity Press, pp.74–76.

Jessop, B., & Sum, N. L. (2002). *Beyond the regulation approach: Putting capitalist economies in their place*. Edward Elgar, pp.134–137.

Kaufman, R. R., & Stallings, B. (1991). The political economy of Latin American populism. in R. Dornbusch & S. Edwards (eds.), *The macroeconomics of populism in Latin America*. The University of Chicago Press, pp.15–43.

Rodrik, D. (2018). Populism and the economics of globalization. *Journal of International Business Policy, 1*(1–2), 12–33.

Sunar, I.（1990）. Populism and patronage: The democrat party and its legacy in Turkey. *Il Politico*, *55*(4), 745–757.

Uni, H.（2012）. Comparative analysis of conditions for monetary integration: Europe and Asia. in R. Boyer, H. Uemura, & A. Isogai（eds.）, *Diversity and transformations of Asian capitalism*. Routledge, pp.287–305.

Ünal, E.（2016）. A comparative analysis of export growth in Turkey and China through macroeconomic and institutional factors. *Evolutionary and Institutional Economics Review*, *13*(1), 57–91.

Ünal, E（2017）. Turkey's current account deficit problem and integration into the economic and monetary union of the European Union. *Kyoto Economic Review*, *86*(1–2), 1–49.

Ünal, E.（2018）. An institutional approach and input-output analysis for explaining the transformation of Turkish economy. *Journal of Economic Structures*, *7*(3), 1–38.

あ と が き

　本書は，2009年に出版された宇仁宏幸著『制度と調整の経済学』（ナカニシヤ出版）の後継書である。ここでの「後継書」には，以下のような二つの意味がある。

　第一に，本書は，基本的に先著の理論的枠組みを継承しつつ，より深く制度の理論を展開し，より政治的・国際的な文脈で分析を行っている。そして，本書のいくつかの章では，政治的諸勢力が，政治的闘争や妥協を通じて，それぞれが唱える制度改革の正統性の獲得をめざす政治的プロセスを明示的に考慮した分析を行っている。本書のタイトルにある「政治経済学」はこのような含意をもつ。第二に，本書は，京都大学大学院経済学研究科の宇仁ゼミナールにてともに学び，現在研究者として活躍している者によって執筆されている。実は，本書の執筆には，宇仁先生の師であり，日本における制度と調整の経済学＝レギュラシオン理論の泰斗である山田鋭夫先生も加わっており，この意味では，本書は三代の研究者による（広い意味での）レギュラシオン学派の最新研究成果をまとめた一冊であるともいえる。

　本書は，約1年半前に企画された。ほどなくして17名の執筆陣と各章のテーマ，および共通の枠組みが決まり，それから計6回の研究会を重ねて各章の内容の報告と討論を行った。そして，提出された初稿を編者の3人が読み，各章の執筆者には，必要に応じて内容とデータの修正を求め，最終原稿を確定してきた。なお，より専門的な内容をもつ7本の論文は，本書ではなく京都大学経済学会『経済論叢』第194巻第1号（2020年2月刊）に掲載することにした。本書とあわせて，参照していただければ幸いである。

　思い起こせば，さまざまな国の研究機関に所属する17名が，先著が出版されてからちょうど10年が過ぎた年に，このような後継書を世に出すことに強く賛同したのは，それぞれが，混迷を深めている今日の世界における社会経済情勢に対する切実な危機意識を共有していたからであると思われる。さらに，危機の本質を突き止め，解決の処方箋を提示できていない主流派経済学に対する強い批判意識を共有していたことも，この後継書の出版に対する共通のモティベーションとなったと思われる。

　今日の資本主義世界は，先著が提起した「現代資本主義の発展（量的成長と質的改善）における制度的調整，とくにコーディネーションの重要性」をますます浮き彫りにしているように思われる。すなわち，市場による調整が大きな役割を果たす自由な市場経済の典型であるアメリカは，金融主導型成長とその危機がもたらした富と所得の格差拡大，中間階級の凋落を契機に，トランプ政権の下で保護貿易主義に舵を切り，自国第一主義へと旋回している。その一方で，市場による調整の対極にある国家による調整が大きな役割を果たす中国では，潜在的経済成長率が傾向的に低下する中，改革開放以来の市場経済化と「国退民進」の流れを変えるような，国有企業と国有経済の再強化の兆候がみ

られる。

　そして，アメリカと中国とは異なり，協議・妥協に基づく制度的調整であるコーディ
ネーションが大きな役割を果たしてきたヨーロッパ各国では，移民に対する非寛容的政
策やEU離脱への国民の支持拡大，ポピュリスト政党の政治的躍進にみられるように，
EUメンバー国間の矛盾と対立の増大に加えて，EUとその他の世界とのつながりにおい
ても解決し難い課題に直面している。また，日本では，アベノミクスによる空前絶後の
金融緩和や企業優遇的な税・財政改革によっても，急激に進んでいる少子高齢化の長期
的趨勢の下では，国内の投資需要と消費需要を喚起できず，勤労者社会の疲弊と国民の
将来不安は増加するばかりである。また，隣の韓国では，左翼政権の下で，財閥依存型
経済体質からの脱却と輸出主導型成長から所得主導型成長への移行が模索されているが，
国内における保守勢力の強い抵抗と海外経済環境の悪化により，経済の低迷が顕著に
なっている。

　上記のような，世界各国における経済的困難と政治的対立，さらには歴史的に蓄積さ
れてきたさまざまな問題は，グローバル化が進んでいる今日においては国内だけでは解
決できず，国際的協調つまり国際レベルでの協議・妥協に基づく制度的調整が不可欠で
ある。しかし，残念ながら，今日，世界で実際に起きているのは，国際的協調とはまっ
たく逆の動きである。米中貿易戦争，イギリスのEU離脱，日韓の経済的・政治的対立
などは，いずれも国内における経済成長の低迷と社会的不安定に起因する国民の不満を，
海外の仮想敵国に向けさせるという，古典的なポピュリズム的政治である。このような
政治が，問題の解決ではなく，問題のさらなる深刻化をもたらすことは，1930年代の歴
史的経験が示している。

　本書の執筆陣にとっては，このような世界の経済的混迷と政治的対立の激化は，主流
派経済学が言う「政府の失敗」や「市場の失敗」だけで説明できる問題ではないし，ま
してやその失敗の修正だけで片づけられる問題ではなく，基本的には各国および世界全
体における「制度の問題」，すなわち「制度的調整＝コーディネーションの欠如の問題」
である。その重要性に関しては，先著においても，本書のまえがきにおいても書かれて
いるので，ここではこれ以上説明しない。

　本書の執筆陣の顔ぶれからもわかるように，私たちが青春時代を一緒に過ごし，お互
いに切磋琢磨してきた宇仁ゼミは，国際色豊かなゼミであった。それぞれが自分の出身
国を研究対象としていたので，ゼミでの議論はつねに世界各国経済の最新動向や各国の
社会経済システムの独自性と特殊性をめぐって行われてきたように思う。しかし，卒業
後は，それぞれ自身の課題について別々に研究活動を行ってきたので，今回のような協
働作業ははじめてである。本書執筆のために久しぶりに一同が集まった研究会では，そ
れぞれの研究成果を披露し，昔のような忌憚のない議論を行う喜びを味わうことができ
た。そして，本書を通じて，研究対象やアプローチの違いはあるにせよ，同じく制度の

重要性を強く認識し，制度が各国の社会経済システムにおいて果たす役割を検討する研究を進めることで，制度的調整の政治経済学の発展に少しでも寄与できたのであれば，望外の喜びである。

　最後になるが，先著と同じく，快く出版を引き受けていただいたナカニシヤ出版に感謝したい。とくに同社の編集担当者であり，宇仁ゼミで一緒に勉強してきた仲間でもある米谷龍幸氏は，本書の企画段階から研究会に参加して，内容の構成から最終点検に至るまで献身的にサポートしてくれた。記して感謝したい。

2020 年 3 月
編者を代表して
厳成男

■ 事項索引

■ 人名索引

著者紹介（執筆順，＊は編者）

徳丸宜穂（とくまる・のりお）　　　名古屋工業大学大学院工学研究科教授（第 1 章担当）

梁峻豪（やん・じゅんほ）　　　　　韓国仁川大学経済学部教授（第 2 章担当）

＊厳成男（げん・せいなん）　　　　立教大学経済学部教授（第 3 章・あとがき担当）

金峻永（きむ・じゅんよん）　　　　韓国雇用情報院研究員（第 4 章担当）

呂守軍（ろ・しゅぐん）　　　中国上海交通大学国際与公共事務学院教授（第 5 章担当）

山田鋭夫（やまだ・としお）　　　　名古屋大学名誉教授（第 6 章担当）

＊宇仁宏幸（うに・ひろゆき）　京都大学大学院経済学研究科教授（まえがき・第 7 章担当）

薗田竜之介（そのだ・りゅうのすけ）　　佐賀大学経済学部准教授（第 8 章担当）

嶋野智仁（しまの・のりひと）　　　松山大学経済学部准教授（第 9 章担当）

エムレ・ウナル（えむれ・うなる）　トルコ Firat University 経済学部准教授（第 10 章担当）

＊藤田真哉（ふじた・しんや）　　　名古屋大学大学院経済学研究科准教授（編集）

制度でわかる世界の経済
制度的調整の政治経済学

2020 年 3 月 14 日　　初版第 1 刷発行

編　者　宇仁宏幸
　　　　厳成男
　　　　藤田真哉
発行者　中西　良
発行所　株式会社ナカニシヤ出版
〒606-8161　京都市左京区一乗寺木ノ本町 15 番地
　　　　　　　　　Telephone　075-723-0111
　　　　　　　　　Facsimile　075-723-0095
　　　　　Website　http://www.nakanishiya.co.jp/
　　　　　Email　iihon-ippai@nakanishiya.co.jp
　　　　　　　　　郵便振替　01030-0-13128

印刷・製本＝ファインワークス／装幀＝白沢　正
Copyright © 2020 by H. Uni, C. Yan & S. Fujita
Printed in Japan.
ISBN978-4-7795-1471-5

東アジア労働市場の制度改革とフレキシキュリティ

厳 成男［著］ グローバル化とともに雇用の流動化が進行する東アジア各国の労働市場に必要な柔軟性と安全性（保障）を同時に担保する制度とは何か。 3600 円＋税

産業集積と制度の地理学

経済調整と価値づけの装置を考える 立見淳哉［著］ 慣行という概念を手がかりに産業が集積する制度的な基盤を捉え直し，経済活動に対してもつ意味を理論と経験的研究から明らかにする。 3200 円＋税

資本主義の新たな精神 上・下

リュック・ボルタンスキー，エヴ・シャペロ［著］／上：三浦直希・海老塚明・川野英二・白鳥義彦・須田文明・立見淳哉［訳］／下：三浦直希・海老塚明・川野英二・白鳥義彦・立見淳哉［訳］ ネオリベラリズムの核心に迫り，「批判」の再生を構想するボルタンスキーの主著，待望の完訳！ 各巻 5500 円＋税

制度経済学 上・中・下

政治経済学におけるその位置 ジョン・ロジャーズ・コモンズ［著］／上：中原隆幸［訳］／中：宇仁宏幸・坂口明義・高橋真悟・北川亘太［訳］／下：宇仁宏幸・北川亘太［訳］ 人々の利害が対立する社会において，秩序はいかにしてもたらされるのか。制度学派の創始者，コモンズの主著，待望の完訳（全 3 冊）。 上 4500 円＋税／中・下 6500 円＋税

認知資本主義

21 世紀のポリティカル・エコノミー 山本泰三［編］ フレキシブル化，金融化，労働として動員される「生」——非物質的なものをめぐる現代のグローバルな趨勢「認知資本主義」を分析。 2600 円＋税

現代の政治経済学

マルクスとケインズの総合 鍋島直樹［著］ 資本主義経済がはらむ矛盾や対立に注目しつつ，豊かで平等な社会の実現をめざす現代の政治経済学。その理論を平易に解説。 2700 円＋税

入門社会経済学

資本主義を理解する 宇仁宏幸・坂口明義・遠山弘徳・鍋島直樹［著］ ポスト・ケインズ派，マルクス派等，非新古典派の経済理論を体系的に紹介。最新の経済動向を反映した，決定版テキストの改訂版。 3000 円＋税